Mehrvertragsverfahren
in der Schiedsgerichtsbarkeit

Europäische Hochschulschriften Recht

European University Studies in Law

Publications Universitaires Européennes de Droit

Band/Volume 6745

Martina S. Buller

Mehrvertragsverfahren in der Schiedsgerichtsbarkeit

PETER LANG
Lausanne - Berlin - Bruxelles - Chennai - New York - Oxford

Bibliografische Information der Deutschen Nationalbibliothek
Die Deutsche Nationalbibliothek verzeichnet diese Publikation in der Deutschen Nationalbibliografie; detaillierte bibliografische Daten sind im Internet über http://dnb.d-nb.de abrufbar.

Zugl.: Würzburg, Univ., Diss., 2022

D 20
ISSN 0531-7312
ISBN 978-3-631-90126-7 (Print)
E-ISBN 978-3-631-90464-0 (E-PDF)
E-ISBN 978-3-631-90465-7 (EPUB)
DOI 10.3726/b20979

Verlegt durch:
Peter Lang GmbH, Berlin, Deutschland

info@peterlang.com http://www.peterlang.com/

Vorwort

Die vorliegende Dissertation befasst sich mit der Behandlung vielschichtiger Transaktionen auf Ebene der Schiedsgerichtsbarkeit im Wege der Durchführung schiedsgerichtlicher Mehrvertragsverfahren in ihren vielfältigen Gestaltungen.

Schlüsselfrage der Arbeit ist, ob die Durchführung eines Mehrvertragsverfahrens den zu favorisierenden Lösungsweg bei Vorliegen komplexer, mehrere Verträge umfassender Transaktionen darstellt. Dazu sollen sämtliche Gestaltungen eines Mehrvertragsverfahrens, die Vorteile dieser Verfahren aber auch die mit diesen einhergehenden Herausforderungen sowie Lösungsansätze für letztere betrachtet bzw. herausgearbeitet werden. Die Analyse erfolgt dabei nicht nur dogmatisch abstrakt, sondern unter Heranziehung der Verfahrenspraxis internationaler Schiedsgerichte.

Die Dissertation beginnt mit einem Überblick über das gesteigerte Bedürfnis nach Mehrvertragsverfahren und die praktischen wie rechtlichen Gründe, die für die Durchführung solcher Verfahren sprechen. Hieran anknüpfend werden bestehende Problematiken von Mehrvertragsverfahren erörtert. Ein besonderes Augenmerk wird hierbei auf die privatautonome Natur der Schiedsgerichtsbarkeit und die Frage, inwieweit lokales Recht, institutionelle Bestimmungen sowie Gerichte in diese eingreifen dürfen, gelegt. Dabei werden auch aufgrund des Mehrvertragsverfahrens vorzunehmende Verfahrensanpassungen diskutiert. Darauffolgend werden ausgewählte nationale Verfahrensrechte sowie verschiedene Schiedsinstitutionsordnungen betrachtet und deren grundsätzliche Offenheit bezüglich schiedsgerichtlicher Mehrvertragsverfahren bewertet. Nachdem sodann die gerichtliche Überprüfbarkeit der Entscheidung über die Durchführung eines Mehrvertragsverfahrens, insbesondere die darauf gestützte Aufhebbarkeit eines aus einem solchem Verfahren resultierenden Schiedsspruchs, betrachtet wurde, endet die Arbeit mit einer Gegenüberstellung der zu Beginn dargestellten Vorteile solcher Verfahren und der im Laufe der Dissertation herausgearbeiteten Ergebnisse unter Einbeziehung alternativer Lösungsvorschläge.

Die Analyse zeigt, dass der sich durch Mehrvertragsverfahren versprochene Nutzen im Wege einer konsensualen Lösung im Zusammenspiel mit der Schaffung klarer, vorhersehbarer Regelungen bezüglich etwaig erforderlicher Verfahrensanpassungen gefunden werden muss. Nur so kann der privatautonome Charakter des Schiedsverfahrens gewahrt und die Anerkennung und Vollstreckung eines aus einem solchen Verfahren ergangenen Schiedsspruchs sichergestellt werden.

Danksagung

An dieser Stelle möchte ich meinen besonderen Dank nachstehenden Personen entgegenbringen, ohne deren Unterstützung die Anfertigung dieser Dissertation niemals möglich gewesen wäre.

Mein besonderer Dank gilt zunächst Herrn Prof. Dr. Wolfram Buchwitz, meinem Doktorvater, für die fachliche Betreuung meiner Doktorarbeit. Er bestärkte mich in meinem Vorhaben und stand mir jederzeit mit Anregungen, Kritik und jeglicher Unterstützung zur Seite.

Ich danke weiterhin Herrn Prof. Dr. Florian Bien für die hilfsbereite und wissenschaftliche Betreuung als Zweitgutachter.

Herzlichen Dank auch an Frau Luzia Witzeck für die mühevolle und kritische Durchsicht meiner Arbeit.

Mein besonderer Dank aber gilt meinen Eltern, Bernd und Doris Buller, ohne deren Geduld und mannigfaltige Unterstützung diese Promotion nicht möglich gewesen wäre sowie meiner Großmutter Anna Lenk. Ihnen widme ich diese Arbeit.

In Memoriam Dr. Peter Lenk.

Inhaltsverzeichnis

Literatur- und Entscheidungsverzeichnis

Kommentare, Monografien, Artikel, Lehrbücher

Arroyo, Manuel (Herausgeber), Arbitration in Switzerland: The Practitioner's Guide (Second Edition), Alphen aan den Rijn 2018

Ashford, Peter, Handbook on International Commercial Arbitration – 2nd Edition, New York 2014

Avenarius, Martin, Struktur und Zwang im Schuldvertragsrecht, JR 1996, S. 492–496

Bamforth, Richard/Maidment Katerina, All join in or not? How well does international arbitration cater for disputes involving multiple parties or related claims?, ASA Bulletin 27, no. 1 (2009), S. 3–25

Anders, Monika/Gehle, Burkhard (Herausgeber), Kommentar zur Zivilprozessordnung, 81. Auflage, München 2022

Barron, William M., Court-ordered Consolidation of Arbitration Proceedings in the United States, Journal of International Arbitration 4, no. 1 (1987), S. 81–86

Benedict, Christoph, Mehrvertragsverfahren, Mehrparteienverfahren, Einbeziehung Dritter und Verbindung von Verfahren, SchiedsVZ 2018, S. 306–311

Berger, Klaus Peter, Internationale Wirtschaftsschiedsgerichtsbarkeit, Verfahrens- und materiellrechtliche Grundprobleme im Spiegel moderner Schiedsgesetze und Schiedspraxis, Berlin 1992

Berger, Peter Klaus, Schiedsrichterbestellung in Mehrparteienschiedsverfahren, RIW 1993, S. 702–709

Bernini, Giorgio, Arbitration in Multi-Party Business Disputes, in: Yearbook Commercial Arbitration V, Alphen aan den Rijn 1980, S. 291–300

Besch, Morris/Kreuzeder, Manuela, Die neue DIS-Schiedsgerichtsordnung, RIW 2018, S. 256–266

Bevilacqua, Thomas, Voluntary intervention and other participation of third parties in ongoing international arbitration: a survey of the current state of play, World Arbitration and Mediation Review 1, no. 4 (2007), S. 507–537

Blackaby, Nigel/Partasides, Constantine/Redfern, Alan, Redfern and Hunter on International Arbitration, 7th edition by Nigel Blackaby, Constantine Partasides and Alan Redfern, Oxford 2023

Bond, Stephen R, Equality is Required When Naming Arbitrators, Cour de Cassation Rules, World Arbitration and Mediation Review 3, no. 3 (1992)

Boog, Christopher/Elsing, Siegfried/Flecke-Giammarco, Gustav/Heckel, Peter/ Meier, Anke (Herausgeber), The DIS Arbitration Rules – An Article-by-Article Commentary, Alphen aan den Rijn 2020

Born, Gary B., International Commercial Arbitration (Third Edition), Alphen aan den Rijn 2021 (zum Teil aktualisierte Fassung aus Januar 2023)

Born, Gary B., International Arbitration: Cases and Materials (Second Edition), Alphen aan den Rijn 2015

Borris, Christian/Hennecke, Rudolf, New York Convention, 1. Auflage, München 2012

Böckstiegel, Karl-Heinz, The role of party autonomy in international arbitration, in: ICDR Handbook on International Arbitration & ADR – Third Edition, New York 2017, S. 105–116

Branson David J./Wallace, Richard E., Court-Ordered Consolidated Arbitrations in the United States: Recent Authority Assures Parties the Choice, Journal of International Arbitration 5, no. 1 (1988), S. 89–94

Brekoulakis, Stavros, Third Parties in International Commercial Arbitration, Oxford 2011

Brekoulakis, Stavros/El Far, Ahmed, Subcontracts and Multiparty Arbitration in Construction Disputes, in: Guide to Construction Arbitration – Third Edition, Law Business Research Ltd, 2019, S. 188–200

Buchwitz, Wolfram, Schiedsverfahrensrecht, Berlin 2019

Carbonneau, Thomas E., Cases and Materials on Arbitration Law and Practice, 6. Edition, St. Paul, Minnesota 2012

Caron, David D./Caplan, Lee M., The UNCITRAL Arbitration Rules: A Commentary (2nd Edition), Oxford 2013

Castello, James, Chapter 16 – UNCITRAL Arbitration Rules, in: Practitioner's Handbook on International Commercial Arbitration (2nd Edition), Oxford 2013

Chartered Institute of Arbitrators, Practice Guideline 15: Guidelines for Arbitrators on how to approach issues relating to Multi-Party Arbitrations, verfügbar unter https://www.ciarb.org/media/4220/2011-multi-party-arbitrations.pdf zuletzt abgerufen am 28. Mai 2022

Chiu, Julie C., Consolidation of Arbitral Proceeding and International Arbitration, Journal of International Arbitration 7, no. 2 (1990), S. 53–76

Cohen Smutny, Abby/de Lotbinière McDougall, Andrew/Daly, Michael P., Multi Party Arbitration, in: Practical Guide to International Arbitration, New York 2020, S. 225–246

Cohen, Michael Marks, A Missed Opportunity to Revise the Arbitration Act 1996, Arbitration International 23, no. 3 (2007), S. 461–466

Collins, Michael, Privacy and Confidentiality in Arbitration Proceedings, Arbitration International 11, no. 3 (1995), S. 321–336

Daly, Michael P., Come One, Come All: the New and Developing World of Nonsignatory Arbitration and Class Arbitration, University of Miami Law Review 62 (2007), S. 95–128

Das Gupta, Nina, Kurzkommentare zu den Änderungen in der 2018 DIS-Schiedsgerichtsordnung, SchiedsVZ-Beilage 2018, S. 44–69

De Meulemeester, Dirk, Multicontract Arbitration Under The CEPANI Arbitration Rules (Article 10), verfügbar unter http://arbitrationblog.kluwerarbitration.com/2013/10/23/multicontract-arbitration-under-the-cepani-arbitration-rules-article-10/?print=print zuletzt abgerufen am 28. Mai 2022

Delaume, Georges R., Reflections on the Effectiveness of International Arbitral Awards, Journal of International Arbitration 12, no. 1 (1995), S. 5–20

Dolzan, Julian, Außen- und Binnendurchgriff im Vertragsnetz – Ein Rechtsvergleich zur theoretischen Abhandlung und praktischen Ausformung, Berlin 2015

Dubisson, Michel, Arbitration in Subcontracts for International Projects, Journal of International Arbitration 1, no. 3 (1984), S. 197–207

Elsing, Siegfried, Streitverkündung und Schiedsverfahren, SchiedsVZ 2004, S. 88–94

Elsing, Siegfried, Zur Auslegung von Schiedsvereinbarungen, Festschrift Graf von Westphalen, S. 109–126, Köln 2010

Elsing, Siegfried, Schiedsrichterliche Unabhängigkeit – Vorurteile und Wirklichkeit, SchiedsVZ 2019, S. 16–23

Fernando, Lakshanti/Tan, Wei Ming/Nair, Pradeep, Towards reducing the complexity, cost and time of arbitral proceedings: SIAC's proposal on cross-institution consolidation, verfügbar unter https://www.cms-lawnow.com/ealerts/2018/01/towards-reducing-the-complexity-cost-and-time-of-arbitral-proceedings?cc_lang=en zuletzt abgerufen am 28. Mai 2022

Ferrari, Franco/Rosenfeld, Friedrich Jakob/Czernich, Dietmar, Due Process as a Limit to Discretion in International Commercial Arbitration, Alphen aan den Rijn 2020

Frick, Joachim G., Arbitration and Complex International Contracts, Zürich 2001

Fry, Jason/Greenberg, Simon/Mazza, Francesca, The Secretariat's Guide to ICC Arbitration, Paris 2012

UNCITRAL Secretariat Guide on the Convention on the Recognition and Enforcement of Foreign Arbitral Awards, 2016 Edition, verfügbar unter https://www.uncitral.org/pdf/english/texts/arbitration/NY-conv/2016_Guide_on_the_Convention.pdf zuletzt abgerufen am 28. Mai 2022

Gaillard, Emmanuel, affaire Sofidif ou les difficultés de l'arbitrage multipartite (à propos de l'arrêt rendu par la Cour d'appel de Paris le 19 décembre 1986), Revue de l'Arbitrage 1987, no. 3, S. 275–292

Gaillard, Emmanuel/Savage, John, Fouchard Gaillard Goldman on International Commercial Arbitration, Alphen aan den Rijn 1999

Gaillard, Emmanuel, The Consolidation of Arbitral Proceedings and Court Proceedings, in: ICC Special Supplement 2003, Complex Arbitrations: Perspectives on their Procedural Implications, S. 35–43

Geimer, Reinhold, Beteiligung weiterer Parteien im Schiedsgerichtsverfahren, insbesondere die Drittwiderklage, in: Die Beteiligung Dritter an Schiedsverfahren, Köln 2005, S. 71–92

Geisinger, Elliott/Ducret, Pierre, International Arbitration in Switzerland: A Handbook for Practitioners (Second Edition), Alphen aan den Rijn 2013, S. 73–106

Gharibian, Armineh/Pieper, Nadine, Parteienmehrheit in Schiedsverfahren – Zulässigkeit, Vorteile der Konsolidierung und Herausforderungen bei Mehrparteienkonflikten, BB 2018, Nr. 8, S. 387–394

Glossner, Ottoarndt/Bredow, Jens/Bühler, Michael, Das Schiedsgericht in der Praxis, 3. Auflage, Heidelberg 1990

Greenberg, Simon/Feris, José Ricardo/Albanesi, Christian, Consolidation, Joinder, Cross-Claims, Multiparty and Multicontract Arbitration: Recent ICC Experience, Dossier VII of the ICC Institute of World Business Law: Multiparty Arbitration, 2010, S. 161–182

Greger, Reinhard, in: Recht der alternativen Konfliktlösung, Mediationsgesetz, Verbraucherstreitbeilegungsgesetz, 2. Auflage, München 2016

Grierson, Jacob/van Hooft, Annet, Arbitrating under the 2012 ICC Rules, Alphen aan den Rijn 2012

Grundmann, Stefan, Die Dogmatik der Vertragsnetze, AcP 207 (2007), S. 718–767

Gsell, Beate/Krüger, Wolfgang/Lorenz, Stephan/Reymann, Christoph (Gesamtherausgeber), beck-online.GROSSKOMMENTAR, München 2022

Guarin, Marc F., International approaches to court-ordered consolidation of arbitral proceedings, The American Review of International Arbitration, New York 1993

Habscheid, Walther J., Schiedsgerichtsbarkeit und Staatsaufsicht, KTS 1959, S. 113–120

Hamann, Hartmut/Lennarz, Thomas, Parallele Verfahren mit identischem Schiedsgericht als Lösung für Mehrparteienkonflikte?, SchiedsVZ 2006, S. 289–297

Hammer, Gottfried, Überprüfung von Schiedsverfahren, 1. Auflage, München 2018

Hanotiau, Bernard, Complex – Multicontract-Multiparty-Arbitrations, Arbitration International 14, no. 4 (1998), S. 369–394

Hanotiau, Bernard, Multi-Party, Multi-Contract, Multi-Issue – A comparative study (Second Edition), Alphen aan den Rijn 2020

Hanotiau, Bernard, Problems Raised by Complex Arbitrations Involving Multiple Contracts-Parties-Issues – An Analysis, Journal of International Arbitration 18, no. 3 (2001), S. 253–360

Harris, Bruce/Planterose, Rowan/Tecks, Jonathan, The Arbitration Act 1996: A Commentary, Hoboken 2014

Harris, Troy L., The Public Policy Exception to Enforcement of International Arbitration Awards Under the New York Convention, Journal of International Arbitration 24, no. 1 (2007), S. 9–24

Hascher, Dominique, Consolidation of Arbitration by American Courts: Fostering or Hampering International Commercial Arbitration?, Journal of International Arbitration 1, no. 2 (1984), S. 127–144

Harke, Jan Dirk, Allgemeines Schuldrecht, 1. Auflage, Berlin 2010

Hau, Wolfgang/Poseck, Roman (Herausgeber), Beck'scher Online-Kommentar Bürgerliches Gesetzbuch, 65. Edition, Stand 1. Februar 2023, München 2023

Heard, Keith W., Chapter 9 – Consolidation, in: Navigating Maritime Arbitration: The Experts Speak, New York 2019, S. 157–184

Kappler, Tim/Katschthaler, Helmut/Topsch, Carsten, in: Münchener Anwaltshandbuch Versicherungsrecht, 5. Auflage, München 2022, § 34 Rückversicherungen

Kronke, Herbert/Nacimiento, Patricia/Otto, Dirk/Port, Nicola Christine (Herausgeber), Recognition and Enforcement of Foreign Arbitral Awards: A Global Commentary on the New York Convention, Alphen aan den Rijn 2010

Huber, Peter, Das Verhältnis von Schiedsgericht und staatlichen Gerichten bei der Entscheidung über die Zuständigkeit, SchiedsVZ 2003, S. 73–75

Flecke-Giammarco, Gustav, The Allocation of Costs by Arbitral Tribunals in International Commercial Arbitration, in: WTO Litigation, Investment Arbitration and Commercial Arbitration, Global Trade Law Series 43, Alphen aan den Rijn 2013, S. 389–420

Haas, Ulrich/Kahlert, Heiner, Selected Areas and Issues of Arbitration in Germany, Privacy and Confidentiality, in: Arbitration in Germany: The Model Law in Practice (Second Edition), Alphen aan den Rijn 2015, S. 963–980

Hwang, Michael/Chung, Katie, Defining the Indefinable: Practical Problems of Confidentiality in Arbitration, Journal of International Arbitration 26, no. 5 (2009), S. 609–645

Jenkins, Jane, International Construction Arbitration Law (Third Edition), Arbitration in Context Series, Volume 1, Alphen aan den Rijn 2021

International Council for Commercial Arbitration. Permanent Court of Arbitration, ICCA's Guide to the Interpretation of the 1958 New York Convention: a Handbook for Judges, Den Haag 2011

Iustinian, Institutiones Iustiniani, verfügbar unter http://legalhistorysources.com/Law508/Roman%20Law/JustinianInstitutes.htm zuletzt abgerufen am 28. Mai 2022

Jarvin, Sigvard, Consolidated Arbitrations, the New York Arbitration Convention and the Dutch Arbitration Act 1986 – a Critique of Dr. van den Berg, Arbitration International 3, no. 3 (1987), S. 254–257

Jeydel, Richard, Consolidation, joinder and class actions: What arbitrators and courts may and may not do, in: AAA Handbook on Arbitration Practice, New York 2010, S. 139–148

Joubin-Bret, Anna, Foreword: Celebration of the 60th Anniversary of the New York Convention, in: 60 Years of the New York Convention: Key Issues and Future Challenges, Alphen aan den Rijn 2019, S. xlvii–l

Kahlert, Heiner, Vertraulichkeit im Schiedsverfahren – Eine Untersuchung nach deutschem Recht mit internationalen Bezügen, Tübingen 2015

Kindler, Peter, Beurkundungsbedürftigkeit von Schiedsgerichtsordnungen beim GmbH-Beteiligungskauf, NZG 2014, S. 961–967

King, Brian D., Consistency of Awards in Cases of Parallel Proceedings Concerning Related Subject Matters, in: Towards a Uniform International Arbitration Law? – IAI Series No. 3, New York 2005, S. 293–319

Kisch, Wilhelm, Einige Bemerkungen zum Wesen des Schiedsvertrags, ZZP 51 (1926), S. 321–334

Kondev, Dimitar, Multi-Party and Multi-Contract Arbitration in the Construction Industry, Hoboken 2017

Kleinschmidt, Jens, Die Widerklage gegen einen Dritten im Schiedsverfahren, SchiedsVZ 2006, S. 142–150

Kreindler, Richard/Rider, Markus S./Wilke Rainer, Dokumentenvorlage in deutschen Schiedsverfahren effizient gestalten, verfügbar unter https://www.

shearman.com/~/media/Files/NewsInsights/Publications/2012/07/Dokumentenvorlage-in-deutschen-Schiedsverfahren-__/Files/Mehr-Dokumentenvorlage-in-deutschen-Schiedsverfa__/FileAttachment/Client-Publication--Dokumentenvorlage-in-deutsch__pdf zuletzt abgerufen am 28. Mai 2022

Kröll, Stefan, Die schiedsrechtliche Rechtsprechung 2004, SchiedsVZ 2005, S. 139–149

Kröll, Stefan M., § 1061 – Foreign Awards, in: Arbitration in Germany: The Model Law in Practice (Second Edition), Alphen aan den Rijn 2015, S. 443–504

Kröll, Stefan, National Report for Germany (2007 through 2022), in: ICCA International Handbook on Commercial Arbitration, Supplement 120, Alphen aan den Rijn 2022, S. 1–70

Kröll, Stefan, 50 Jahre UN-Übereinkommen über die Anerkennung und Vollstreckung ausländischer Schiedssprüche – Standortbestimmung und Zukunftsperspektive, SchiedsVZ 2009, S. 40–53

Kühn, Wolfgang, Aktuelle Fragen zur Anwendung der New Yorker Konvention von 1958 im Hinblick auf die Anerkennung und Vollstreckung ausländischer Schiedssprüche – Eine Betrachtung der deutschen Rechtsprechung, SchiedsVZ 2009, S. 53–61

Lachmann, Jens-Peter, Handbuch für die Schiedsgerichtspraxis, 3. Auflage, Köln 2007

Lalive, Pierre, The First "World Bank" Arbitration (Holiday Inns v. Morocco): Some Legal Problems, in: British Yearbook of International Law 1980, S. 123–162

Leboulanger, Philippe, Multi-Contract Arbitration, Journal of International Arbitration 13, no. 4 (1996), S. 43–97

Leoveanu, Alina/Giosan, Radu, The 2021 ICC Arbitration Rules: Changes to the Arbitral Tribunal's Powers, Kluwer Arbitration Blog, verfügbar unter http://arbitrationblog.kluwerarbitration.com/2021/01/04/the-2021-icc-arbitration-rules-changes-to-the-arbitral-tribunals-powers/ zuletzt abgerufen am 28. Mai 2022

Lew, Julian David Mathew/Mistelis, Loukas A./Kröll, Stefan Michael, Comparative International Commercial Arbitration, Alphen aan den Rijn 2003

Lionett, Klaus/Lionett, Annette, Handbuch der internationalen und nationalen Schiedsgerichtsbarkeit, 3. Auflage, Stuttgart 2005

Looschelders, Dirk/Makowsky, Mark, Relativität des Schuldverhältnisses und Rechtsstellung Dritter, JA 2012, S. 721–728

Lörcher, Gino/Lörcher, Heike/Lörcher, Torsten, Das Schiedsverfahren – national/international – nach deutschem Recht, 2. Auflage, Heidelberg 2001

Lüer, Hans-Jochem, German Court Decisions Interpreting and Implementing the New York Convention', Journal of International Arbitration 7, no. 1 (1990), S. 127–138

Lye, Kah Cheong, Institutional Overreach? Institutional Arbitral Rules versus Parties' Express Agreement, Kluwer Arbitration Blog, verfügbar unter http://arbitrationblog.kluwerarbitration.com/2013/01/17/institutional-overreach-institutional-arbitral-rules-versus-parties-express-agreement/ zuletzt abgerufen am 28. Mai 2022

Macedo, Raquel, Cross-Institutional Consolidation Protocol: The Gifted Horse, verfügbar unter https://www.linkedin.com/pulse/cross-institutional-consolidation-protocol-gifted-macedo-moreira/ zuletzt abgerufen am 28. Mai 2022

Mallmann, Roman A., Die Bedeutung der Schiedsvereinbarung im Verfahren zur Anerkennung und Vollstreckbarerklärung ausländischer Schiedssprüche, SchiedsVZ 2004, S. 152–159

Mantilla-Serrano, Fernando, Multiple Parties and Multiple Contracts: Divergent or Comparable Issues?, Dossier VII of the ICC Institute of World Business Law: Multiparty Arbitration, 2010, S. 11–34

Mark Mangan, Mark/Reed, Lucy/Choong, John, A Guide to the SIAC Arbitration Rules (1st Edition), Oxford 2014

Massuras, Konstadinos, Dogmatische Strukturen der Mehrparteienschiedsgerichtsbarkeit, Frankfurt am Main 1998

McLachlan, Campbell, Lis Pendens in International Litigation, Den Haag 2009

Mekat, Martin C., Cross Examination: Das Kreuzverhör in der deutschen Schiedsverfahrenspraxis, SchiedsVZ 2017, S. 119–127

Menon, Smitha/Tian, Charles, Joinder and Consolidation Provisions under 2021 ICC Arbitration Rules: Enhancing Efficiency and Flexibility for Resolving Complex Disputes, Kluwer Arbitration Blog, verfügbar unter http://arbitrationblog.kluwerarbitration.com/2021/01/03/joinder-and-consolidation-provisions-under-2021-icc-arbitration-rules-enhancing-efficiency-and-flexibility-for-resolving-complex-disputes/ zuletzt abgerufen am 28. Mai 2022

Mistelis, Loukas, A., Confidentiality and Third Party Participation UPS v. Canada and Methanex Corporation v. United States, Arbitration International 21, no. 2 (2005), S. 211–232

Mistelis, Loukas A. (Herausgeber), Concise International Arbitration (Second Edition), Alphen aan den Rijn 2015

Mourre, Alexis, Precedent and Confidentiality in International Commercial Arbitration: The Case for the Publication of Arbitral Awards, in: Precedent in International Arbitration, New York 2008, S. 39–65

Möschel, Wernhard, Dogmatische Strukturen des bargeldlosen Zahlungsverkehrs, AcP 186 (1986), S. 187–236

Musielak, Hans-Joachim/Voit, Wolfgang (Herausgeber), Kommentar Zivilprozessordnung mit Gerichtsverfassungsgesetz, 19. Auflage, München 2022

Mustill, Michael, Arbitration: History and Background, Journal of International Arbitration 6, no. 2 (1989), S. 43–56

Mustill Michael J./Boyd Stewart C., The Law and Practice of Commercial Arbitration in England (Second Edition), London 1989

Müller, Werner/Keilmann, Annette, Beteiligung am Schiedsverfahren wider Willen?, SchiedsVZ 2007, S. 113–121

Nicklisch, Fritz, Multi-Party Arbitration and Dispute Resolution in Major Industrial Projects, Journal of International Arbitration 11, no. 4 (1994), S. 57–72

Nicklisch, Fritz, Vernetzte Projektverträge und vernetzte Streitbeilegungsverfahren, BB 2000, no. 43, S. 2166–2170

Niklas, Boris, Die subjektive Reichweite von Schiedsvereinbarungen, Tübingen 2008

Oldenstam, Robin/Von Pachelbel, Johann, Confidentiality and Arbitration – a few reflections and practical notes, SchiedsVZ 2006, S. 31–36

Otto, Dirk, Präklusion und Verwirkung von Vollstreckungsversagungsgründen bei der Vollstreckung ausländischer Schiedsgerichtsentscheidungen, IPRax 2012, no. 3, S. 223–226

Pair, Lara M., Consolidation in International Commercial Arbitration – the ICC and Swiss Rules, Den Haag 2012

Pair, Lara M./Frankenstein, Paul, The New ICC Rule on Consolidation: Progress or Change?, verfügbar unter https://law.emory.edu/eilr/content/volume-25/issue-3/recent-development/icc-rule-consolidation-progress-change.html zuletzt abgerufen am 28. Mai 2022

Grüneberg (vormals Palandt), Bürgerliches Gesetzbuch, bearbeitet von *Ellenberger, Jürgen/Götz, Isabell u.a.,* 82. Auflage, München 2023

Park, William (et al.), Arbitration International 7, no. 4 (1991), S. 389–392

Park, William W., Chapter 7: The Procedural Soft Law of International Arbitration: Non-Governmental Instruments, in: Pervasive Problems in International Arbitration, International Arbitration Law Library 1 Alphen aan den Rijn 2006, S. 141–154

Parker, Chris/Elizabeth Reeves, Publikation von Herbert Smith Freehills zu A v B [2017] EWHC 3417, High Court of Justice, Queen's Bench Division (Commercial Court), verfügbar unter https://hsfnotes.com/arbitration/2018/02/09/english-court-sets-aside-tribunals-award-on-jurisdiction-find ing-that-the-lcia-rules-do-not-permit-a-party-to-bring-claims-under-multi ple-contracts-in-a-single-arbitration/ zuletzt abgerufen am 28. Mai 2022

Paulsson, Marike, The 1958 New York Convention in Action, Alphen aan den Rijn 2016

Paulsson, Jan/Petrochilos, Georgios, UNCITRAL Arbitration, Alphen aan den Rijn 2017

Pereira de Souza Fleury, Raúl, Umbrella clauses: a trend towards its elimination, Arbitration International 31, no. 4 (2015), S. 679–691

Platte, Martin, When Should an Arbitrator Join Cases?, Arbitration International 18, no. 1 (2002), S. 67–81

Poudret, Jean- François/Besson, Sébastien, Comparative Law of International Arbitration (Second Edition), Edinburgh 2007

Prokić, Dina, SIAC Proposal on Cross-Institution Consolidation Protocol: Can It Be Transplanted into Investment Arbitration?, Journal of International Arbitration 36, no. 2 (2019), S. 171–206

Pryles, Michael/Waincymer, Jeffrey, Multiple Claims in Arbitration Between the Same Parties, in: 50 Years of the New York Convention: ICCA International Arbitration Conference, Alphen aan den Rijn 2009, S. 437–499

Raeschke - Kessler, Hilmar/Bühler, Michael, Aufsicht über den Schiedsrichter durch den ICC-Schiedsgerichtshof (Paris) und rechtliches Gehör der Parteien, ZIP 1987, S. 1157–1167

Rauscher, Thomas/Krüger, Wolfgang (Herausgeber), Münchener Kommentar zur Zivilprozessordnung mit Gerichtsverfassungsgesetz und Nebengesetzen

Band 1, §§ 1–354, 6. Auflage, München 2020

Band 2, §§ 355–945b, 6. Auflage, München 2020

Band 3, §§ 946–1117, EGZPO, GVG, EGGVG, UKlaG, Internationales und Europäisches Zivilprozessrecht, 6. Auflage, München 2022

Rohe, Mathias, Netzverträge: Rechtsprobleme komplexer Vertragsverbindungen, Tübingen 1998

Sachs, Klaus/Lörcher, Torsten, § 1042 – General Rules of Procedure, in: Arbitration in Germany: The Model Law in Practice (Second Edition), Alphen aan den Rijn 2015, S. 241–259

Sanders, Pieter, Quo Vadis Arbitration? Sixty Years of Arbitration Practice, A Comparative Study, Alphen aan den Rijn 1999

Säcker, Franz Jürgen/Rixecker, Roland/Oetker, Hartmut/Limperg, Bettina (Herausgeber), Münchener Kommentar zum Bürgerlichen Gesetzbuch,

Band 1, Allgemeiner Teil, 9. Auflage, München 2021

Band 2, Schuldrecht – Allgemeiner Teil I, 9. Auflage, München 2022

Band 3, Schuldrecht – Allgemeiner Teil II, 9. Auflage, München 2022

Band 7, Schuldrecht – Besonderer Teil IV, 8. Auflage, München 2020

Schack, Haimo, Internationales Zivilverfahrensrecht, 7. Auflage, München 2017

Schlosser, Peter, Das Recht der internationalen privaten Schiedsgerichtsbarkeit, 2. Edition, Tübingen 1989

Schlosser, Peter, Schiedsrichterliches Verfahrensermessen und Beiladung von Nebenparteien, Festschrift für Geimer, S. 947–964, München 2002

Schmidt, Karsten/Ebke, Werner F. (Herausgeber), Münchener Kommentar zum Handelsgesetzbuch, Band 6, Bankvertragsrecht, Recht des Zahlungsverkehrs, Überweisungsverkehr, 4. Auflage, München 2019

Schütze, Rolf A., Ausgewählte Probleme des deutschen und internationalen Schiedsverfahrensrechts, Köln 2006

Schütze, Rolf A. (Herausgeber), Institutionelle Schiedsgerichtsbarkeit – Kommentar, 3. Auflage, Köln 2017

Schütze, Rolf A., Die gerichtliche Überprüfung von Entscheidungen des Schiedsgerichts, SchiedsVZ 2009, S. 241–247

Schütze, Rolf A./Thümmel, Roderich C., Schiedsgericht und Schiedsverfahren, 7. Auflage, München 2021

Schwab, Karl Heinz/Walter, Gerhard, Schiedsgerichtsbarkeit, 7. Auflage, München 2005

Schwartz, Eric, Multi-Party Arbitration and the ICC, Journal of International Arbitration 10, no. 3 (1993), S. 5–20

Schwarz, Franz T./Konrad, Christian W. (Herausgeber), The Vienna Rules: A Commentary on International Arbitration in Austria, Alphen aan den Rijn 2009

Shore, Laurence/Chen, Tai-Heng, in: International Arbitration in the United States – Introduction, Alphen aan den Rijn 2017, S. 3–12

Seifi, Jamal, The New International Commercial Arbitration Act of Iran, Journal of International Arbitration 15, no. 2 (1998), S. 5–36

SIAC Memorandum regarding proposal on Cross-Institution Consolidation Protocol, verfügbar unter https://siac.org.sg/images/stories/press_release/2017/Memorandum%20on%20Cross-Institutional%20Consolidation%20(with%20%20annexes).pdf zuletzt abgerufen am 28. Mai 2022

Smit Robert H./Robinson, Tyler B., Cost Awards in International Commercial Arbitration: Proposed Guidelines for Promoting Time and Cost Efficiency, The American Review of International Arbitration 20, no. 3 (2010), S. 267–283

Smith, Gordon, Comparative Analysis of Joinder and Consolidation Provisions Under Leading Arbitral Rules, Journal of International Arbitration 35, no. 2 (2018), S. 173–202

Smeureanu, Ileana M., Confidentiality in International Commercial Arbitration, International Arbitration Law Library 22, Alphen aan den Rijn 2011

Steger, Christian, Die Präklusion von Versagungsgründen bei der Vollstreckung ausländischer Schiedssprüche, Tübingen 2011

Stein, Friedrich/Jonas, Martin (Herausgeber), Kommentar Zivilprozessordnung, Band 10, 23. Auflage, Tübingen 2014

Steingruber, Andrea Marco, Consent in International Arbitration, Oxford International Arbitration Series, Oxford 2012

Steinbrück, Ben, Die Unterstützung ausländischer Schiedsverfahren durch staatliche Gerichte – Eine rechtsvergleichende Untersuchung des deutschen, österreichischen, englischen, schweizerischen, französischen und US-amerikanischen Schiedsrechts, Tübingen 2009

Stipanowich, Thomas J., Arbitration and the Multiparty Dispute: The Search for Workable Solutions, Iowa Law Review 72, no. 3 (1987), S. 473–530

Strohbach, Heinz, Handbuch der internationalen Handelsschiedsgerichtsbarkeit, Berlin 1990

Strong, S.I., The Sounds of Silence: Are U.S. Arbitrators Creating Internationally Enforceable Awards When Ordering Class Arbitration in Cases of Contractual Silence or Ambiguity?, Michigan Journal of International Law 30, no. 4 (2009), S. 1025–1094

Strong, S.I., Third Party Intervention and Joinder as of Right in International Arbitration: An Infringement of Individual Contract Rights or a Proper Equitable Measure?, Journal of Transnational Law 31 (1998), S. 917–996

Swee En, Eunice Chan, Consolidation of Arbitral Proceedings and its Ramifications on a Party's Right to Challenge the Jurisdiction of the Tribunal and the Arbitral Award, verfügbar unter http://arbitrationblog.kluwerarbitration.com/2018/03/21/consolidation-arbitral-proceedings-ramifications-partys-right-challenge-jurisdiction-tribunal-arbitral-award/ zuletzt abgerufen am 28. Mai 2022

Ten Cate, Irene M., Multi-Party and Multi-Contract Arbitrations: Procedural Mechanisms and Interpretation of Arbitration Agreements under US Law, The American Review of International Arbitration 15, S. 133–159

Teubner, Gunther, Netzwerk als Vertragsverbund, Baden-Baden 2004

Thompson, Dennis, The Same Tribunal for Different Arbitrations Barrister, FCI-Arb., Journal of International Arbitration 4, no. 2 (1987), S. 111–120

Trittmann, Rolf/Hanefeld, Inka, § 1029 – Definition, in: Arbitration in Germany: The Model Law in Practice (Second Edition), Alphen aan den Rijn 2015, S. 79–93

van den Berg, Albert Jan, Consolidated arbitrations and the 1958 New York Arbitration Convention, Arbitration International 2, no. 4 (1986), S. 367–369

van den Berg, Albert Jan, Consolidated Arbitrations, the New York Arbitration Convention and the Dutch Arbitration Act 1986 – A Replique to Mr Jarvin, Arbitration International 3, no. 3 (1987), S. 257–262

van den Berg, Albert Jan, New York Convention of 1958: Refusals of Enforcement, ICC International Court of Arbitration Bulletin 18, no. 2 (2007), S. 1–35

Vlavianos, George M/Pappas, Vasilis F.L., Consolidation of International Commercial Arbitral Proceedings in the Energy Sector, Global Arbitration Review – The Guide to Energy Arbitrations, Third Edition, London 2019, S. 243–257

Veeder, V.V., Consolidation: More News from the Front-Line The Second Shui On Case, Arbitration International 3, no. 3 (1987), S. 262–266

Veeder, V.V., Multi-Party disputes: Consolidation under English law The Vimeira – a Sad Forensic Fable, Arbitration International 2, no. 4 (1986), S. 310–322

Verbist, Herman/Schäfer, Erik/Imhoos, Christophe, ICC Arbitration in Practice 2, Alphen aan den Rijn 2015

von Hoffmann, Bernd, Schiedsgerichtsbarkeit in mehrstufigen Vertragsbeziehungen insbesondere in Subunternehmerverträgen, in: Die Beteiligung Dritter an Schiedsverfahren, Köln 2005, S. 131–150

von Schlabrendorff, Fabian, Parallele Verfahren, Aufnahme von Dritten, Verbindung von Verfahren: Erfahrungen aus der Praxis der ICC, in: Die Beteiligung Dritter an Schiedsverfahren, Köln 2005, S. 55–70

Vorwerk, Volkert/Wolf, Christian (Herausgeber), Beck'scher Online-Kommentar Zivilprozessordnung, 47. Edition, Stand 1. September 2022, München 2022

Voser, Nathalie, Multi-Party Disputes and Joinder of Third Parties, in: Years of the New York Convention: ICCA International Arbitration Conference, Alphen aan den Rijn 2009, S. 343–410

Voser, Nathalie, Overview of the Most Important Changes in the Revised ICC Arbitration Rules, ASA Bulletin 29, no. 4 (2011), S. 783–820

Wagner, Gerhard, Prozeßverträge, Tübingen 1998

Wallace, Don Jr., Consolidated Arbitration in the United States – Recent Authority Requires Consent of the Parties, Journal of International Arbitration 10, no. 4 (1993), S. 5–18

Waincymer, Jeffrey, Procedure and Evidence in International Arbitration, Alphen aan den Rijn 2012

Welser, Irene/Molitoris, Susanne, The Scope of Arbitration Clauses – Or "All Disputes Arising out of or in Connection with this Contract…", Austrian Yearbook on International Arbitration 2012, Alphen aan den Rijn 2012, S. 17–30

Wheal, Robert/Seacom, Matthew/Wallin, Adam, Publikation von White & Case zu A v B [2017] EWHC 3417, High Court of Justice, Queen's Bench Division (Commercial Court), verfügbar unter https://www.whitecase.com/publications/alert/separate-requests-essential-multi-contract-lcia-arbitrations zuletzt abgerufen am 28. Mai 2022

Whitesell, Anne Marie/Silva-Romero, Eduardo, Multiparty and Multicontract Arbitration: Recent ICC Experience, in: ICC Special Supplement 2003: Complex Arbitrations: Perspectives on their Procedural Implications, S. 7–18

Wolff, Reinmar, Gestaltung einer vertragsübergreifenden Schiedsklausel, SchiedsVZ 2008, S. 59–62

Zöller, Richard (Begründer), Kommentar zur Zivilprozessordnung, 34. Auflage, Köln 2022

Zuberbühler, Tobias/Müller, Christoph/Habegger, Philipp, Swiss Rules of International Arbitration: Commentary, Alphen aan den Rijn 2005

Urteile und Schiedssprüche

Deutschland

BVerfG, Beschluss vom 7. Oktober 2003 – 1 BvR 10/99, NJW 2003, 3687

RG, Urteil vom 4. November 1910 – III 636/09

RG, Urteil vom 27. September 1920 – IV 2/20, RGZ 100, 76, 79

BGH, Urteil vom 14. Mai 1952 – II ZR 276/5, NJW 1952, 1018

BGH, Urteil vom 30. Oktober 1956 – I ZR 82/55, NJW 1957, 183

BAG, Urteil vom 23. August 1963 – 1 AZR 469/62, NJW 1964, 268

BGH, Urteil vom 30. Januar 1957 – V ZR 80/55, NJW 1957, 589

BGH, Urteil vom 8. Oktober 1959 – VII ZR 87/58; NJW 1959, 2213

BGH, Urteil vom 26. Oktober 1959 – KZR 2/59 (KG), NJW 1960, 145

BGH, Urteil vom 20. März 1963 – VIII ZR 130/61, NJW 1963, 1200

BGH, Urteil vom 28. November 1963 – VII ZR 112/62, NJW 1964, 591

BGH, Urteil vom 22. Oktober 1964 – VII ZR 69/63, VersR 1965, 45

BGH, Urteil vom 29. Februar 1968 – VII ZR 102/65, NJW 1968, 1233

BGH, Urteil vom 5. November 1970 – VII ZR 31/69, NJW 1971, 139

BGH, Urteil vom 10. Dezember 1970 – II ZR 148/69, WM 1971, 308
BGH, Urteil vom 3. Juli 1975 III ZR 78/73, NJW 1976, 109
BGH, Urteil vom 18. Oktober 1976 – II ZR 102/75LG, BeckRS 1976, 31115354
BGH, Urteil vom 5. Mai 1977 – III ZR 177/74, NJW 1977, 1397
BGH, Urteil vom 19. September 1977 – VIII ZR 120/75, NJW 1978, 1114
BGH, Urteil vom 20. März 1980, III ZR 151/79, NJW 1980, 2022
BGH, Urteil vom 26. September 1985 – III ZR 16/84, NJW 1986, 1436
BGH, Urteil vom 3. Dezember 1986 – IVb ZR 80/85, NJW 1987, 651
BGH, Urteil vom 18. Januar 1990 – III ZR 269/88, NJW 1990, 2199
BGH, Urteil vom 30. April 1992 – VII ZR 159/91, NJW-RR 1992, 977
BGH, Urteil vom 14. Mai 1992 – III ZR 169/90, NJW 1992, 2299
BGH, Urteil vom 24. Juni 1993 – III ZR 43/92, NJW 1993, 33204
BGH, Urteil vom 20. Januar 1994 – III ZR 143/92, NJW 1994, 1008
BGH, Urteil vom 29. März 1996 – II ZR 124/95, NJW 1996, 1753
BGH, Urteil vom 4. Oktober 2001 – III ZR 281/00, NJW-RR 2002, 387
BGH, Beschluss vom 20. Januar 2003 – III ZB 6/02, Yearbook Commercial Arbitration XXXII (2007), 303–308
BGH, Urteil vom 13. Januar 2005 – III ZR 265/03, SchiedsVZ 2005, 95
BGH, Beschluss vom 23. Februar 2006 – III ZB 50/05, NJW 2007, 772
BGH, Urteil vom 31. Mai 2007 – III ZR 22/06, SchiedsVZ 2007, 215
BGH, Beschluss vom 17. April 2008 – III ZB 97/06, NJW-RR 2008, 1083
BGH, Beschluss vom 30. Oktober 2008 – III ZB 17/08, NJW 2009, 1215
BGH, Urteil vom 6. April 2009 – II ZR 255/08, DNotZ 2009, 938
BGH, Urteil vom 5. November 2009 – IX ZR 239/07, NJW 2010, 2210
BGH, Beschluss vom 28. Januar 2014 – III ZB 40/13, NJW 2014, 1597
BGH, Urteil vom 8. Mai 2014 – III ZR 371/12, SchiedsVZ 2014, 151
BGH, Beschluss vom 18. Juni 2014 – III ZB 89/13, NJW 2014, 3655
BGH, Beschluss vom 16. April 2015 – I ZB3/14, NJW 2015, 3234
BGH, Beschluss vom 10. März 2016 – I ZB 99/14, NJW-RR 2016, 892
BGH, Urteil vom 7. Juni 2016 – KZR 6/15, NJW 2016, 2266
BGH, Beschluss vom 6. Oktober 2016 – I ZB 13/15, NZG 2017, 227
BGH, Beschluss vom 31. Oktober 2018 – I ZB 17/18, BeckRS 2018, 31391
BGH, Beschluss vom 28. März 2019 – I ZB 51/18, BeckRS 2019, 8071
KG, Beschluss vom 21. April 2008 – 20 SCHH 4/07, NJW 2008, 2719

OLG Brandenburg, Beschluss vom 24. Juli 2015 – 11 Sch 2/13, SchiedsVZ 2016, 43

OLG Celle, Entscheidung vom 2. Oktober 2001, Yearbook Commercial Arbitration XXXII (2007), 303–308

OLG Celle, Beschluss vom 13. März 2003 – 8 Sch 06/02, verfügbar unter http://www.disarb.org/de/47/datenbanken/rspr/olg-celle-az-8-sch-06-02--datum-2003-03-13-id463

OLG Celle, Beschluss vom 20. November 2003 – 8 Sch 02/03, verfügbar unter http://www.dis-arb.de/de/47/datenbanken/rspr/olg-celle-az-8-sch-02-03--datum-2003-11-20-id324

OLG Dresden, Urteil vom 20. Februar 2001 – 11 SchH 02/00, verfügbar unter http://www.disarb.org/de/47/datenbanken/rspr/olg-dresden-az-11-schh-02--00-datum-2001-02-20-id94

OLG Frankfurt, Urteil vom 21. Dezember 1983 – 21 U 2/83, NJW 1984, 2768

OLG Frankfurt am Main, Beschluss vom 24. November 2005 – 26 Sch 13/05, SchiedsVZ 2006, 219

OLG Frankfurt am Main, Beschluss vom 17. Februar 2011 – 26 Sch 13/10, SchiedsVZ 2013, 49

OLG Frankfurt am Main, Beschluss vom 16. Januar 2014 – 26 Sch 2/13, SchiedsVZ 2014, 206

OLG Hamburg, Urteil vom 3. April 1975 – 6 U 70/74, MDR 1975, 940

OLG Koblenz, Beschluss vom 28. Juli. 2005 – 2 Sch 4/05, SchiedsVZ 2005, 260

OLG Köln, Beschluss vom 23. September 2010 – 19 SchH 15/10, BeckRS 2011, 5672

OLG München, Urteil vom 8. Februar 1991 – 23 U 5723/90, NJW-RR 1991, 602

OLG München, Urteil vom 13. Oktober 2004 – 7 U 3722/04, NJW 2005, 832

OLG München, Beschluss vom 25. September 2006 – 34 Sch 12/06, verfügbar unter http://www.disarb.org/de/47/datenbanken/rspr/olg-m&uumlnchen-az-34-sch-12-06-datum-2006-09-25-id582

OLG München, Beschluss vom 30. August 2011 – 34 SchH 8/11, BeckRS 2011, 34537

OLG München, Beschluss vom 29. März 2012 – 34 SchH, SchiedsVZ 2012, 159

OLG München, Beschluss vom 10. September 2013 – 34 SchH 10/13, SchiedsVZ 2013, 287

OLG München, Beschluss vom 19. November 2012 – 34 Sch 7/11, SchiedsVZ 2013, 62

OLG München, Beschluss vom 7. Juli 2014 – 34 SchH 18/13, SchiedsVZ 2014, 262

OLG München, Beschluss vom 18. Juni 2018 – 34 SchH 7/17, NJOZ 2019, 144

OLG Oldenburg, Urteil vom 31. März 1971 – 8 U 103/70, NJW 1971, 1461

OLG Saarbrücken, Urteil vom 23. November 2017 – 4 U 44/16, SchiedsVZ 2019, 290

LG Saarbrücken, Urteil vom 3. Dezember 2015 – 4 O 243/12, SchiedsVZ 2016, 111

OLG Schleswig, 26. April 1999 – 16 Sch 01/99, verfügbar unter - http://www.dis-arb.de/de/47/datenbanken/rspr/olg-schleswig-az-16-schh-01-99-datum-1999-06-24-id71

OLG Stuttgart, Urteil vom 6. März 2001 – 12 U 158/00, verfügbar unter http://www.disarb.org/de/47/datenbanken/rsprspezial-id2

USA

Stewart Tenants Corp. v. Diesel. Constr. Co., Appellate Division of the Supreme Court of New York, First Departement – 16 A. D.2d 895 (229 N.Y.S.2d 204, 1st Dept. 1962), verfügbar unter https://www.casemine.com/judgement/us/59149c37add7b049346400cd

Compania Espanola de Petroleos, S.A. v. Nereus Shipping, S.A, US Court of Appeals for the Second Circuit – 527 F.2d 966 (2nd Cir. 1975), verfügbar unter https://casetext.com/case/compania-espan-de-petro-sa-v-ner-ship

Matter of Czarnikow-Rionda Co., Inc., US District Court for the Southern District of New York – 512 F. Supp. 1308 (S.D.N.Y. 1981), https://law.justia.com/cases/federal/district-courts/FSupp/512/1308/2299935/

Weyerhaeuser Co. v. Western Seas Shipping Co., U.S. District Court for the Northern District of California – 568 F. Supp. 1220 (N.D. Cal. 1983), verfügbar unter https://law.justia.com/cases/federal/district-courts/FSupp/568/1220/2374718/

Oriental Commercial and Shipping Co., Ltd. v. Oriental Commercial and Shipping Co. Ltd., United States District Court, S.D. New York – 609 F. Supp. 75 (S.D.N.Y. 1985), Yearbook Commercial Arbitration XII (1987), 532

Mitsubishi Motors Corp. v. Soler Chrysler-Plymouth, Inc., US Supreme Court – 473 U.S. 614 (1985), verfügbar unter https://www.trans-lex.org/306400/_/mitsubishi-motors-co-v-soler-chrysler-plymouth-inc-105-sct-3346/

Sociedad Anonima De Navegacion Petrolera v. Cia. De Petroleos De Chile SA, US District Court for the Southern District of New York – 634 F. Supp. 805 (S.D.N.Y. 1986), verfügbar unter https://law.justia.com/cases/federal/district-courts/FSupp/634/805/1885645/

Del E. Webb Construction v. Richardson Hospital Authority, US Court of Appeals for the Fifth Circuit – 823 F.2d 145 (5th Cir. 1987), verfügbar unter https://casetext.com/case/del-e-webb-const-v-richardson-hosp-auth

Maxum Foundations, Inc. v. Salus Corp., US Court of Appeals for the Fourth Circuit – 817 F.2d 1086 (4th Cir. 1987), verfügbar unter https://casetext.com/case/maxum-foundations-inc-v-salus-corp

McDonnell Douglas Finance v. Pa. Power Light, US Court of Appeals for the Second Circuit – 858 F.2d 825 (2nd Cir. 1988), verfügbar unter https://casetext.com/case/mcdonnell-douglas-finance-v-pa-power-light

Volt Information Sciences, Inc. v. Board of trustees of Leland Stanford Junior University, US Supreme Court – 489 U.S. 468 (1989), verfügbar unter https://supreme.justia.com/cases/federal/us/489/468/

Protective Life Ins Corp v. Lincoln Nat'l Life Ins Corp, US Court of Appeals for the Eleventh Circuit – 873 F.2d 281 (11th Cir. 1989), verfügbar unter https://casetext.com/case/protective-life-ins-v-lincoln-nat-life-ins

Baesler v. Continental Grain Co., US Court of Appeals for the Eighth Circuit – 900 F.2d 1193 (8th Cir. 1990), verfügbar unter https://www.leagle.com/decision/19902093900f2d119311904

American Centennial Insurance Co. v. National Casualty Co., US Court of Appeals for the Sixth Circuit – 951 F.2d 107 (6th Cir. 1991), verfügbar unter https://law.justia.com/cases/federal/appellate-courts/F2/951/107/258151/

Government of the United Kingdom of Great Britain v. Boeing Co., US Court of Appeals for the Second Circuit – 998 F.2d 68 (2nd Cir. 1993), verfügbar unter https://law.justia.com/cases/federal/appellate-courts/F2/998/68/48624/

Matter of Coastal Shipping and Southern Petroleum, US District Court for the Southern District of New York – 812 F. Supp. 396 (S.D.N.Y. 1993), verfügbar unter https://law.justia.com/cases/federal/district-courts/FSupp/812/396/1761378/

Glencore Grain Rotterdam B.V. v. Shivnath Rai Harnarain Co., US Court of Appeals for the Ninth Circuit – 284 F.3d 1114, 1120 (9th Cir. 2000), verfügbar unter https://openjurist.org/284/f3d/1114/glencore-grain-rotterdam-bv-v-shivnath-rai-harnarain-co

Connecticut General Life Insurance Company, et al. v. Sun Life Assurance Company of Canada, et al. v. Unicover Managers, Inc., et al., US Court of Appeals for the Seventh Circuit – 210 F.3d 771 (7th Cir. 2000), verfügbar unter https://law.justia.com/cases/federal/appellate-courts/F3/210/771/483959/

Rolls-Royce Indus. Power, Inc. v. Zurn EPC Serv., Inc., US District Court, N.D. Illinois, Eastern Division – No. 01 C 5608 (N.D. Ill. Nov. 6, 2001), verfügbar unter https://casetext.com/case/rolls-royce-industrial-power-v-zurn-epc-services

China Minmetals Materials Imp. and Exp. Co., Ltd. v. Chi Mei Corp., US Court of Appeals for the Third Circuit – 334 F.3d 274 (3rd Cir. 2003), verfügbar unter https://law.justia.com/cases/federal/appellate-courts/F3/334/274/636183/

Karaha Bodas Co. (Cayman Islands) v. Perusahaan Pertambangan Minyak Dan Gas Bumi Negara (Indonesia), US Court of Appeals for the Fifth Circuit – 364 F.3d 274 (5th Cir. 2004), verfügbar unter https://caselaw.findlaw.com/us-5th-circuit/1207034.html

Encyclopaedia Universalis S.A. (Luxembourg) v. Encyclopaedia Britannica, Inc. (US), US Court of Appeals for the Second Circuit – 403 F.3d 85 (2nd Cir. 2005), https://www.casemine.com/judgement/us/59147542add7b049343ad5fc

Stolt-Nielsen S.A. v. Animalfeeds Intr., US Supreme Court – 559 US 662 (2010), verfügbar unter https://www.law.cornell.edu/supct/pdf/08-1198P.ZS

Großbritannien

Oxford Shipping Co Ltd v. Nippon Yusen Kaisha (The Eastern Saga), High Court of Justice, Queen's Bench Division (Commercial Court), [1984] 2 Lloyd's Rep. 374; 3 All E R 835, verfügbar unter https://www.trans-lex.org/302940/_/oxford-shipping-v-nippon-yusen-kaisha-%5B1984%5D-2-lloyd's-rep-373/

Fiona Trust and Holding Corporation and Others v. Yuri Privalov and Others, English Court of Appeal, [2007] EWCA CIV 20, verfügbar unter https://www.trans-lex.org/312142/_/fiona-trust-holding-corp-v-privalov-%5B2007%5D-ukhl-40/

Abu Dhabi Gas Liquefaction Company Ltd v. Eastern Bechtel Corporation, English Court of Appeal (Civil Division), [1982] EWCA Civ J0623-1, verfügbar unter https://vlex.co.uk/vid/abu-dhabi-gas-liquefaction-792788381

A v B [2017] EWHC 3417, High Court of Justice, Queen's Bench Division (Commercial Court), verfügbar unter http://www.bailii.org/ew/cases/EWHC/Comm/2017/3417.html

Australien

Aerospatiale Holdings Australia Pty Ltd. and Eurocopter International Pacific Ltd. v. Elspan International Pty Ltd., Peter Ellen and Associates Ltd. and others, Supreme Court of New South Wales, Common Law Division, 55053/92, Yearbook Commercial Arbitration XIX (1994), 635

Fitzpatrick v. Emerald Grain Pty Ltd., Supreme Court of Western Australia, [2017] WASC 206, verfügbar unter https://doylesarbitrationlawyers.com/fitzpatrick-v-emerald-grain-pty-ltd-2017-wasc-206/

Frankreich

BKMI Industrieanlagen GmbH, Siemens AG v. DUTCO Construction Co. (Private) Limited, Cour d'appel de Paris, Yearbook Commercial Arbitration XV (1990), 124–127

OIAETI et Sofidif v. COGEMA, SERU and others, Cour d'appel de Versailles (Chambres réunies), Revue de l'Arbitrage 1991, no. 2, 326–337, englische Übersetzung verfügbar unter https://arbitrationlaw.com/library/versailles-court-appeal-all-chambers-7-march-1990-oiaeti-sofidif-v-cogema-seru-and-others

BKMI Industrieanlagen GmbH et al. v. Dutco Construction, Cour de Cassation, Chambre civile 1, 89-18.708 89-18.72, Revue de l'Arbitrage 1992, no. 3, 470–472; englische Übersetzung verfügbar unter https://arbitrationlaw.com/library/cour-de-cassation-first-civil-chamber-7-january-1992-soci%C3%A9t%C3%A9s-bkmi-siemens-v-soci%C3%A9t%C3%A9-dutco

SA JDA Software France et autres v. SA Kiabi, Cour d'appel de Paris (1re Ch. C), Revue de l'Arbitrage 2003, no. 4, 1252

Österreich

ÖOGH, Entscheidung vom 5. Mai 1998 – 3 Ob 2372/95 m, RIW 1999, 789

Kanada

Adamas Management & Services Inc. (British Virgin Islands) v. Aurado Energy Inc. (Canada), New Brunswick Court of Queen's Bench, Trial Division, Judicial District of Saint John, Docket No. S/M/57/04, Yearbook Commercial Arbitration XXX (2005), 479

Russland

O & Y Investments Ltd. (Cyprus) v. OAO Bummash (Russian Federation), Federal Arbitrazh Court, Northwestern District, F09-2110/05-S6, Yearbook Commercial Arbitration XXXIII (2008), 687

Italien

Rederi Aktiebolaget Sally v. S.r.l. Termarea, Corte Di Appello Di Firenze, 13 April 1978, Yearbook Commercial Arbitration IV (1979), 294

Luxemburg

Kersa Holding Company Luxembourg v. Infancourtage, Famajuk Investment and Isny, Cour Superieure de Justice, 24 November 1993, Yearbook Commercial Arbitration XXI (1996), 617

Brasilien

Paranapanema S/A vs/ BTG Pactual S/A and Santander Brasil S/A, Brazilian Special Appeal no. 1.639.035-SP, ASA Bulletin 37, no. 4 (2019), 853

Schiedssprüche

Holiday Inn vs. Morocco, ICSID Award, 23 September 1974, ICSID Case No. ARB/72/1, verfügbar unter https://www.italaw.com/cases/3391

Bulgarian creditor (seller) v FRG debtor (buyer), Award, BCCI Case No. 60/1980, 1 October 1980, Yearbook Commercial Arbitration XII (1987), 1987, 84

Pabalk Ticaret Limited Sirketi v Norsolor S.A., Award, ICC Case No. 3131, 26 October 1979, Yearbook Commercial Arbitration IX (1984), 109

US Supplier v Indian Buyer, Interim Award, ICC Case No. 4367, 16 November 1984, Yearbook Commercial Arbitration XI (1986), 134

Westland Helicopters Ltd. V Arab Organization for Industrialization, et al., Interim Award, ICC Case No. 3879, Yearbook Commercial Arbitration IX (1984), 127

CMEA buyer v Polish manufacturer, Award, PCA Case No. 122/85, 2 July 1987, Yearbook Commercial Arbitration XIV (1989), 187

Contractor v Employers A and B, Final Award, ICC Case No. 5989, 1989, Yearbook Commercial Arbitration XV (1990), 74

ICC Case No. 7184 (1994), ICC International Court of Arbitration Bulletin 8, no. 2 (1997), 63

Seller v Buyer, Interim Award, ICC Case No. 6149, 1990, Yearbook Commercial Arbitration XX (1995), 41

ICC Case No. 8708 (1997), unveröffentlich, Darstellung des Falls in *Hanotiau*, Multi-Party Multi-Contract, Multi-Issue– A comparative Study (Second Edition), Rn. 531 f.

PNG Sustainable Development Program Ltd. v. Independent State of Papua New Guinea, ICSID Case No. ARB/13/33, verfügbar unter https://www.italaw.com/sites/default/files/case-documents/italaw4257.pdf

SchiedsG Hamburg, Schiedsspruch vom 20. November 2000, NJOZ 2001, 1073

DIS-Schiedsgericht, Zwischenschiedsspruch vom 25. Januar 2005 – DIS-SV-438/04, SchiedsVZ 2005, 166

Statistiken und Reporte

2017 ICC Dispute Resolution Statistics, verfügbar unter https://iccwbo.org/content/uploads/sites/3/2018/07/2017-icc-dispute-resolution-statistics.pdf zuletzt abgerufen am 28. Mai 2022

2019 ICC Dispute Resolution Statistics, verfügbar unter https://iccwbo.org/publication/icc-dispute-resolution-statistics/ zuletzt abgerufen am 28. Mai 2022

Commission Report: Decision on Costs in International Arbitration, ICC Dispute Resolution Bulletin 2015, Issue 2, 13–30

Departmental Advisory Committee on Arbitration Law 1996, Report on the Arbitration Bill, Arbitration International 13, no. 3 (1997), 275–316

DIS-Verfahrensstatistik 2018, verfügbar unter http://www.disarb.org/upload/statistics/DIS-Verfahrensstatistik%202018.pdf zuletzt abgerufen am 28. Mai 2022

DIS-Verfahrensstatistik 2019, verfügbar unter http://www.disarb.org/files/veranstaltungen/614/DIS-Verfahrensstatistik%202019%20DE.pdf zuletzt abgerufen am 28. Mai 2022

United Nations Commission on International Trade Law – Report of the Working Group on Arbitration and Conciliation on the work of its forty-sixth session (New York, 5–9 February 2007), A/CN.9/619, verfügbar unter https://uncitral.un.org/en/working_groups/2/arbitration

Queen Mary 2012 International Arbitration Survey: Current and Preferred Practices in the Arbitral Process, verfügbar unter http://www.arbitration.qmul.ac.uk/research/2012 / zuletzt abgerufen am 28. Mai 2022

Queen Mary 2018 International Arbitration Survey: The Evolution of International Arbitration, verfügbar unter www.arbitration.qmul.ac.uk/research/2018/ zuletzt abgerufen am 28. Mai 2022

Queen Mary 2019 International Arbitration Survey: Driving Efficiency in International Construction Disputes, verfügbar unter https://www.pinsentmasons.com/thinking/special-reports/international-arbitration-survey zuletzt abgerufen am 28. Mai 2022

UNCITRAL, Recommendation 2006, A/6/17, Recommendation regarding the interpretation of article II, paragraph 2, and article VII, paragraph 1, of the Convention on the Recognition and Enforcement of Foreign Arbitral Awards, done in New York, 10 June 1958, adopted by the United Nations Commission on International Trade Law on 7 July 2006 at its thirty-ninth session, verfügbar unter http://www.newyorkconvention.org/uncitral/recommendations zuletzt abgerufen am 28. Mai 2022

United Nations Commission on International Trade Law – Report of the Working Group on Arbitration and Conciliation on the work of its forty-sixth session (New York, 5–9 February 2007), A/CN.9/619, verfügbar unter https://undocs.org/en/A/CN.9/619 zuletzt abgerufen am 28. Mai 2022

Einleitung

A. Einleitende Gedanken

Bevor mit der eigentlichen Untersuchung begonnen wird, soll vorangestellt kurz der Begriff des Mehrvertragsverfahrens definiert und sodann das Bedürfnis nach solchen Verfahren erörtert werden.

I. Begriffsbestimmung

Unter einem Mehrvertragsverfahren ist ein Schiedsverfahren zu verstehen, welches Ansprüche behandelt, die sich aus oder im Zusammenhang mit mehr als einem Vertrag ergeben (siehe zum Beispiel die in Art. 17 DIS-SchO oder Art. 9 ICC-SchO enthaltenen Begriffsbestimmungen). Dabei wird nicht unterschieden, ob die streitgegenständlichen Verträge von einer einzigen Schiedsvereinbarung erfasst oder aber Gegenstand mehrerer Schiedsvereinbarungen sind. Weiterhin ist der Begriff grundsätzlich unabhängig von der Anzahl der an der Streitigkeit beteiligten Personen und schließt damit sowohl Streitigkeiten zwischen zwei als auch zwischen mehreren Beteiligten ein, wobei in letzterem Fall regelmäßig von „Mehrvertrags-Mehrparteienverfahren“ gesprochen wird.

Für die Zwecke der hiesigen Analyse soll der Begriff entsprechend soeben Gesagtem weit verstanden werden. Zudem soll er neben der Durchführung anfänglicher Mehrvertragsverfahren auch die erst nachträgliche, zu einem späteren Zeitpunkt erfolgte Verbindung mehrerer separat eingeleiteter Verfahren (man spricht insoweit von „Konsolidierung“) einschließen, wobei auf etwaige Besonderheiten dieser Form des Mehrvertragsverfahrens an bestimmten Stellen der Arbeit gesondert eingegangen wird.

II. Bedürfnis nach Mehrvertragsverfahren

Vielschichtige Transaktionen und Geschäftsbeziehungen sind aus der wirtschaftlichen und juristischen Welt nicht mehr hinwegzudenken – sie sind das Ergebnis der technischen, wirtschaftlichen und sozialen Entwicklung der letzten Jahrzehnte[1].

---

1 Queen Mary 2018 International Arbitration Survey: The Evolution of International Arbitration, 8; vergleiche auch *Grundmann*, AcP 207, 718, 721 ff.

Durch den Zuwachs an technischem und wissenschaftlichem Wissen auf der einen und der enormen Spezialisierung auf der anderen Seite sind größere wirtschaftliche Projekte so komplex geworden, dass sie nicht auf Grundlage einer Vertragsbeziehung durchgeführt werden können. Sie erfordern das Zusammenspiel mehrerer Verträge und meist auch die Zusammenarbeit mehrerer Akteure. Dementsprechend ist das Bestehen eines vielschichtigen Vertragsgeflechts mit gewöhnlich mehreren Beteiligten charakteristisch für diese Transaktionen.

Beispiele für solch komplexe Vertragskonstrukte sind unter anderem bei Großprojekten im Anlagenbau zu finden. Neben einem Generalunternehmer sind häufig noch weitere, jeweils spezialisierte Subunternehmer beauftragt. Es herrscht regelmäßig ein komplexes Vertragskonstrukt zwischen Bauherr, Generalunternehmer und Subunternehmern vor. Nur durch das Zusammenwirken sämtlicher Beteiligter und das Ineinandergreifen der Verpflichtungen aus den verschiedenen Verträgen kann die Anlage schlussendlich fertiggestellt werden. Ähnlich gestaltet sich die Situation bei der Entwicklung technologischer Produkte. Hier haben sich viele Unternehmen auf die Herstellung eines konkreten Einzelteils spezialisiert, sodass das Endprodukt nicht mehr von einem einzigen Unternehmer, sondern nur durch arbeitsteilige Leistungen mehrerer Beteiligter, begründet durch vertragliche Verpflichtungen aus einem komplexen Vertragsgeflecht hergestellt werden kann. Aber auch im Rahmen von Unternehmensakquisitionen, insbesondere bei der Finanzierung dieser, findet sich in der Regel eine Vielzahl dem Grunde nach separater, aber dennoch miteinander verflochtener Verträge.

Da die Schiedsgerichtsbarkeit gerade in Bezug auf große internationale wirtschaftsrechtliche Streitigkeiten ein beliebtes Streitbeilegungsmittel ist[2], ist es nicht verwunderlich, dass auch die Anzahl von Schiedsverfahren, die komplexe, multidimensionale Sachverhalte zum Gegenstand haben, signifikant angestiegen ist[3].

Es stellt sich die Frage, ob in solchen Situationen von der klassischen bilateralen Struktur eines Schiedsverfahrens abgewichen und sämtliche Streitigkeiten innerhalb eines einzigen Verfahrens behandelt werden soll oder ob konsistente

---

2 Queen Mary 2018 International Arbitration Survey: The Evolution of International Arbitration, 5.

3 Diese Entwicklung ist bereits seit mehreren Jahrzehnten zu beachten, vgl. bereits *Leboulanger,* J Int'l Arb 13 (4), 46 ff.; *Born*, International Commercial Arbitration, Chapter 18.

Ergebnisse nicht auch durch Durchführung separater Schiedsverfahren erreicht werden können.

Entstehen innerhalb komplexer Vertragsgefüge Streitigkeiten, haben Störungen innerhalb eines Vertragsverhältnisses regelmäßig Auswirkungen auf die übrigen Verträge beziehungsweise auf die Transaktion insgesamt. Zur Erlangung gerechter Ergebnisse nicht nur bezüglich des jeweils konkret betroffenen Vertrags, sondern der Transaktion in ihrer Gesamtheit, ist es in solchen Situationen notwendig, den streitigen Sachverhalt ganzheitlich zu betrachten. Insbesondere müssen Erkenntnisse, die für die gesamte Transaktion von Relevanz sind, nicht nur der Entscheidung eines Vertrags, sondern sämtlicher streitbefangener Verträge zugrunde gelegt werden, um identische oder ähnliche tatsächliche wie rechtliche Fragen innerhalb des Vertragsgeflechts gleichförmig zu beantworten und so inkonsistente Entscheidungen zu vermeiden.

Allerdings erlangen die dem Schiedsspruch zugrunde liegenden Tatsachenfeststellungen und rechtlichen Beurteilungen grundsätzlich keine Bindungswirkung für Entscheidungen in anderen Schiedsverfahren[4]. Die widersprüchliche Beantwortung gleicher beziehungsweise ähnlicher Tatsachen- und Rechtsfragen innerhalb einer Transaktion ist daher nicht ausgeschlossen. Zwar existiert eine solche Bindungswirkung auch im Rahmen der ordentlichen Gerichtsbarkeit grundsätzlich nicht[5]. Jedoch können hier durch Nebenintervention und Streitverkündung Ergebnisse aus einem Verfahren für nachfolgende Prozesse verbindlich festgestellt und damit widersprüchlichen Entscheidungen vorgebeugt werden. Auch durch die vor staatlichen Gerichten in größerem Umfang mögliche objektive wie subjektive Klagehäufung und damit Bündelung von Ansprüchen aus unterschiedlichen Verträgen sowie Personen in einem Verfahren können konsistente Entscheidungen erreicht werden. Ohne diese Gestaltungsmöglichkeiten bestünde dagegen auch dort in multidimensionalen Situationen die Gefahr, dass an der Transaktion Beteiligte für Schäden aufkommen müssen, die nicht sie, sondern ein anderer verursacht hat oder aber, dass ein Geschädigter

---

4 *Schütze,* Ausgewählte Probleme des Deutschen und internationalen Schiedsverfahrensrechts, S. 103; *Mourre,* Precedent in International Arbitration, 39–65.

5 Gegenstand der materiellen Rechtskraft ist *„die Rechtsfolge, die den Entscheidungssatz bildet“*, BGH, Urteil vom 24. Juni 1993 – III ZR 43/92, NJW 1993, 3205, weshalb insbesondere auch tatsächliche Feststellungen nur innerhalb der Entscheidung über den konkreten Streitgegenstand bindend sind, darüber hinaus erwachsen diese nicht in Rechtskraft, vgl. BGH, Urteil vom 5. November 2009 – IX ZR 239/07, NJW 2010, 2211; MüKoZPO/*Gottwald*, ZPO § 322, Rn. 97–99.

seinen Schaden nicht ersetzt bekommt[6]. Ein solches Ergebnis widerspricht nicht nur dem allgemeinen Gerechtigkeitsempfinden, sondern führt auch zum Verlust des Vertrauens in ein Rechtssystem.

Daher besteht die Notwendigkeit, auch auf Ebene der Schiedsgerichtsbarkeit bei Vorliegen komplexer Vertragsgestaltungen eine ganzheitliche Betrachtung und Bewertung sämtlicher streitbefangener Vertragsverhältnisse vornehmen zu können. Da jedoch die soeben erwähnten, aus Verfahren vor staatlichen Gerichten bekannten Instrumente aufgrund der privatautonomen Natur der Schiedsgerichtsbarkeit nicht ohne Weiteres auf diese übertragbar sind, müssen hier andere Wege zur sachgerechten Behandlung solcher Gestaltungen gefunden werden, die zugleich die Besonderheiten der Schiedsgerichtsbarkeit berücksichtigen. Einen solchen Weg stellt die Durchführung eines schiedsgerichtlichen Mehrvertragsverfahrens dar.

In den letzten Jahren wurde sich intensiver mit der Durchführung solcher Verfahren auf Ebene der Schiedsgerichtsbarkeit auseinandergesetzt und Bestimmungen hierzu in immer mehr nationale Schiedsverfahrensgesetze wie auch institutionelle Schiedsordnungen aufgenommen.

Doch trotz dieser Entwicklungen begegnet die Durchführung von Mehrvertragsverfahren noch immer zahlreichen Herausforderungen. Hieran knüpft die vorliegende Arbeit an.

Kernpunkt der Untersuchung soll die Beantwortung der Frage sein, ob Mehrvertragsverfahren das zu favorisierende Mittel zur Behandlung komplexer, eine Vielzahl von Verträgen erfassender Sachverhalte auf Ebene der Schiedsgerichtsbarkeit darstellen. Dazu sollen die sich von diesen Verfahren versprochenen Vorteile gegenüber der Durchführung mehrerer separater Verfahren, zugleich aber auch die mit diesen einhergehenden Herausforderungen betrachtet und sodann der tatsächliche Nutzen schiedsgerichtlicher Mehrvertragsverfahren bewertet werden.

Da Mehrvertragsstreitigkeiten häufig zwischen mehr als zwei Parteien auftreten, sollen auch spezifische Probleme, die auf der Beteiligung bzw. Einbeziehung weiterer Personen in ein solches Verfahren (mithin eines „Mehrvertrags-Mehrparteienverfahrens") beruhen, erörtert werden. Die nachfolgende Analyse soll dabei ihren Schwerpunkt im deutschem Recht haben, wird gleichwohl ebenfalls andere nationale Schiedsverfahrensrechte, Entscheidungen ausländischer

6 Man denke hier an Regressansprüche im Rahmen von Lieferketten oder im Rahmen größerer Bauvorhaben aber auch an Verbindlichkeiten im Rahmen von großen Finanzierungen.

Gerichte sowie verschiedene institutionelle Schiedsordnungen betrachten, um einen umfassenden Überblick über Bestimmungen zur Durchführung schiedsgerichtlicher Mehrvertragsverfahren und die allgemeine Akzeptanz solcher Verfahren auch auf internationaler Ebene zu erhalten.

B. Vorteile schiedsgerichtlicher Mehrvertragsverfahren

Um das Bedürfnis nach schiedsgerichtlichen Mehrvertragsverfahren besser zu veranschaulichen, sollen im Folgenden die durch diese verfolgten Ziele und versprochenen Vorteile gegenüber der Durchführung mehrerer separater Einvertragsverfahren genauer betrachtet werden.

I. Vermeidung sich widersprechender Entscheidungen

Wie eingangs erwähnt, können die aus Verfahren vor staatlichen Gerichten bekannten Instrumente zur Behandlung komplexer vertraglicher Gestaltungen nicht uneingeschränkt auf schiedsgerichtliche Verfahren übertragen werden, was vor allem an der privatautonomen Natur der Schiedsgerichtsbarkeit und der, an anderer Stelle noch ausführlicher diskutierten, relativen Wirkung der Schiedsvereinbarung liegt. Daher mussten in Schiedsverfahren gesonderte Überlegungen zur Behandlung solcher Sachverhalte angestellt werden. Durch Bündelung sämtlicher Streitigkeiten in einem einzigen Mehrvertragsverfahren kann auch auf Ebene der Schiedsgerichtsbarkeit eine ganzheitliche Betrachtung des zugrunde liegenden Sachverhalts erreicht und damit inkonsistente Entscheidungen vermieden werden. Dies unterstreicht bereits für sich betrachtet das Bedürfnis nach einem solchen Verfahren.

Doch die gleichförmige Behandlung ähnlicher tatsächlicher wie rechtlicher Fragen ist auch vor dem Hintergrund bedeutsam, als dass in der Schiedsgerichtsbarkeit, anders als im Verfahren vor staatlichen Gerichten, keine höhere Instanz existiert, die durch Aufhebung widersprechende Ergebnisse korrigieren könnte[7] oder die durch eine Leitentscheidung zu einer Rechtsfrage für die übrigen Gerichte „*die Richtung weist*“[8] und damit für einen Gleichlauf der Beantwortung dieser Rechtsfrage sorgt.

---

7 *von Schlabrendorff*, Die Beteiligung Dritter an Schiedsverfahren, 55, 60; *Lörcher*, Schiedsverfahren, Rn. 25.

8 Zwar sind die Urteile der deutschen obersten Gerichte für die Gerichte niederer Instanzen nicht bindend, dies verbietet schon Art. 97 GG. Indes geht von ihnen doch eine gewisse Bindungswirkung aus: entscheidet das Gericht niederer Instanz gegensätzlich zu einer praktizierten Rechtsprechung, so läuft es Gefahr, dass das Urteil in nächster

Zwar kann ein Schiedsspruch im Aufhebungsverfahren oder im Anerkennungs- und Vollstreckungsverfahren aufgehoben werden, die dortige gerichtliche Überprüfung erstreckt sich jedoch in der Regel auf Verfahrensfehler und einige andere enge Ausnahmen[9]. Widersprechende materiell-rechtliche Entscheidungen werden dagegen nicht korrigiert. Da aber das Vertrauen in ein Rechtssystem vor allem durch konsequente, dem allgemeinen Rechtsempfinden nach billige Entscheidungen gefördert wird, ist die Durchführung von Mehrvertragsverfahren mit konsistenten Ergebnissen ein wichtiger Schritt zur Stärkung des Vertrauens in das Rechtssystem der Schiedsgerichtsbarkeit insgesamt[10].

Aufgrund dieser positiven Auswirkungen, nicht nur auf die konkrete Transaktion, sondern auf das schiedsgerichtliche Rechtssystem insgesamt, ist es nicht verwunderlich, dass das Erreichen konsistenter Entscheidungen und damit eines gerechten Ergebnisses innerhalb der Gesamttransaktion meist als wichtigster Vorteil und Hauptziel der Durchführung von Mehrvertragsverfahren bezeichnet wird[11].

Instanz aufgehoben wird. Zudem dienen die Entscheidungen der obersten Gerichte als „Wegweiser" für die Gerichte niederer Instanzen, um eine einheitliche Rechtsprechung und damit eine gewisse Rechtssicherheit zu gewährleisten; ähnlich auch *Schütze,* Ausgewählte Probleme des Deutschen und internationalen Schiedsverfahrensrechts, S. 111; siehe auch *Mourre,* Precedent in International Arbitration, 39–65.

9 Vgl. nur Art. V UNÜ oder § 1059 ZPO; ebenso *Chiu,* J Int'l Arb 7 (2), 53, 56.

10 *Pair,* Consolidation in International Commercial Arbitration – the ICC and Swiss Rules, 15, mit Verweis auf *King,* Towards a Uniform International Arbitration Law? – IAI Series No. 3, 293, 294, der dies in Bezug auf die Durchführung paralleler Verfahren, die zusammenhängende Sachverhalte zum Gegenstand haben, anführt.

11 Allgemeine Meinung, vgl. *Heard,* Navigating Maritime Arbitration: The Experts Speak, 157, 183; *Frick,* Arbitration and Complex International Contracts, S. 230; *Chiu,* J Int'l Arb 7 (2), 53, 55 f.; *Leboulanger,* J Int'l Arb 13 (4), 63; *Born,* International Commercial Arbitration, Chapter 18.01; *Mustill/Boyd,* The Law and Practice of Commercial Arbitration in England, S. 142; United Nations Commission on International Trade Law – Report of the Working Group on Arbitration and Conciliation on the work of its forty-sixth session (New York, 5–9 February 2007), A/CN.9/619, Rn. 117; *Vlavianos/ Pappas,* Global Arbitration Review – The Guide to Energy Arbitrations, 243 ff.

II. Effizienzsteigerung

Ein weiterer, häufig angeführter Vorteil und erklärtes Ziel der Durchführung von Mehrvertragsverfahren ist die sich hierdurch versprochene Effizienzsteigerung, worunter vor allem die Einsparung von Zeit und Kosten zu verstehen ist[12].

Da von Praktikern gerade auch die mitunter hohen Kosten, ebenso wie die unter Umständen langwierige Verfahrensdauer als negativste Eigenschaften von Schiedsverfahren angesehen werden[13], wäre es ein immenser Vorteil, wenn die Durchführung von Mehrvertragsverfahren dazu beitragen würde, diesen negativen Charakterzügen entgegenzutreten.

Positive Effekte zeigen sich unter anderem in Bezug auf die Kosten für Schiedsrichter. Wird anstelle separater Einvertragsverfahren ein einziges Mehrvertragsverfahren durchgeführt, so muss statt mehrerer verschiedener Schiedsgerichte nur ein einziges Tribunal konstituiert werden. Dadurch werden die Bildung unnötiger Schiedsgerichte und damit einhergehend Kosten für Schiedsgerichtsgebühren vermieden, welche nach Statistiken der ICC immerhin 15 % der Gesamtkosten eines Schiedsverfahrens ausmachen[14]. Die Bildung eines einzigen, umfassend zuständigen Schiedsgerichts kann zudem helfen, die Verfahrensdauer zu verringern.

Auch kann die Durchführung eines gemeinsamen Mehrvertragsverfahrens zu einer effizienteren Beschaffung und Verwertung der Beweismittel beitragen. Statt Durchführung getrennter Beweisaufnahmen in separaten Verfahren, die aufgrund der wirtschaftlichen und strukturellen Verbundenheit der streitbefangenen Verträge häufig dieselben oder ähnliche tatsächliche und rechtliche Fragen beinhalten würden, können diese innerhalb einer einzigen, umfassenden Beweisaufnahme im Mehrvertragsverfahren zusammengefasst werden. So kann der Entscheidung aller in Rede stehenden Streitigkeiten schließlich ein umfassend ermittelter, einheitlicher Sachverhalt zugrunde gelegt werden. Dadurch wird nicht nur zur bereits dargelegten konsistenten Entscheidung in Bezug auf

12 Unter anderem *Heard*, Navigating Maritime Arbitration: The Experts Speak, 157, 183; *Chiu*, J Int'l Arb 7 (2), 53, 55; *Leboulanger*, J Int'l Arb 13 (4), 62 f.; *Born*, International Commercial Arbitration, Chapter 18.01; *Schütze*, Ausgewählte Probleme des Deutschen und internationalen Schiedsverfahrensrechts, S. 23 ff.

13 Queen Mary 2018 International Arbitration Survey: The Evolution of International Arbitration, 5.

14 Commission Report: Decision on Costs in International Arbitration, ICC Dispute Resolution Bulletin 2015, Issue 2, 13, 15.

die Gesamttransaktion beigetragen, insbesondere können so auch doppelte Beweisaufnahmen vermieden und somit Zeit und Kosten gespart werden[15].

Ähnliches gilt für die Kosten für Anwälte. Da die mit komplexen Schiedsverfahren betrauten Anwälte in der Regel nach Stundensätzen bezahlt werden, können durch die Einreichung eines einzigen, umfassenden Schriftsatzes statt mehrerer getrennter Schriftsätze die Arbeitszeit für die betrauten Anwälte verkürzt und Kosten für die Parteien verringert werden. Gleiches gilt für die Unterstützung der Anwälte während der mündlichen Verhandlung. Werden für das Mehrvertragsverfahren Pauschalgebühren vereinbart, so können die Unterschiede gar noch größer ausfällen.

Im Ergebnis ist die Durchführung von Mehrvertragsverfahren damit grundsätzlich geeignet, Dauer und Kosten in Bezug auf die Entscheidung des Gesamtsachverhalts im Vergleich zur Durchführung mehrerer getrennter Schiedsverfahren zu reduzieren[16].

III. Wahrheitsfindung und Fairness

Daneben dient die Durchführung von Mehrvertragsverfahren der Wahrheitsfindung und Fairness des Verfahrens.

Zum einen kann in der gemeinsamen Beweisaufnahme die gesamte wirtschaftliche Transaktion, Teil derer die verschiedenen Verträge sind, einheitlich und umfassend untersucht werden. Durch die gemeinsame Betrachtung des Gesamtkomplexes statt der gesonderten Bewertung einzelner Verträge, kann die Wahrheitsfindung erhöht werden – so können Widersprüche bei Erforschung der einzelnen Verträge mitunter direkt aufgedeckt und diesen auf den Grund gegangen werden, was im Ergebnis auch eine einheitliche und ausgeglichene Entscheidung begünstigt.

Zum anderen dient die Durchführung von Mehrvertragsverfahren der Fairness, wie bereits Hascher im Jahre 1984 in Bezug auf die Konsolidierung von Verfahren festhielt[17]. So beinhaltet der Begriff der Fairness im Rahmen der

---

15 Kosten für Anwälte und Sachverständige machen nach einer Statistik der ICC gemeinsam 83 % der Gesamtkosten eines Schiedsverfahrens aus, Commission Report: Decision on Costs in International Arbitration, ICC Dispute Resolution Bulletin 2015, Issue 2, 13, 15.

16 Ebenso *Gharibian/Pieper*, BB 2018 (8), 387; *Lew/Mistelis/Kröll*, Comparative International Commercial Arbitration, Rn. 16-2; *Leboulanger*, 13 (4) J Int'l Arb, 62; *Nicklisch*, J Int'l Arb 11 (4), 57, 68; *Dubisson*, J Int'l Arb 1 (3), 197, 201.

17 *Hascher*, J Int'l Arb 1 (2), 127, 133, „*Arbitration proceedings are consolidated because the interests of justice so require*", mit Verweis auf *Matter of Czarnikow-Rionda Co.*,

Schiedsgerichtsbarkeit auch ein gewisses Maß an Verfahrenseffizienz[18], welche, wie dargelegt, grundsätzlich durch Mehrvertragsverfahren gesteigert werden kann. Die Durchführung eines alle Streitigkeiten umfassenden Mehrvertragsverfahrens kann dazu betragen, dass eine finanziell unterlegene Partei durch Hinauszögern der gesamten Streitigkeit und das Führen mehrerer langer Verfahren, die in wirtschaftlichem Zusammenhang stehende Streitigkeiten behandeln und in denen folglich weitgehend gleichlaufende Fragen auftreten, zusätzlich finanziell belastet wird[19]. Denn mit Einleitung des Mehrvertragsverfahrens werden auf einmal Streitigkeiten aus sämtlichen Verträgen schiedshängig, sie können dementsprechend – in analoger Anwendung des § 261 Abs. 3 Nr. 1 ZPO – nicht erneut vor einem Schiedsgericht anhängig gemacht werden[20]. Das Führen weiterer, zusätzlicher Rechtsstreitigkeiten mit ähnlichem Inhalt wird hierdurch ausgeschlossen, die finanzielle Belastung dadurch geringer gehalten.

Inc., US District Court for the Southern District of New York – 512 F. Supp. 1308 (S.D.N.Y. 1981).

18 *Park*, Pervasive Problems in International Arbitration, Chapter 7, Rn. 7–10, „*In arbitration, fairness requires some measure of efficiency, since justice too long delayed becomes justice denied*", *Pair*, Consolidation in International Commercial Arbitration – the ICC and Swiss Rules, 17.

19 *Pair*, Consolidation in International Commercial Arbitration – the ICC and Swiss Rules, 17.

20 Musielak/Voit/*Voit*, ZPO § 1042, Rn. 16.

Voraussetzungen und Herausforderungen der Durchführung von Mehrvertragsverfahren

Obgleich die Durchführung schiedsgerichtlicher Mehrvertragsverfahren angesichts soeben genannter Erwägungen erstrebenswert ist, stellt die Behandlung komplexer Streitigkeiten sowohl theoretisch als auch praktisch einen der anspruchsvollsten Bereiche für die Gestaltung von Schiedsverfahren dar. Dies liegt vor allem an der privatautonomen Natur der Schiedsgerichtsbarkeit.

Wie bereits angesprochen, lassen sich gerade aufgrund dieser die aus Verfahren vor staatlichen Gerichten bekannten Instrumente nicht ohne Weiteres auf das Schiedsverfahren übertragen, vor allem, wenn es um die zustimmungslose Einbeziehung Dritter geht[21]. Ein schiedsgerichtliches Verfahren ist seinem Wesen nach von einer bilateralen Struktur geprägt: Zwei Schiedsparteien streiten über Rechte und Pflichten aus oder im Zusammenhang mit dem der konkreten Schiedsvereinbarung zugrunde liegenden materiell-rechtlichen Vertrag. Sollen nun mehrere Verträge Gegenstand eines Schiedsverfahrens sein, führt dies zu einer Durchbrechung dieser klassischen Struktur.

Dies wirft die Frage auf, unter welchen Voraussetzungen eine solche Durchbrechung zulässig ist und welche Anpassungen an Schiedsverfahren mit Blick auf die geänderte Struktur vorzunehmen sind.

C. Enstprechender Wille zur Durchführung eines Mehrvertragsverfahrens

Abgesehen von den in § 1066 ZPO genannten Sonderfällen[22], ist Grundlage eines jeden Schiedsverfahrens der einvernehmliche Verzicht der Parteien auf

---

21 *Frick*, Arbitration and Complex International Contracts, S. 230; insgesamt wird die Machtlosigkeit gegenüber Dritten von Praktikern als ein Nachteil des Schiedsverfahrens bewertet, Queen Mary 2018 International Arbitration Survey: The Evolution of International Arbitration, 5; vgl. auch *Mustill*, der die mangelnden prozessualen Eingriffsmöglichkeiten insgesamt als Schwachstelle der Schiedsgerichtsbarkeit gegenüber der staatlichen Gerichtsbarkeit beschreibt, „*It also lacks the procedural teeth which are the prime advantage of the courts.*", J Int'l Arb 6 (2), 43, 55.

22 Solche Schiedsverfahren ohne Vertragsgrundlage sollen nicht Gegenstand der vorliegenden Arbeit sein.

den staatlichen Richter – die Entscheidungskompetenz des Schiedsgerichts ist folglich unabdingbar mit der Rechtsmacht der Parteien verbunden; verfassungsrechtliche Rechtfertigung und Legitimation des Schiedsgerichts beruhen alleine auf dem Willen der Parteien[23].

Die Entscheidungsmacht der Parteien beschränkt sich nicht nur darauf, die Zuständigkeit des Schiedsgerichts zu begründen. Die privatautonome Natur der Schiedsgerichtsbarkeit erlaubt es den Beteiligten auch, auf die Gestaltung des Verfahrens Einfluss zu nehmen und dieses, im Rahmen gewisser Einschränkungen, nach ihren Bedürfnissen zu gestalten. Entsprechend darf das Schiedsgericht grundsätzlich nur im Rahmen der ihm von den Parteien eingeräumten Kompetenzen tätig werden.

Da diese Grundsätze gerade auch bei der Durchführung von Mehrvertragsverfahren von großer Bedeutung sind, ist die Rolle der Privatautonomie für die Schiedsgerichtsbarkeit im Allgemeinen und deren Auswirkung auf die Durchführung auf Mehrvertragsverfahren genauer zu untersuchen, insbesondere auch im Hinblick auf die Frage, ob Mehrvertragsverfahren ohne die Zustimmung der Beteiligten oder gar gegen deren Willen durchgeführt werden können.

I. Die tragende Rolle der Parteiautonomie

Zu Recht wird die Privatautonomie als das Fundament der gesamten Institution der Schiedsgerichtsbarkeit bezeichnet[24].

In Konsequenz der privatautonomen Unterwerfung beruht gemäß § 1029 Abs. 1 ZPO jedes Schiedsverfahren auf einem Rechtsgeschäft, genauer gesagt auf einem Vertrag[25]: Der Schiedsvereinbarung. Diese beinhaltet den übereinstimmenden Willen der Parteien, für bestimmte Streitigkeiten auf den Justizgewährleistungsanspruch zu verzichten, das heißt, den staatlichen Gerichten

---

23 *Schwab/Walter*, Schiedsgerichtsbarkeit, Kapitel 1, Rn. 1; *Lachmann*, Handbuch für die Schiedsgerichtspraxis, Rn. 1.

24 Allgemein anerkannt, vgl. nur *Habscheid*, KTS 1959, 113, 114; *Lachmann*, Handbuch für die Schiedsgerichtspraxis, Rn. 2; *Schütze/Thümmel*, Schiedsgericht und Schiedsverfahren, § 5, Rn. 5; *Glossner/Bredow/Bühler*, Das Schiedsgericht in der Praxis, Rn. 300; MüKoZPO/*Münch*, ZPO § 1029, Rn. 5; *Ashford*, Handbook on International Commercial Arbitration, 1–4; *Böckstiegel*, ICDR Handbook on International Arbitration & ADR, 105–116.

25 BGH, Urteil vom 3. Juli 1975 – III ZR 78/73, NJW 1976, 109; *Benedict*, SchiedsVZ 2018, 306, 307; Musielak/Voit/*Voit*, ZPO § 1029, Rn. 2; *Hanotiau*, Multi-Party, Multi-Contract, Multi-Issue – A comparative Study, Rn. 513; *Poudret/Besson*, Comparative Law of International Arbitration, Rn. 305.

deren Zuständigkeit zu entziehen. Sie stellt daher unerlässliche Voraussetzung zur Durchführung eines jeden schiedsgerichtlichen Verfahrens dar[26]. Dies spiegelt sich nicht nur in den nationalen Verfahrensordnungen, sondern auch in den internationalen Übereinkommen zur Schiedsgerichtsbarkeit wider, welche sämtlich die vertragliche Vereinbarung der Parteien als unabdingbaren „Grundstein" voraussetzen[27].

Dabei wird in der Schiedsvereinbarung selbst nicht nur – in verfassungsrechtlich unbedenklicher Weise[28] – die staatliche Gerichtsbarkeit ausgeschlossen und dadurch die Zuständigkeit des Schiedsgerichts begründet. Der Grundsatz der Privatautonomie erlaubt es den Parteien darüber hinaus auch, die Durchführung des Verfahrens weitgehend frei nach ihren Vorstellungen und Bedürfnissen zu formen[29]. In der deutschen Zivilprozessordnung zeigt sich dies unter anderem in der Vorschrift des § 1042 Abs. 3 ZPO: Abgesehen von den zwingenden Bestimmungen des Zehnten Buches der ZPO sowie der Einhaltung der Prinzipien der Gleichbehandlung und des rechtlichen Gehörs[30], können die Parteien

---

26 BGH, Urteil vom 3. Juli 1975 – III ZR 78/73, NJW 1976, 110, *„das schiedsrichterliche Verfahren i.S. der §§ 1025 ff. ZPO [beruht] stets auf einem Rechtsgeschäft des Privatrechts"*; *Schlosser*, Das Recht der internationalen privaten Schiedsgerichtsbarkeit, Rn. 630 ff.; *Glossner/Bredow/Bühler*, Das Schiedsgericht in der Praxis, Rn. 56 ff.; *Lew/Mistelis/Kröll*, Comparative International Commercial Arbitration, Rn. 6-1, *„The contractual nature of arbitration requires the consent of each party for an arbitration to happen."*; *Blackaby/Partasides/Redfern*, Redfern and Hunter on International Arbitration, Rn. 2.01; *Müller/Keilmann*, SchiedsVZ 2007, 113, 114.

27 Vgl. Art. 1 Abs. 2, 5 Abs. 1 a UNÜ, Art. 7, 34 Abs. 2 a i UNCITRAL Modellgesetz.

28 Allgemeine Meinung, vgl. nur BGH, Urteil vom 3. Juli 1975 – III ZR 78/73, NJW 1976, 109; BAG, Urteil vom 23. August 1963 – 1 AZR 469/62, NJW 1964, 268; Musielak/Voit/*Voit*, ZPO § 1025, Rn. 1.

29 OLG Frankfurt am Main, Beschluss vom 17. Februar 2011 – 26 Sch 13/10, SchiedsVZ 2013, 49; *Greger*, Recht der alternativen Konfliktlösung, Meditationsgesetz, Verbraucherstreitbeilegungsgesetz, Rn. 144 f., 155; MüKoZPO/*Münch*, ZPO § 1042 Rn. 6; Zöller/*Geimer*, § 1029, Rn. 33 ff.; *Lachmann*, Handbuch für die Schiedsgerichtspraxis, Rn. 1376 ff.

30 Diese Einschränkungen sind auch gerechtfertigt: Nicht zuletzt da der Schiedsspruch zwischen den Parteien die Wirkung eines Urteils hat (§ 1055 ZPO) und durch staatliche Organe vollstreckt wird, müssen auch im Schiedsverfahren wesentliche Elemente des Verfahrens vor staatlichen Gerichten gewahrt werden, vgl. dazu u.a. *Schlosser*, Das Recht der internationalen privaten Schiedsgerichtsbarkeit, Rn. 629; OLG Frankfurt am Main, Beschluss vom 17. Februar 2011 – 26 Sch 13/10, SchiedsVZ 2013, 49; Zöller/*Geimer*, § 1042, Rn. 22; MüKoZPO/*Münch*, ZPO § 1042, Rn. 6; Anders/Gehle/*Anders*, § 1042 Rn. 3.

„ihr" Schiedsverfahren frei gestalten. Dabei können sie entweder eigene, selbst geschaffene Regelungen in ihre Schiedsvereinbarung aufnehmen oder auf eine institutionelle Verfahrensordnung wie zum Beispiel die der ICC oder der DIS Bezug nehmen, wodurch deren Bestimmungen grundsätzlich Teil der Parteivereinbarung werden[31].

Wird ein Schiedsverfahren nicht gemäß den vereinbarten Bestimmungen geführt, steht dies im Widerspruch zur Natur des Schiedsverfahrens als ein durch Parteivereinbarung begründetes Verfahren. Dies hat aber nicht nur theoretische Bedeutung, sondern auch praktische Konsequenzen: Der aus einem entgegen der Parteivereinbarung geführten Verfahren entspringende Schiedsspruch ist gemäß Art. V Abs. 1 (d) UNÜ sowie § 1059 Abs. 2 Nr.1 d) ZPO aufhebbar.

Doch die privatautonome Natur der Schiedsgerichtsbarkeit hat daneben auch Auswirkungen auf die Beziehung von Schiedsvereinbarungen untereinander und Wirkungen dieser auf Dritte. Unabhängig von ihrer Einordnung als materiell rechtlicher Vertrag[32], Prozessvertrag[33] oder Mischform[34] – stellt die Schiedsvereinbarung einen Vertrag[36] und damit ein Schuldverhältnis dar. Dementsprechend sind auf die Schiedsvereinbarung auch die allgemeinen Grundsätze der schuldrechtlichen Vertragslehre prinzipiell uneingeschränkt anwendbar[37]. So auch das wohl wesentlichste Prinzip der schuldrechtlichen Vertragslehre: Die Relativität des Schuldverhältnisses[38].

Die Kernaussage dieses Prinzips ist die grundsätzliche inter partes Wirkung – nur die Parteien selbst sind an die Regelungen des jeweiligen Schuldverhältnisses

31 Musielak/Voit/*Voit*, ZPO § 1042, Rn. 33; MüKoZPO/*Münch*, ZPO § 1042, Rn. 101; *Berger*, Internationale Wirtschaftsschiedsgerichtsbarkeit, S. 345; *Lachmann*, Handbuch für die Schiedsgerichtspraxis, Rn. 419.

32 BGH, Urteil vom 28. November 1963 – VII ZR 112/62, NJW 1964, 591; BGH, Urteil vom 29. Februar 1968 – VII ZR 102/65, NJW 1968, 1233.

33 Nun wohl auch st. Rspr., vgl. nur BGH, Urteil vom 3. Dezember 1986 – IVb ZR 80/85, NJW 1987, 651; BGH, Urteil vom 6. April 2009 – II ZR 255/08, DNotZ 2009, 938.; *Wagner*, Prozeßverträge, S. 578 ff.; *Schack*, Internationales Zivilverfahrensrecht, Rn. 1320.

34 *Kisch*, ZZP 51, 321.

35 Ausführlich dazu *Wagner*, Prozeßverträge, S. 578 ff.

36 OLG Saarbrücken, Urteil vom 23. November 2017 – 4 U 44/16, SchiedsVZ 2019, 294.

37 *Schlosser*, Das Recht der internationalen privaten Schiedsgerichtsbarkeit, Rn. 424.

38 BGH, Urteil vom 5. Mai 1977 – III ZR 177/74, NJW 1977, 1397; OLG Saarbrücken, Urteil vom 23. November 2017 – 4 U 44/16, SchiedsVZ 2019, 294; Zöller/*Geimer*, § 1029, Rn. 63; MüKoBGB/*Ernst*, Einleitung SchuldR, Rn. 18.

gebunden, Auswirkungen auf unbeteiligte Dritte können sich aus einem Schuldverhältnis nicht ergeben[39]. Dieser Grundsatz ist bereits aus dem römischen Recht bekannt[40] und nicht nur essenzieller Bestandteil der deutschen Schuldvertragslehre, sondern auch in anderen Rechtsordnungen fest verankert[41]. Darüber hinaus manifestiert dieses Prinzip auch die Unabhängigkeit mehrerer Vertragsverhältnisse untereinander. So haben einzelne Verträge grundsätzlich keine rechtlichen wechselseitigen Auswirkungen aufeinander und zwar auch dann, wenn diese zwischen denselben Personen bestehen[42].

Auf Ebene der Schiedsgerichtsbarkeit zeigt sich die relative Wirkung der Vertragsverhältnisse in mehrfacher Hinsicht. Zunächst begrenzt dieses Prinzip die subjektive Reichweite eines jeden Schiedsverfahrens[43]. Da auch die Schiedsvereinbarung, wie jedes andere Schuldverhältnis, Recht und damit eine bestimmte, individuelle Sonderbeziehung zwischen den Vertragsparteien schafft[44], kann diese grundsätzlich nur zwischen diesen Wirkung entfalten[45], nicht jedoch

---

39 Allgemein anerkannt, vgl. nur MüKoBGB/*Bachmann*, BGB § 241, Rn. 14; BeckOK BGB/*Sutschet*, BGB § 241, Rn. 8; Grüneberg/*Grüneberg*, Einl. v. § 241, Rn. 5.

40 *Iustinian*, Institutiones Iustiniani, Lib. III, Tit. XIII. de obligationibus, „*Obligatio est iuris vinculum, quo necessitate adstringimur alicuius solvendae rei*“, ausführlicher dazu *Avenarius*, JR 1996, 492 ff.

41 Vgl. Art. 1199 Code civil „*Le contrat ne crée d'obligations qu'entre les parties*“, Prinzip des „*privity of contract*“ im englischen Recht.

42 Auswirkungen wie z.B. auf die Geschäftsbeziehung der Parteien als solche sind natürlich denkbar. Daneben ist auch möglich, dass die Verträge kraft Parteivereinbarung miteinander verbunden sind oder aber ausnahmsweise wechselseitige rechtliche Auswirkungen nach den Grundsätzen der Störung der Geschäftsgrundlage bestehen. Ohne eine solche Vereinbarung sind jedoch Schuldverhältnisse grundsätzlich rechtlich voneinander unabhängig.

43 BGH, Urteil vom 8. Mai 2014 – III ZR 371/12, SchiedsVZ 2014, 151; *Müller/Keilmann*, SchiedsVZ 2007, 113, 114; *Blackaby/Partasides/Redfern*, Redfern and Hunter on International Arbitration, Rn. 2.234 ff.; siehe auch *Ashford*, Handbook on International Commercial Arbitration, 75 ff., der dies als einen der größten Nachteile der Schiedsgerichtsbarkeit bezeichnet.

44 Zöller/*Geimer*, § 1029, Rn. 63; Für Schuldverhältnisse allgemein MüKoBGB/*Ernst*, Einl. SchuldR, Rn. 18; *Looschelders/Makowsky*, JA 2012, 721.

45 Allgemein anerkannt BGH, Urteil vom 5. Mai 1977 – III ZR 177/74, NJW 1977, 1397; BGH, Urteil vom 10. Februar 2011 – I ZR 213/08, BeckRS 2011, 05517; OLG Saarbrücken, Urteil vom 23. November 2017 – 4 U 44/16, SchiedsVZ 2019, 294; Zöller/*Geimer*, § 1029, Rn. 63; *Niklas*, Die subjektive Reichweite von Schiedsvereinbarungen, 49 ff.; *Bevilacqua*, World Arbitration and Mediation Review 1 (4), 507, 508; *Lew/Mistelis/Kröll*, Comparative International Commercial Arbitration, Rn. 16–37; *Pereira de*

gegenüber Dritten[46]. Demzufolge kann einer Person, die nicht Partei der Schiedsvereinbarung ist, das schiedsgerichtliche Verfahren nicht gegen ihren Willen aufgezwungen werden[47]. Dies nicht nur wegen der durch die Schiedsvereinbarung begründeten Sonderverbindung der Parteien, sondern vor allem auch, da sonst einem Dritten, unter Umständen gegen seinen Willen, ein Schiedsverfahren aufgezwängt werden würde – dies würde jedoch einen unzulässigen Entzug des staatlichen Richters bedeuten. Aus diesem Grund ist die Erstreckung der schiedsgerichtlichen Entscheidung auf einen unbeteiligten Dritten beziehungsweise die Einbeziehung eines Dritten in das laufende Verfahren, anders als im Verfahren vor staatlichen Gerichten beispielsweise durch das Konstrukt der Streitverkündung, ohne dessen Zustimmung nicht denkbar[48]. Umgekehrt bewirkt diese Sonderverbindung aber auch, dass sich ein Dritter nicht gegen den Willen der Schiedsparteien in deren Verfahren hineindrängen kann[49].

Souza Fleury, Arbitration International 31 (4), 679 ff.; *Jenkins*, International Construction Arbitration Law, §8.03[B], „*Types of restrictions on the parties' freedom include [...] the principle that arbitral proceedings cannot have an impact on third parties.*"

46 Ausnahmen sind möglich, beispielsweise Durchgriffshaftung oder aber im Wege der *groups of companies doctrine*, vgl. für einen Überblick hierzu *Müller/Keilmann*, SchiedsVZ 2007, 113–121.

47 *Schlosser*, Das Recht der internationalen privaten Schiedsgerichtsbarkeit, Rn. 630.

48 Siehe nur zur Streitverkündung und Nebeninterventionswirkung im Schiedsverfahren BGH, Urteil vom 22. Oktober 1964 – VII ZR 69/63, VersR 1965, 45 „*Der Schiedsvertrag gilt zwischen den Parteien, die ihn geschlossen haben. Darüber hinaus erstreckt er sich auf diejenigen, die im Wege der Gesamt- oder Sonderrechtsnachfolge in die Vertragsrechte und -pflichten eintreten. Im Übrigen wirkt er aber nicht gegen Dritte, es sei denn, daß sie mit der Einbeziehung in das Vertragsverhältnis einverstanden sind.*"; *Elsing*, SchiedsVZ 2004, 88; generell zur „Third Party Intervention" *Seifi*, J Int'l Arb 15 (2), 5, 27, „*Third party intervention is not common in international arbitration. Indeed, it is alien to the concept of privity of the arbitral agreement and of the arbitral award.*"

49 Zöller/*Geimer*, § 1042, Rn. 41 ff.; Zöller/*Althammer*, § 66 Rn. 3; Anders/Gehle/*Anders*, § 1029, Rn. 39, § 1042, Rn. 14; *Hamann/Lennarz*, SchiedsVZ 2006, 289, 291, „*Gegen den ausdrücklichen Willen der Schiedsparteien darf sich kein Dritter in das Verfahren drängen können.*"; *Niklas*, Die subjektive Reichweite von Schiedsvereinbarungen, 242 ff.; *Massuras*, dogmatische Strukturen der Mehrparteienschiedsgerichtsbarkeit, 265f.; *Lachmann*, Handbuch für die Schiedsgerichtspraxis, Rn. 2806, „*kein Dritter kann sich gegen den Willen der bisherigen Parteien in ein Verfahren hineindrängen.*"; *Geimer*, Die Beteiligung Dritter an Schiedsverfahren, 71, „*Dies gilt nicht nur für die Teilnahme eines Dritten am schiedsrichterlichen Verfahren in der Rolle einer Partei im strikten Sinne, sondern auch unterhalb dieses Levels als in sonstiger Weise Beteiligter, wie als Intervenient, Streitverkünder oder als Beigeladener*".

Die relative Wirkung der Schiedsvereinbarung begrenzt jedoch nicht nur die subjektive Reichweite der Schiedsabrede, sondern auch deren gegenständliche Reichweite, das heißt die von ihr erfassten Streitigkeiten. Gegenstand der Schiedsvereinbarung sind ausschließlich die Streitigkeiten, auf die sie Bezug nimmt[50]. Eine Entscheidung über nicht von der jeweiligen Schiedsvereinbarung erfasste Sachverhalte würde ein Hinwegsetzen über den Parteiwillen und damit gleichsam einen Entzug des gesetzlichen Richters bedeuten.

Doch selbst wenn die Parteien sämtliche der zwischen ihnen erwachsenden Streitigkeiten der Schiedsgerichtsbarkeit unterworfen haben, bedeutet dies nicht, dass es dem Willen der Parteien entspricht, diese in einem gemeinsamen Verfahren zu behandeln. Denn, wie angedeutet, folgt aus der Relativität der Schuldverhältnisse auch, dass verschiedene Vertragsverhältnisse grundsätzlich keine rechtlichen Wechselwirkungen aufeinander haben. Konsequenterweise ist auch eine jede Schiedsvereinbarung rechtlich eigenständig[51]. Diese Selbstständigkeit erschöpft sich aber nicht bereits, was insbesondere auch § 1040 Abs. 1 Satz 2 ZPO klarstellt[52], in der Unabhängigkeit der jeweiligen Schiedsvereinbarung zu dem betreffenden Hauptvertrag, sondern besteht auch hinsichtlich mehrerer Schiedsvereinbarungen untereinander[53]. Demzufolge führen verschiedene Schiedsvereinbarungen – seien sie auch zwischen denselben Personen geschlossen – zu jeweils eigenständigen Rechtsverhältnissen[54]. Jede Schiedsvereinbarung schafft

---

50 *Katschthaler/Topsch*, Münchener Anwaltshandbuch Versicherungsrecht, § 34, Rn. 143; *Trittmann/Hanefeld*, Arbitration in Germany, § 1029, Rn. 32; *Blackaby/Partasides/Redfern*, Redfern and Hunter on International Arbitration, Rn. 2.27.

51 *Geimer*, Die Beteiligung Dritter an Schiedsverfahren, 71, 79; *Strohbach*, Handbuch der internationalen Handelsschiedsgerichtsbarkeit, Rn. 223, *Massuras*, dogmatische Strukturen der Mehrparteienschiedsgerichtsbarkeit, 259 ff.; *McLachlan*, Lis Pendens in International Litigation, 214.

52 Die Nichtigkeit des einen Vertrages hat keine Auswirkungen auf die des anderen. Vielmehr sind beide Schuldverhältnisse stets gesondert voneinander zu betrachten, was sogar dann gilt, wenn keine gesonderte Schiedsabrede geschlossen wurde, sondern die Schiedsvereinbarung im Hauptvertrag selbst vereinbart wurde, vgl. dazu BGH, Urteil vom 14. Mai 1952 – II ZR 276/5, NJW 1952, 1018; BGH, Beschluss vom 18. Juni 2014 – III ZB 89/13, NJW 2014, 3657 f.; OLG München, Beschluss vom 18. Juni 2018 – 34 SchH 7/17, NJOZ 2019, 144, 147; OLG München, Beschluss vom 29. März 2012 – 34 SchH, SchiedsVZ 2012, 161; Anders/Gehle/*Anders*, § 1040, Rn. 2; ebenso auf internationaler Ebene, vgl. nur *Born*, International Commercial Arbitration, Chapter 3.

53 *Strohbach*, Handbuch der internationalen Handelsschiedsgerichtsbarkeit, Rn. 223; *McLachlan*, Lis Pendens in International Litigation, 214.

54 *Massuras*, dogmatische Strukturen der Mehrparteienschiedsgerichtsbarkeit, 260 f.

eine neue und in sich geschlossene prozessuale Welt mit individuellen, von den Parteien für das jeweilige Verfahren gesondert festgelegten Regeln[55]. Da sich diese Bestimmungen in jeder Schiedsvereinbarung unterscheiden können, kann das von den Parteien geschaffene Verfahrensrecht nur zwischen den an der konkreten Schiedsvereinbarung Beteiligten und auch allein für das konkrete Verfahren Geltung erlangen[56]. Die Einwilligung der Beteiligten zur Durchführung von Mehrvertragsverfahren ist somit auch zur Überwindung der rechtlichen Selbstständigkeit eines jeden Schiedsverfahrens erforderlich[57].

Folglich ist die Ermittlung des entsprechenden Parteiwillens essenzieller Punkt zur Durchführung von Mehrvertragsverfahren – sei es zwischen denselben oder verschiedenen Personen, sei es anfänglich oder im Wege der Konsolidierung.

Dennoch wird auf verschiedene Weise versucht, Mehrvertragsverfahren ohne gesonderte Zustimmung der Beteiligten hierzu durchzuführen.

II. Mehrvertragsverfahren ohne gesondert erklärte Zustimmung der Parteien

Gerade im Hinblick auf die Konsolidierung von Schiedsverfahren wird ein solches Vorgehen immer wieder diskutiert.

Zu begrüßen wäre der Verzicht auf eine gesondert erklärte Zustimmung zu Mehrvertragsverfahren unter dem Gedanken der Effizienz und Gerechtigkeit: Einerseits könnten so langwierige und unter Umständen unsichere Ermittlungen im Hinblick auf den wahren Parteiwillen, insbesondere einer konkludent erklärten Zustimmung vermieden werden. Andererseits könnte ein Mehrvertragsverfahren auch in Fällen durchgeführt werden, in welchen ein Beteiligter bewusst aus unlauteren Gründen einem solchen Verfahren widerspricht, beispielsweise da er durch die Zusammenlegung eines Verfahrens und die dadurch verbundene, umfassende Aufklärung des Sachverhalts einen für ihn ungünstigeren Ausgang des Verfahrens fürchtet. Daneben bringen einige Literaturstimmen, unter ihnen auch Chiu, vor, dass die Durchführung schiedsgerichtlicher Mehrvertragsverfahren dazu beitragen würde, die staatlichen Gerichte zu schonen, da sich diese so weniger mit der Aufhebung widersprüchlicher Schiedssprüche,

---

55 *Massuras*, dogmatische Strukturen der Mehrparteienschiedsgerichtsbarkeit, 262.

56 So zum materiellen Recht MüKoBGB/*Ernst*, Einleitung SchuldR, Rn. 18.

57 *Schlosser*, Das Recht der internationalen privaten Schiedsgerichtsbarkeit, Rn. 561; vgl. dazu genauer unten.

die aufgrund getrennt durchgeführter Schiedsverfahren ergingen, befassen müssten[58].

Ob die Durchführung eines Mehrvertragsverfahrens ohne Zustimmung der Beteiligten hierzu tatsächlich praktisch möglich ist und vor allem zu einem vollstreckungsfähigen Schiedsspruch führt, ist höchst umstritten.

1. USA: angeordnete Konsolidierung ohne gesetzliche Ermächtigung

Aufgrund vorgenannter Effizienzaspekte ist es nicht verwunderlich, dass sich im Laufe der Jahre staatliche Gerichte verschiedener Länder mit der Frage, ob eine Zusammenlegung von Verfahren auch ohne die Zustimmung der Parteien oder gar gegen den Willen der Beteiligten angeordnet werden kann, befasst haben.

Besonders in den Vereinigten Staaten war diese Problematik Gegenstand verschiedener Entscheidungen. Interessant ist dabei, dass im Hinblick auf den Federal Arbitration Act (im Folgenden FAA) vermehrt diskutiert wurde, ob eine angeordnete Konsolidierung von Schiedsverfahren auch ohne gesetzliche Bestimmungen dazu zulässig ist. Anders als einige bundesstaatliche Schiedsgesetze schweigt der FAA zur Thematik des Mehrvertragsverfahrens[59]. Dies ist aber keineswegs so zu verstehen, als dass der FAA der Durchführung solcher Verfahren entgegenstünde – es entspricht vielmehr dem allgemeinen Verständnis, dass unter dem FAA die Zusammenlegung von Schiedsverfahren grundsätzlich zulässig ist, sofern die Beteiligten dem zustimmen[60].

---

58 *Chiu*, J Int'l Arb 7 (2), 53, 72 f., „*The main criticism of such legislations is that they violate the central tenet of arbitration—freedom of contract. However, this tendency to emphasize party autonomy as the paramount feature of arbitration presents an incomplete picture, for the state has a legitimate interest in regulating the practice of arbitration, as the courts are often called upon to enforce arbitral agreements and awards. If consolidating certain closely-related proceedings can effectuate the intended benefits of a one instance proceeding by preventing inconsistent awards that require extensive judicial involvement, then such legislation, with its limitation upon parties' freedom to contract, can be justified.*"

59 Siehe dazu genauer unter S. 170 ff.

60 *Government of the United Kingdom of Great Britain v. Boeing Co.*, US Court of Appeals for the Second Circuit – 998 F.2d 68 (2nd Cir. 1993), „*We hold that a district court cannot order consolidation of arbitration proceedings arising from separate agreements to arbitrate absent the parties' agreement to allow such consolidation.*"; *Protective Life Ins Corp v Lincoln Nat'l Life Ins Corp*, US Court of Appeals for the Eleventh Circuit – 873 F.2d 281 (11th Cir. 1989), „*Parties may negotiate for and include provisions for consolidation of arbitration proceedings in their arbitration agreements, but if such provisions are absent, federal courts may not read them in.*", *Kondev*, Multi-Party and Multi-Contract

Allerdings hat das Fehlen einer ausdrücklichen Bestimmung zur Konsolidierung von Schiedsverfahren im FAA einige Bundesgerichte dazu veranlasst, die gerichtlich angeordnete Verfahrensverbindung auf Grundlage des FAA als zulässig zu erachten. Unter dem Aspekt der Rechtsstaatlichkeit und zur Förderung der Effizienz sei der FAA liberal auszulegen und daher eine Konsolidierung auch unabhängig von der Zustimmung der Parteien anzuordnen, sofern gemeinsame Rechts- oder Sachfragen vorlägen und die Gefahr widersprüchlicher Entscheidungen oder inkonsistenter Ergebnisse drohe[61]. Unter Heranziehung dieser Argumente nahm beispielsweise der Court of Appeals for the Second Circuit in der Entscheidung *Compania Espanola de Petróleos, SA v. Nereus Shipping*[62] die Befugnis des Bezirksgerichts an, eine Konsolidierung von Schiedsverfahren auch ohne Zustimmung der Parteien anzuordnen. Ähnlicher Auffassung war auch das Gericht im Fall *Sociedad Anonima De Navegacion Petrolera v. Cia. De Petroleos De Chile SA* und führte aus, dass eine Partei die Konsolidierung nur verhindern könne, wenn ihr der Beweis gelinge, durch die Zusammenlegung der Verfahren erhebliche Nachteile zu erleiden, die außer Verhältnis zu den durch Verfahrensverbindung erzielten Vorteilen stehen[63].

Dagegen haben sich andere US-Gerichte gegen die zustimmungslose Konsolidierung von Schiedsverfahren ausgesprochen: Der FAA räume dem staatlichen Richter lediglich die Befugnis ein, festzustellen, ob eine schriftliche Schiedsvereinbarung vorliege und falls ja, diese gemäß den von den Parteien vereinbarten Bedingungen durchzusetzen. So markiert wohl die Entscheidung des Ninth Circuit im Fall *Weyerhaeuser*[64] den Wendepunkt der dargestellten, liberalen Rechtsprechung: In seiner Entscheidung wies das Gericht die Auffassung des Second

---

Arbitration in the Construction Industry, 5.10.1.1; *Vlavianos/Pappas*, Global Arbitration Review – The Guide to Energy Arbitrations, 243 ff.

61 *Chiu*, J Int'l Arb 7 (2), 53, 70; *Guarin, Marc F.*, International approaches to court-ordered consolidation of arbitral proceedings, The American Review of International Arbitration; *Barron*, J Int'l Arb 4 (1), 81 ff.

62 *Compania Espanola de Petroleos, S.A. v. Nereus Shipping, S.A*, US Court of Appeals for the Second Circuit – 527 F.2d 966 (2nd Cir. 1975).

63 *Sociedad Anonima De Navegacion Petrolera v. Cia. De Petroleos De Chile SA*, US District Court for the Southern District of New York – 634 F. Supp. 805 (S.D.N.Y. 1986), zitierend *Insco Lines, Ltd. v. Cypromar Navigation Co.*, 1975 A.M.C. 2233, 2235 (S.D.N.Y.1975), „*is sufficiently substantial to outweigh the advantages of resolving th[e] dispute in a consolidated proceeding*".

64 *Weyerhaeuser Co. v. Western Seas Shipping Co.*, US District Court for the Northern District of California – 568 F. Supp. 1220 (N.D. Cal. 1983).

Circuit im oben genannten Fall *Nereus* zurück und erachtete eine Verfahrensverbindung nur bei entsprechender Parteivereinbarung für zulässig[65]. Zahlreiche Gerichte folgten seitdem dieser Entscheidung[66]. Wie insbesondere die Gerichte in den Fällen *American Centennial*[67] und *Boeing*[68] erklärten, darf ein Gericht nicht in private Schiedsgerichtsvereinbarungen eingreifen, um seine eigene Sichtweise von Schnelligkeit und Wirtschaftlichkeit durchzusetzen[69].

Wohl auch heute noch ist den letztgenannten Entscheidungen folgend die vorherrschende Ansicht US-amerikanischer Gerichte, dass eine Verbindung von Schiedsverfahren im Geltungsbereich des FAA nur möglich ist, sofern die Parteien dies vereinbart haben[70].

---

65 *Weyerhaeuser Co. v. Western Seas Shipping Co.*, US District Court for the Northern District of California – 568 F. Supp. 1220 (N.D. Cal. 1983), „*Insofar as [Nereus] holds that federal courts may order consolidation in the absence of consent, we decline to follow it. Instead, we adopt the reasoning of the district court in this case. The district court correctly held that our authority under the United States Arbitration Act is narrowly circumscribed.*“

66 *Del E. Webb Construction v. Richardson Hospital Authority*, US Court of Appeals for the Fifth Circuit – 823 F.2d 145 (5th Cir. 1987); *Protective Life Ins Corp v Lincoln Nat'l Life Ins Corp*, US Court of Appeals for the Eleventh Circuit – 873 F.2d 281 (11th Cir. 1989); *Baesler v. Continental Grain Co.*, US Court of Appeals for the Eighth Circuit – 900 F.2d 1193 (8th Cir. 1990).

67 *American Centennial Insurance Co. v. National Casualty Co.*, US Court of Appeals for the Sixth Circuit – 951 F.2d 107 (6th Cir. 1991).

68 *Government of the United Kingdom of Great Britain v. Boeing Co.*, US Court of Appeals for the Second Circuit – 998 F.2d 68 (2nd Cir. 1993).

69 *American Centennial Insurance Co. v. National Casualty Co.*, US Court of Appeals for the Sixth Circuit – 951 F.2d 107 (6th Cir. 1991), „*[...] it follows that a court is* ***not permitted to interfere with private arbitration arrangements in order to impose its own view of speed and economy****. This is the case even where the result would be the possibly inefficient maintenance of separate proceedings. Accordingly, we align ourselves with the view taken by the Fifth, Eighth, Ninth, and Eleventh Circuits, and hold that a district court is without power to consolidate arbitration proceedings, over the objection of a party to the arbitration agreement, when the agreement is silent regarding consolidation.*“ (Hervorhebung durch die Verfasserin).

70 *Wallace*, J Int'l Arb 10 (4), 5, 7 ff.; *Leboulanger*, J Int'l Arb 13 (4), 60; *Pair*, Consolidation in International Commercial Arbitration – the ICC and Swiss Rules, 126; a.A. wohl aber *Poudret/Besson*, Comparative Law of International Arbitration, Rn. 245, „*There is no doubt that it is in the United States that the power of the courts to consolidate arbitrations, even without the consent of the parties, is most widely recognised.*“, die aber selbst anmerken, dass diesem Ansatz Zweifel begegnen.

Zwar fehlt es bislang an einer Entscheidung des US Supreme Court, die dazu beitragen könnte, diese uneinheitliche Rechtsprechung auf eine gemeinsame Linie zu bringen. Betrachtet man allerdings Entscheidungen des Supreme Court zu anderen Fragen, sprechen diese eher dafür, den FAA restriktiv auszulegen und dementsprechend ohne Vereinbarung der Parteien keine Verfahrensverbindung zu erlauben. So hat der Supreme Court beispielsweise bereits entschieden, dass schiedsgerichtliche Sammelklagen („*class-action arbitrations*") ohne ausdrückliche Zustimmung der Parteien einen Verstoß gegen den FAA darstellen – auch zur Frage der class arbitration enthält der FAA keine Bestimmung. In seiner Entscheidung betonte der Supreme Court stets die privatautonome Natur des Schiedsverfahrens sowie die Bedeutung der Einvernehmlichkeit, welche ein wichtiges Prinzip des FAA sei[71]. Daneben stellte das Gericht fest, dass der Charakter eines Schiedsverfahrens durch die Durchführung einer Sammelklage gegenüber dem klassischen, bilateralen Schiedsverfahren so geändert werde, dass hierfür die Zustimmung der Parteien nötig sei[72]. Überträgt man diese Argumentation auf die Konsolidierung von Verfahren, so spricht vieles dafür, dass der Supreme Court diese ebenfalls nur mit Zustimmung der Beteiligten als zulässig erachten würde[73]. Denn auch bei Mehrvertragsverfahren kann es zu wesentlichen Eingriffen in den Ablauf eines Schiedsverfahrens kommen.

Im Ergebnis wird dieser liberale Lösungsansatz einiger US-amerikanischer Gerichte angesichts der inkonsistenten Rechtsprechung und der fehlenden Leitentscheidung des Supreme Court als Besonderheit zu werten sein[74]. Insbesondere

71 Vgl. *Stolt-Nielsen S.A. v. Animalfeeds Intr.*, US Supreme Court – 559 US 662 (2010), „*foundational FAA principle that arbitration is a matter of consent.*"

72 *Stolt-Nielsen S.A. v. Animalfeeds Intr.*, US Supreme Court – 559 US 662 (2010), „*An implicit agreement to authorize class-action arbitration, however, is not a term that the arbitrator may infer solely from the fact of the parties' agreement to arbitrate. This is so because class-action arbitration changes the nature of arbitration to such a degree that it cannot be presumed the parties consented to it by simply agreeing to submit their disputes to an arbitrator.*" und weiter „*We think that the differences between bilateral and class-action arbitration are too great for arbitrators to presume, consistent with their limited powers under the FAA, that the parties' mere silence on the issue of class-action arbitration constitutes consent to resolve their disputes in class proceedings.*"

73 *Kondev*, Multi-Party and Multi-Contract Arbitration in the Construction Industry, 5.10.2.

74 Ähnlich *Vlavianos/Pappas*, Global Arbitration Review – The Guide to Energy Arbitrations, 243 ff., „*In sum, in the United States, there is significant uncertainty regarding whether consent is required to consolidate multiple arbitration proceedings.*"

kann dieser nicht als Maßstab gereichen, die gerichtlich angeordnete Zusammenlegung von Verfahren ohne gesetzliche Ermächtigung auf andere Länder zu übertragen.[75] Gerade in civil law Ländern ist nicht vorstellbar, dass die dortigen Gerichte diese Rechtsprechung übernehmen werden[76].

Daneben stellen sich bei diesem Ansatz die grundlegenden Fragen, wo die Grenzen der Auslegung des FAA beziehungsweise des dem Schiedsverfahren zugrunde liegenden Verfahrensrechts zu ziehen sind und vor allem, inwieweit es staatlichen Gerichten ohne gesetzliche Grundlage gestattet sein soll, in das private Schiedsverfahren einzugreifen und dieses zu lenken. Aufgrund der so geschaffenen Gefahr der unübersichtlichen Ausweitung des Eingreifens staatlicher Gerichte in Schiedsverfahren, sollte dieser Ansatz abgelehnt werden und sich die Befugnis der staatlichen Gerichte in diesen Situationen auf die Überwachung rechtsstaatlicher Prinzipien beschränken[77].

2. *Zustimmungslose Mehrvertragsverfahren aufgrund entsprechender Bestimmungen in nationalen Zivilprozessordnungen*

Fehlt es an einer gesetzlichen Grundlage sollte, wie soeben dargelegt, von einer Durchführung von Mehrvertragsverfahren abgesehen werden. Allerdings enthalten einige nationale Zivilprozessordnungen Regelungen, welche die Konsolidierung von Schiedsverfahren ohne gesondert erklärte Zustimmung der Parteien hierzu erlauben und die Entscheidung darüber einem Dritten, meist einem staatlichen Gericht oder aber dem Schiedsgericht selbst, übertragen.

In einige US-bundesstaatliche Gesetze haben entsprechende Regelungen Einzug gefunden, unter anderem Sec. 2A: 23A3 Alternative Procedure for Dispute Resolution Act New Jersey. Chapter 251, Sec. 2A General Laws of Massachusetts geht noch einen Schritt weiter und erlaubt den Gerichten sogar, eine Verfahrensverbindung auf Antrag einer Partei in Fällen anzuordnen, in welchen die Parteien eine Verfahrensverbindung in ihrer Schiedsvereinbarung ausdrücklich ausgeschlossen haben[78].

---

75 *Bernini*, Yearbook Commercial Arbitration V, 291, 299, „*... hardly susceptible of generalization and analogy outside of the United States of America...*"

76 *Chiu*, J Int'l Arb 7 (2), 53, 70.

77 Ebenso *Hascher*, J Int'l Arb 1 (2), 127, 142 f. „*The role of the courts is to enforce the expectations of the trade community by advancing its aims, not to surprise it by rulings based on an ideology not germane to that of the business world.*"

78 Vgl. Chapter 251 , Sec. 2A General Laws of Massachusetts a.E., „ *No provision in any arbitration agreement shall bar or prevent action by the court under this section.*"

Auch außerhalb der USA finden sich in einigen nationalen Schiedsverfahrensgesetzen Bestimmungen zur Konsolidierung von Schiedsverfahren ohne Zustimmung aller Beteiligten, beispielsweise in der niederländischen Zivilprozessordnung (ZPO NL). Gemäß Art. 1046 ZPO NL kann eine Partei verlangen, dass ein von den Parteien zu diesem Zweck benannter Dritter eine Konsolidierung mit anderen, in oder außerhalb der Niederlande anhängigen Schiedsverfahren anordnet, sofern die Parteien nichts anderes vereinbart haben. Sollte kein Dritter benannt sein, so kann der vorläufige Rechtsschutzrichter des Bezirksgerichts Amsterdam aufgefordert werden, die Konsolidierung von in den Niederlanden anhängigen Schiedsverfahren mit anderen in den Niederlanden anhängigen Schiedsverfahren anzuordnen. Auch die Schweizer ZPO (ZPO CH) enthält für nationale Schiedsverfahren in Art. 376 ZPO CH Bestimmungen, wonach nicht nur die Konsolidierung von Verfahren, sondern auch die Durchführung anfänglicher Mehrvertrags- sowie Mehrparteienverfahren ohne das Einverständnis der Beteiligten möglich ist.

Doch stellt der Ansatz, durch gesetzliche Bestimmungen die Entscheidung über die Konsolidierung von Schiedsverfahren auf einen Dritten zu übertragen und diese gegebenenfalls sogar gegen den Willen der Parteien anzuordnen, tatsächlich einen praktikablen und sinnvollen Lösungsweg dar, gerade im Hinblick auf den Charakter des Schiedsverfahrens als ein durch Parteivereinbarung geschaffenes Verfahren?

Betrachtet man allein den Wortlaut dieser Regelungen, so wird in der Tat der Eindruck vermittelt, dass sie dem Gericht oder der sonst zuständigen Stelle umfassende Befugnisse einräumen, um die Zustimmung der Parteien bei der Entscheidung über die Verfahrensverbindung außen vor zu lassen und eine Zusammenführung der Schiedsverfahren unter Umständen sogar gegen den Willen der Parteien durchzuführen.

Für diesen Ansatz spricht, dass sich die Parteien bei Abschluss der Schiedsvereinbarung oftmals keine größeren Gedanken über die Durchführung von Mehrvertragsverfahren beziehungsweise die Konsolidierung von Verfahren gemacht haben werden und folglich keine Bestimmungen hierzu in ihre Schiedsabrede aufgenommen haben werden[79]. Enthält auch die von den Parteien mitunter

79 Die Schiedsklausel wird daher häufig als „Mitternachtsklausel" bezeichnet, *Blackaby/Partasides/Redfern*, Redfern and Hunter on International Arbitration, Rn. 2.04; *Poudret/Besson,* Comparative Law of International Arbitration, Rn. 153; *Kahlert*, Vertraulichkeit im Schiedsverfahren – Eine Untersuchung nach deutschem Recht mit internationalen Bezügen, S. 248; siehe ausführlich unten unter Seite 83 ff.

gewählte institutionelle Schiedsordnung keine Bestimmungen hierüber oder haben die Parteien ein ad hoc Verfahren vereinbart, könnten nationale Zivilprozessordnungen die „einzige verbleibende Quelle“ für die Regelung von Mehrvertragsverfahren sein[80]. Durch die Implementierung solcher Bestimmungen in nationale Gesetze könnte ein einheitlicher Rahmen für komplexe schiedsgerichtliche Streitigkeiten auf staatlicher Ebene geschaffen und ein effizientes Verfahren erreicht sowie inkonsistente Entscheidungen vermieden werden.

Nach Auffassung von Sanders ist die Konsolidierung bereits eingeleiteter Schiedsverfahren ein Problemfeld, das durch Bestimmungen in nationalen Prozessordnungen gelöst werden müsse[81]. In der Folge wirft dieser gar die Frage auf, ob dies nicht auch die Einführung eines entsprechenden Modellgesetzes mit einheitlichen Bestimmungen zur gerichtlich angeordneten Konsolidierung erfordere[82].

Auch politische Erwägungen sprechen für die Aufnahme solcher Regelungen in nationale Verfahrensordnungen: Bietet ein Staat schon aufgrund seiner nationalen Regeln ein in sich geschlossenes und effizientes System zur Beilegung von schiedsgerichtlichen Streitigkeiten, kann dadurch die Attraktivität dieses Staates als Austragungsort von Schiedsverfahren erhöht werden[83]. Überdies ist, nach Auffassung einiger Autoren, in komplexen Sachverhaltsgestaltungen ohnehin eine Einschränkung der Privatautonomie aus Effizienzgesichtspunkten gerechtfertigt, insbesondere da jedenfalls die Entscheidung über die Anerkennung und Vollstreckung des Schiedsspruchs durch staatliche Gerichte erfolge. Bei widersprechenden Entscheidungen, die auf demselben Sachverhalt beruhen, wäre aber die Wahrscheinlichkeit höher, dass sich die Parteien gegen die Schiedssprüche zur Wehr setzen würden und damit die staatliche Justiz beansprucht werden würde[84].

---

80 *Kondev*, Multi-Party and Multi-Contract Arbitration in the Construction Industry, 5.11, „*Therefore, national arbitration laws may seem to be the only remaining source to regulate multiparty arbitration.*“

81 *Sanders*, Quo Vadis Arbitration? Sixty Years of Arbitration Practice, A Comparative Study, S. 213 ff.

82 *Sanders*, Quo Vadis Arbitration? Sixty Years of Arbitration Practice, A Comparative Study, S. 214, „*Does this situation not call for a model regulation? […] If my opinion is shared that only statutory regulations may solve these problems, a model for statutory regulations would be useful for legislators.*“

83 *Kondev*, Multi-Party and Multi-Contract Arbitration in the Construction Industry, 5.11.

84 *Chiu*, J Int'l Arb 7 (2), 53, 72 f., „*However, this tendency to emphasize party autonomy as the paramount feature of arbitration presents an incomplete picture, for the state has a legitimate interest in regulating the practice of arbitration, as the courts are often called*

Zuletzt wird argumentiert, die Parteien hätten sich durch Wahl eines bestimmten Verfahrensorts mit der Geltung der entsprechenden lex arbitri einverstanden erklärt, weshalb sie sämtlichen Bestimmungen zur Verfahrensführung und damit auch der angeordneten Verbindung von Verfahren samt damit einhergehender Konsequenzen zugestimmt hätten. Aufgrund dieses vorweggenommenen, pauschalen Einverständnisses drohe auch keine Aufhebung eines so entstandenen Schiedsspruchs[85].

Zwar ist zutreffend, dass durch Wahl eines bestimmten Verfahrensorts das entsprechende Verfahrensstatut Geltung erlangt[86]. Ohne Weiteres wird dabei angenommen, dass ein nach diesen Bestimmungen organisiertes Verfahren dem Willen der Parteien entspricht. Dies ist prinzipiell sachgerecht: Wie an anderer Stelle noch ausführlicher dargelegt werden wird, stellen Schiedsklauseln häufig „Mitternachtsklauseln" dar, welche als letzte verhandelt werden und dementsprechend meist nicht detailreich ausgestaltet sind. Finden sich weder in der Schiedsvereinbarung selbst noch in der etwaig von den Parteien gewählten institutionellen Schiedsordnung Regelungen zu bestimmten, für das Verfahren wesentlichen Fragen, so können durch die Bestimmungen der lex arbitri diese Lücken geschlossen werden und die Durchführung eines fairen Schiedsverfahrens sichergestellt werden, ohne dass die Parteien jeden, die Führung des Schiedsverfahrens betreffenden Punkt individuell aushandeln oder ihre gesonderte Zustimmung zu jeder Verfahrensfrage erklären müssten. Würde man dies nicht ausreichen lassen und dagegen zu jedem Punkt ein separat erklärtes Einverständnis der Parteien verlangen, würde dies nicht nur das Schiedsverfahren

---

upon to enforce arbitral agreements and awards. If consolidating certain closely-related proceedings can effectuate the intended benefits of a one instance proceeding by preventing inconsistent awards that require extensive judicial involvement, then such legislation, with its limitation upon parties' freedom to contract, can be justified."

85 *Chiu*, J Int'l Arb 7 (2), 53, 72 f.; *Pryles/Waincymer*, 50 Years of the New York Convention: ICCA International Arbitration Conference, 437, 469; siehe auch die Diskussion von *van den Berg* und *Jarvin* in: *van den Berg*, Arbitration International 2 (4), 367 ff.; derselbe, Arbitration International 3 (3), 257 ff. und *Jarvin*, Arbitration International 3(3), 254 ff.; differenzierend *Leboulanger*, J Int'l Arb 13 (4), 68 ff.

86 Vgl. nur die entsprechende Bestimmung für Verfahren in Deutschland § 1025 Abs. 1 ZPO; auch auf internationaler Ebene hat sich die Sitztheorie durchgesetzt, *Blackaby/Partasides/Redfern*, Redfern and Hunter on International Arbitration, Rn. 3.42 ff. Die Vereinbarung eines anderen Verfahrensrechts als dem am Schiedsort ist, zumindest im Anwendungsbereich der deutschen ZPO, möglich, siehe dazu Musielak/Voit/*Voit*, ZPO, § 1025 Rn. 4.

unnötig verkomplizieren, das Verfahren wäre wohl in den meisten Fällen schlicht nicht durchführbar. Die nationalen Bestimmungen geben dem Schiedsverfahren mithin einen Rahmen.

Dementsprechend könnte man argumentieren, dass durch Bestimmungen zur zustimmungslosen Konsolidierung innerhalb des anwendbaren Verfahrensstatus, das Fehlen entsprechender Bestimmungen in der Parteivereinbarung ausgeglichen wird und ein so durchgeführtes Verfahren, gleichsam Obengesagtem, per se dem Willen der Parteien entspricht. Dies erscheint jedoch zweifelhaft. So steht es im Widerspruch zu dem Charakter des Schiedsverfahrens als einem durch Parteivereinbarung geschaffenen Verfahren, die Entscheidung über die Konsolidierung völlig ohne ein irgendwie geäußertes Einverständnis der Parteien zuzulassen. Die Bündelung mehrerer, grundsätzlich selbstständiger Verfahren in einem einzigen Verfahren kann, gerade wenn es sich um Mehrparteienstreitigkeiten handelt, weitreichende Folgen und eine Änderung bekannter, der Schiedsgerichtsbarkeit immanenter Grundsätze haben, beispielsweise in Bezug auf die Benennung eines eigenen Schiedsrichters oder die Nichtöffentlichkeit und Vertraulichkeit des Verfahrens und greift folglich in die klassische bilaterale Struktur von Schiedsverfahren ein. Ob sich die Parteien der Möglichkeit eines solchen Verfahrens beziehungsweise einer solchen Regelung bei Wahl ihres Schiedsortes bewusst waren, ist fraglich. Zwar wird man sagen müssen, dass die Parteien meist auch bezüglich anderer Bestimmungen des anwendbaren Verfahrensstatuts keine detailreiche Kenntnis haben werden. Allerdings sind die meisten dieser Bestimmungen aufgrund ihres Gleichlaufs zu entsprechenden Bestimmungen in anderen nationalen Schiedsgerichtsgesetzen doch in gewisser Weise für die Parteien vorhersehbar. Daneben wird durch die nationalen Bestimmungen im Regelfall keine Abkehr der rechtlichen Selbstständigkeit der konkreten Schiedsvereinbarung sowie der inter partes Wirkung dieser und damit wesentlicher schiedsgerichtlicher Prinzipien herbeigeführt. Die Durchbrechung dieser Grundsätze ohne eine gesonderte Zustimmung der Beteiligten hierzu allein aufgrund der Anwendbarkeit eines bestimmten Verfahrensstatuts, ist demgegenüber für die Beteiligten in der Regel nicht vorhersehbar[87]. Daher ist

---

87 Vgl. aber mit Verweis auf die USA *Branson/Wallace*, J Int'l Arb 5 (1), 89, „*Contrary to Mr. Barron's view, court-ordered consolidation is still predictable, at least in certain circuits. There is a conflict among the circuits over the question whether courts can order consolidation, but it seems likely to continue, and as long as it does, parties can predict whether consolidation will be ordered in a given case, depending on where it is brought. International practitioners should therefore be aware of the different rules in the various locales in the United States on this procedural issue.*"

es schwierig, alleine in der Wahl einer lex arbitri beziehungsweise der Wahl eines bestimmten Schiedsortes eine implizite Zustimmung anzunehmen. So auch die Argumentation von Jarvin: alleine aus dem Umstand, dass die Parteien den Ort des Schiedsgerichtsverfahrens in einem Land gewählt haben, dessen nationales Verfahrensrecht die Möglichkeit der Konsolidierung vorsieht, könne man nicht schließen, die Parteien hätten die Möglichkeit der Konsolidierung akzeptiert und dieser zugestimmt[88].

Daneben erscheint die Argumentation, die in den nationalen Schiedsverfahrensgesetzen enthaltenen Regelungen zur Konsolidierung seien für die Parteien vorhersehbar gewesen und von diesen damit gebilligt worden, auch vor folgendem Hintergrund schwierig: Die Parteien können zwar den Schiedsort frei wählen und damit auf die anwendbare lex arbitri Einfluss nehmen, doch fehlt es nicht selten an einer solchen Vereinbarung über den Sitz des Schiedsgerichts – entweder weil die Parteien keine besonderen Präferenzen haben oder weil sie sich hierüber nicht einigen konnten[89]. Ist dies der Fall, wird der Schiedsort durch das Schiedsgericht festgelegt und damit ebenfalls das anwendbare Verfahrensstatut[90]. Folglich können den Beteiligten unbekannte staatliche Bestimmungen auferlegt werden, die eine gerichtlich angeordnete Zusammenlegung von Schiedsverfahren erlauben. Zwar argumentieren in diesen Fällen einige Literaturstimmen, dass durch Unterlassen einer Vereinbarung über den Schiedsort die Bestimmung dessen bewusst dem Schiedsgericht überlassen worden sei. Der von dritter Seite festgesetzte Schiedsort sei folglich einer entsprechenden Vereinbarung durch die Parteien selbst gleichzusetzen, weshalb auch die aufgrund der lex arbitri gerichtlich angeordnete Konsolidierung Teil dieser Vereinbarung sei[91]. Dies vermag aber nicht zu überzeugen. Haben sich die Schiedsparteien nicht auf einen Schiedsort geeinigt, können sie nicht die Besonderheiten des jeweiligen Verfahrensstatuts vorhersehen. Insbesondere, wenn durch diese erheblich von

88 *Jarvin*, Arbitration International 3 (3), 254, 255, „*One cannot imply, as does Dr. van den Berg, that the parties have accepted the possibility of consolidation because they have selected the place of arbitration in a country where the law provides for the possibility of a court consolidating arbitrations. Even where the parties have agreed on the applicability of the local law, it is doubtful whether they have agreed by implication that the method of composing the arbitral tribunal should be different (as a consequence of consolidation) from the one provided by their agreement to arbitrate.*"

89 *Kondev*, Multi-Party and Multi-Contract Arbitration in the Construction Industry, 5.11.

90 MüKoZPO/*Münch*, ZPO § 1043 Rn. 12.

91 *van den Berg*, Arbitration International 2 (4), 367 ff.; derselbe, Arbitration International 3 (3), 258.

dem zwischen den Parteien Vereinbarten abgewichen wird, wäre es nicht sachgerecht, diese als Teil der Parteivereinbarung zu werten[92].

In der Folge bestehen gegen den Ansatz, die zustimmungslose Konsolidierung von Schiedsverfahren durch entsprechende Bestimmungen in nationalen Zivilprozessordnungen herzuleiten, sehr wohl Bedenken im Hinblick auf die Anerkennung und Vollstreckung eines so entstandenen Schiedsspruchs. Denn haben die Parteien, wie gerade ausgeführt, die aufgrund nationaler Bestimmungen angeordnete Konsolidierung bei Abschluss der Schiedsvereinbarung überhaupt nicht in ihre Überlegungen eingestellt und lässt sich auch während des laufenden Verfahrens keine irgendwie geartete entsprechende Zustimmung der Beteiligten ermitteln, ist es schwer nachvollziehbar, dass ein so geführtes Verfahren dem entspricht, was die Parteien vereinbart haben. Dementsprechend droht unter Umständen eine Aufhebung des Schiedsspruchs nach Art. V (1) (d) des New Yorker Übereinkommens über die Anerkennung und Vollstreckung ausländischer Schiedssprüche (im Folgenden UNÜ). Darüber hinaus ergeben sich bei Einbeziehung mehrerer Beteiliger hinsichtlich der bereits angesprochenen Bedenken im Hinblick auf die Zusammensetzung des Schiedsgerichts und damit der gleichberechtigten Beteiligung aller Parteien weitere Probleme, die ebenfalls zu einer Aufhebung des Schiedsspruchs führen können. Daher kann auch Chius` oben genanntes Argument, die angeordnete Konsolidierung führe zu einer Entlastung nationaler Gerichte, nicht überzeugen. Vielmehr verkennt sie, dass Parteien erst recht einen Schiedsspruch, der nicht gemäß den von ihnen geschaffenen Regeln ergangen ist, angreifen werden.

Vor allem aber ist die Anordnung einer solch einschneidenden Verfahrenshandlung durch nationale Gesetze widersprüchlich zu dem privatautonomen Charakter des Schiedsverfahrens. Anders als das Verfahren vor staatlichen Gerichten beruht das Schiedsverfahren im Wesentlichen auf privaten Rechtsquellen und ist durch diese geprägt. Zwar sind in nationalen Zivilprozessordnungen regelmäßig zwingende Vorschriften betreffend Schiedsverfahren enthalten, von welchen die Parteien nicht durch ihre Vereinbarung abweichen können. Diese betreffen aber in der Regel die Einhaltung wesentlicher rechtsstaatlicher Prinzipien wie die Gewährung rechtlichen Gehörs oder die Gleichbehandlung der Parteien. Abgesehen von diesen Bestimmungen können die Schiedsparteien ihr Verfahren aber selbstständig gestalten. Durch die Aufnahme staatlicher

92 *Waincymer*, Procedure and Evidence in International Arbitration, S. 564, „*If instead, the tribunal or an institution selected the Seat, it is more problematic to attempt an original consent logic based on broad discretions in those laws.*“

Regelungen könnte zwar per se ein Mehrvertragsverfahren kraft staatlicher Autorität angeordnet werden. Gleichwohl wäre ein solcher Ansatz wohl nicht zweckmäßig, widerspricht er doch dem privatautonomen Charakter des Schiedsverfahrens. Ein solcher Eingriff der Staatsgewalt in das private Schiedsverfahren ist jedoch konträr zu dem durch die Schiedsgerichtsbarkeit ebenfalls verfolgten Ziel, den Beteiligten ein auf ihre Bedürfnisse maßgeschneidertes Verfahren an die Hand zu geben und lässt befürchten, dass hierdurch die Attraktivität des Schiedsverfahrens negativ beeinflusst werden könnte. Gegen die Anordnung der Konsolidierung durch Ausübung staatlicher Autorität spricht zudem, dass die Durchführung eines solchen Verfahrens zwar oftmals wünschenswert ist, jedoch zur Einhaltung fundamentaler rechtsstaatlicher Prinzipien nicht zwingend notwendig ist. Auch dies spricht dafür, die Implementierung gesetzlicher Bestimmungen zur angeordneten Konsolidierung eher abzulehnen. Die nationalen Schiedsverfahrensregeln sollten dagegen vor allem dazu beitragen, den Parteien die Beilegung ihrer Streitigkeiten nach dem von ihnen gewählten Verfahren zu ermöglichen, anstelle umfassend in dieses einzugreifen[93]. Im Rahmen dieser Diskussion ist auch die Entscheidung der Parteien, ihre Streitigkeiten nicht durch den staatlichen Richter, sondern durch ein Schiedsgericht entscheiden zu lassen, zu berücksichtigen. Die meisten Bestimmungen zur zustimmungsunabhängigen Konsolidierung von Schiedsverfahren überlassen dagegen die Entscheidung über die Zusammenlegung der Verfahren den ordentlichen Gerichten, was jedoch im Widerspruch zu der grundsätzlichen Vereinbarung der Parteien, zur Beilegung ihrer Streitigkeiten kein staatliches Gericht einschalten zu wollen, steht[94]. Auch dieser Aspekt widerlegt daher Chius` Position. Da bereits die Entscheidung über die Verbindung der Verfahren nach den gesetzlichen Bestimmungen meist dem staatlichen Gericht obliegt, dieses also von vorneherein mit der Streitigkeit befasst ist, ist fraglich, wie die legislative Lösung zur Ressourcenschonung der staatlichen Gerichte beitragen soll.Zuletzt können die eingangs vorgebrachten Effizienzargumente die Zusammenlegung von Schiedsverfahren, die auf Grundlage des anwendbaren nationalen Schiedsverfahrensrechts angeordnet wurde, im Ergebnis nicht rechtfertigen. Soweit vorgebracht wird, auch die Normen zur

---

93 So insgesamt auch *Kondev*, Multi-Party and Multi-Contract Arbitration in the Construction Industry, 5.11.

94 *Carbonneau*, Cases and Materials on Arbitration Law and Practice, S. 35, „*Court consolidation violates parties' autonomy and their sovereign authority over their transaction. The court intrudes upon a private transaction for no public reason.*", siehe auch *Kondev*, Multi-Party and Multi-Contract Arbitration in the Construction Industry, 5.11.

Durchführung von Mehrvertragsverfahren vor ordentlichen Gerichten dienten der Prozessökonomie und deren Zulässigkeit werde nicht hinterfragt, ist dem entgegenzuhalten, dass der Förderung der Prozessökonomie in staatlichen Gerichtsverfahren eine andere Bedeutung zukommt: In Verfahren vor ordentlichen Gerichten dient die Durchführung eines ökonomischen Prozesses der Schonung der staatlichen Ressource Justiz[95]. Da Schiedsverfahren grundsätzlich ohne Beteiligung staatlicher Gerichte stattfinden, kann dieses Argument hier nicht gelten. Zudem stehen in der Schiedsgerichtsbarkeit die privaten Interessen der Schiedsparteien im Vordergrund[96] – gerade da die Parteien die Kosten „ihres" Schiedsverfahrens selbst tragen und es keine staatliche Subventionierung gibt. Vor diesem Hintergrund ist in Schiedsverfahren der Aspekt der Prozessökonomie nicht gesondert zu betrachten, sondern stets im Zusammenspiel mit den Interessen der Parteien. Sprechen Letztere gegen die Durchführung eines Mehrvertragsverfahrens, so überwiegen diese das allgemein bestehende Bedürfnis nach einem effizienten Verfahren[97].

Fasst man all dies zusammen, so ist die Aufnahme von Bestimmungen zur gerichtlich angeordneten Konsolidierung ohne die parteiseitige Zustimmung wohl nicht mit der privatautonomen Natur des Schiedsverfahrens in Einklang zu bringen[98]. Ein solcher legislativer Ansatz ist in der Folge abzulehnen: Zum einen könnten sich die Parteien bewusst für die Durchführung getrennter Verfahren entschieden haben, beispielsweise um in jedem der Verfahren verschiedene, bezüglich der jeweiligen Streitigkeiten erfahrene Experten bestimmen zu können; durch die angeordnete Konsolidierung würde diese bewusste Entscheidung jedoch umgangen werden. Zum anderen ist es in Situationen, in welchen an den in Rede stehenden Verfahren verschiedene Parteien beteiligt sind, insbesondere

95 So bezüglich Feststellungsklagen im Schiedsverfahren und der Entbehrlichkeit eines Feststellungsinteresses, Musielak/Voit/*Voit*, ZPO § 1046, Rn. 2.

96 *Brekoulakis*, Third Parties in International Commercial Arbitration, Rn. 3.119.

97 So für Mehrparteienverfahren, insbesondere „joinder" *Voser*, 50 Years of the New York Convention: ICCA International Arbitration Conference, 343, 403, „*However, the issue of joinder of third parties is not primarily about overriding public interests, but about the interests of the parties to a specific arbitration*"; *Brekoulakis*, Third Parties in International Commercial Arbitration, Rn. 3.119.

98 Ähnlich für Joinder *Lew/Mistelis/Kröll*, Comparative International Commercial Arbitration, Rn. 16–47, „*Due to the inherent conflict between the consensual nature of arbitration and a statutory joinder not based on consent, the different arbitration laws in general do not contain provisions dealing with the joinder of third parties or their intervention.*"

zu Wahrung des Rechts in gleichberechtigter Weise auf die Zusammensetzung des Schiedsgerichts Einfluss nehmen zu können sowie der Wahrung der Nichtöffentlichkeit und Vertraulichkeit des Schiedsverfahrens, auf die die Parteien vertrauen dürfen, sachgerecht, die Zulässigkeit von Konsolidierung und von gemeinsamen Anhörungen vom Willen der Parteien abhängig zu machen[99].

Daher ist es nicht verwunderlich, dass sich auch das Departmental Advisory Committee on Arbitration Law (DAC)[100] nach eingehender Diskussion schlussendlich gegen die Aufnahme einer Bestimmung zur zustimmungslosen Verbindung von Schiedsverfahren in den Arbitration Act aussprach[101]. Nach Ansicht des DAC würde eine solche Vorgehensweise aufgrund der einschneidenden Wirkung gar eine „Negierung des Grundsatzes der Parteiautonomie“ darstellen[102].

Im Ergebnis sollte daher im Hinblick auf Mehrvertragsverfahren die einvernehmliche, vertragliche Grundlage des Schiedsverfahrens soweit möglich unberührt bleiben – es passt nicht zum Charakter des Schiedsverfahrens als auf privater Vereinbarung beruhendes und durch private Rechtsquellen geprägtes Verfahren, dass staatliche Gesetze sowie staatliche Gerichte maßgeblich in das schiedsgerichtliche Verfahren eingreifen und dies ohne ausdrückliche Zustimmung der Parteien ändern[103]. Gerade aufgrund der Komplexität und Vielzahl

---

99 Ebenso *Harris/Planterose/Tecks*, The Arbitration Act 1996, Rn. 35D; *Lew/Mistelis/Kröll*, Comparative International Commercial Arbitration, Rn. 16–74; *Berger*, Internationale Wirtschaftsschiedsgerichtsbarkeit, S. 212 f.

100 Das Departmental Advisory Committee on Arbitration Law war ein 1985 eingerichtetes und 1997 aufgelöstes Komitee, das die Funktionsweise der Schiedsgerichtsgesetzgebung und Verbesserungen dieser in England und Wales untersuchte.

101 Departmental Advisory Committee on Arbitration Law 1996, Arbitration International 13, (3) 275.

102 Departmental Advisory Committee on Arbitration Law 1996, Arbitration International 13 (3), 275, „*In our view it would amount to a negation of the principle of party autonomy to give the tribunal or the Court power to order consolidation or concurrent hearings. Indeed, it would to our minds go far towards frustrating the agreement of the parties to have their own tribunal for their own disputes. Further difficulties could well arise, such as the disclosure of documents from one arbitration to another. Accordingly, we would be opposed to giving the tribunal or the Court this power. However, if the parties agree to invest the tribunal with such a power, then we would have no objection.*“

103 So im Ergebnis in Bezug auf Mehrparteienverfahren, *Brekoulakis*, Third Parties in International Commercial Arbitration, Rn. 3.120, „*Overall, it is clear and hardly disputed that national laws providing for compulsory third-party mechanisms is not the most favourable option.*“

der möglichen Gestaltungen sollte die Durchführung von Mehrvertragsverfahren in die Hände der Parteien gelegt und an deren Einverständnis geknüpft sein.

3. *Zustimmungslose Mehrvertragsverfahren aufgrund entsprechender Bestimmungen in institutionellen Schiedsgerichtsordnungen*

Auch einige institutionelle Schiedsgerichtsordnungen enthalten Regelungen, die die Konsolidierung von Schiedsverfahren, zumindest ihrem Wortlaut nach, nicht an das Einverständnis der Parteien knüpfen.

Hier wird ebenfalls die Ansicht vertreten, dass durch einen Verweis auf eine Schiedsinstitutionsordnung, welche eine Konsolidierung ohne das gesonderte Einverständnis der Parteien erlaubt, die Zusammenlegung von Verfahren von der Vereinbarung der Parteien abgedeckt sei und die Beteiligten dadurch bereits im Voraus ihre Zustimmung zur Verbindung von Verfahren mit all ihren Folgen erteilt hätten[104].

Zwar werden auch die institutionellen Schiedsregeln durch entsprechende Inbezugnahme Teil der Parteivereinbarung, sodass ein nach diesen Bestimmungen geführtes Verfahren grundsätzlich als im Einklang mit der Vereinbarung der Parteien anzusehen ist[105]. Allerdings ist, entsprechend der Argumentation im Rahmen der gesetzlichen Bestimmungen, die Bezugnahme auf eine Schiedsinstitutionsordnung, welche Bestimmungen zur angeordneten Konsolidierung enthält, im Hinblick auf die mitunter weitreichenden Folgen und fundamentale Änderung der Struktur des Schiedsverfahrens nur schwierig mit dem privatautonomen Charakter des Schiedsverfahrens vereinbar[106]. Zwar mag es sein, dass die

---

104 *Zuberbühler/Müller/Habegger*, Swiss Rules of International Arbitration, Art. 4 Rn. 38, „*By electing the Swiss Rules and, in particular, Art. 4(1), the parties are deemed to have given their consent to consolidation. It thus has to be considered that the parties submitting the dispute to the Swiss Rules have agreed in advance that the Chambers may decide upon consolidation.*“; diese Ansätze erwähnend, ihnen aber gerade in Bezug auf Mehrparteienverfahren ebenfalls kritisch gegenüberstehend *Kondev*, Multi-Party and Multi-Contract Arbitration in the Construction Industry, 7.2.

105 Musielak/Voit/*Voit*, ZPO § 1042, Rn. 33; MüKoZPO/*Münch*, ZPO § 1042, Rn. 101 ff.; *Berger*, Internationale Wirtschaftsschiedsgerichtsbarkeit, S. 345.

106 *Lew/Mistelis/Kröll*, Comparative International Commercial Arbitration, Rn. 16–65 zur Konsolidierung von Verfahren, an denen verschiedene Parteien beteiligt sind, „*However, it is doubtful whether the mere reference to a set of arbitration rules which contain comparable provisions on consolidation or joinder can be seen as a consent of the parties to multiparty arbitration*“; *Berger*, Internationale Wirtschaftsschiedsgerichtsbarkeit, S. 212 ff.

Wahl einer institutionellen Schiedsordnung bewusster erfolgte, als die des Verfahrensstatuts, da sich die Anwendung Letzterer, wie erwähnt, nach dem Recht des jeweiligen Schiedsorts bestimmt, der mitunter sogar durch das Schiedsgericht selbst bestimmt wird. Dass sich die Parteien trotzdem aller Bestimmungen der gewählten Schiedsordnung bewusst waren, dürfte wohl auszuschließen sein. Auch ist zu beachten, dass, zumindest nach in Deutschland wohl vorherrschender Meinung, der Verweis auf eine institutionelle Verfahrensordnung – vorbehaltlich anderslautender Parteivereinbarung – dynamischer Natur ist. Daraus folgt, dass nicht die bei Abschluss der Schiedsvereinbarung geltende Fassung auf das Verfahren Anwendung findet, sondern die Schiedsordnung in ihrer jeweils gültigen Fassung[107]. Dies führt aber unter Umständen dazu, dass in der Bezug genommenen Schiedsordnung bei Abschluss der Schiedsvereinbarung keine Bestimmungen zur zustimmungslosen Durchführung von Mehrvertragsverfahren enthalten waren, solche aber in diese Einzug gefunden haben und mithin im späteren Schiedsverfahren Anwendung finden. Aufgrund der bereits dargestellten, gravierenden Folgen für die betroffenen Schiedsverfahren, ist nur schwer vorstellbar, dass eine so vorgenommene Handlung im Einklang mit der parteiseitigen Vereinbarung stehen soll, insbesondere sofern sich diese, entgegen oben Gesagtem, mit der Wahl der Schiedsordnung eingehender auseinandergesetzt haben und mitunter auf das Nichtbestehen solcher Regelungen vertraut haben.

Enthält daneben das anwendbare Verfahrensstatut Bestimmungen zur Durchführung eines Mehrvertragsverfahrens, stellt sich zudem die Frage, wie dieses Spannungsfeld zu behandeln ist. Zwar finden die Bestimmungen institutioneller Schiedsordnungen auch Anwendung, wenn diese in gewissen Punkten abweichende Regelungen gegenüber der entsprechenden lex arbitri enthalten. Dies gilt jedoch nur, sofern nicht zwingende Bestimmungen des zugrunde liegenden Verfahrensrechts betroffen sind.

Daher ist in diesen Fällen insbesondere danach zu fragen, ob die aufgrund institutioneller Bestimmungen vorgenommene, zustimmungslose Konsolidierung separat eingeleiteter Schiedsverfahren nicht im Widerspruch zu etwaigen unabdingbaren Vorschriften des jeweiligen Verfahrensstatuts steht.

---

107 BGH, Urteil vom 20. Januar 1994 – III ZR 143/92 (Hamburg), NJW 1994, 1010 f.; OLG Frankfurt am Main, Beschluss vom 16. Januar 2014 – 26 Sch 2/13, SchiedsVZ 2014, 207; OLG München, Beschluss vom 10. September 2013 – 34 SchH 10/13 (n. rkr.), SchiedsVZ 2013, 288; MüKoZPO/*Münch*, ZPO § 1042 Rn. 104; a.A. aber Musielak/Voit/*Voit*, ZPO § 1042 Rn. 33; *Kindler*, Beurkundungsbedürftigkeit von Schiedsgerichtsordnungen beim GmbH-Beteiligungskauf, NZG 2014, 961, 966.

Zusammenfassend mag auch dieser Lösungsansatz nicht überzeugen um das erklärte Einverständnis der Beteiligten zur Durchführung eines Mehrvertragsverfahrens zu ersetzen.

4. *Durchbrechung der relativen Wirkungen des Schuldverhältnisses aufgrund Bestehens eines Vertragsnetzes*

Zuletzt ist noch die Überlegung anzustellen, ob nicht, losgelöst von den bisher dargestellten Ansätzen, bei enger wirtschaftlicher Verknüpfung der Verträge die Zustimmung der Beteiligten zur gemeinsamen Behandlung aller streitigen Verträge innerhalb eines einzigen Verfahrens entbehrlich ist. Dieser Gedanke wurzelt in einer auf materiell-rechtlicher Ebene geführten Diskussion um das Vorliegen komplexer Vertragsgeflechte und deren enger faktischer Verbindung.

Größere wirtschaftliche Transaktionen oder auch die Entwicklung bestimmter Produkte sind, wie eingangs erwähnt, meist nur noch arbeitsteilig möglich. Es besteht ein Geflecht von verschiedenen Verträgen, die im Ergebnis ein gemeinsames Ziel, nämlich den erfolgreichen Abschluss der Transaktion beziehungsweise die Fertigstellung des Endprodukts verfolgen. Kommt es in einem der Verträge zu Störungen, lassen sich faktische Auswirkungen auf die übrigen Einzelverträge nicht von der Hand weisen, sodass im Ergebnis eine Fülle bilateraler Verträge mit multilateralen Wirkungen besteht. Dies hat auf materiell-rechtlicher Ebene zur Überlegung geführt, ob übergreifende Wirkungen zwischen den einzelnen Beteiligten innerhalb eines solchen Vertragsnetzes dergestalt geschaffen werden, dass gegenseitige vertragliche Ansprüche aller Mitglieder untereinander begründet werden und zwar unabhängig davon, ob diese in vertraglichen Beziehungen miteinander stehen oder nicht – kurz gesagt, ob in diesen Gestaltungen nicht eine Durchbrechung des strengen Relativitätsgrundsatzes angebracht ist[108].

Doch welche Auswirkungen hätte dies im Hinblick auf aus dem Vertragsnetz erwachsende Schiedsverfahren? Hätte die Durchbrechung der relativen Wirkung der Schuldverhältnisse auf materiell-rechtlicher Ebene eine Auflockerung der rechtlichen Selbstständigkeit der in diesem Zusammenhang geschlossenen Schiedsvereinbarungen zur Folge und damit auch, dass eine gesonderte Zustimmung der Beteiligten zur Durchführung von Mehrvertragsverfahren über aus dem Vertragsnetz resultierende Streitigkeiten ausnahmsweise entbehrlich wäre

108 Vgl. auch für eine Übersicht über die dogmatische Herleitung einer solchen Durchbrechung *Möschel*, AcP 186, 187–236; *Grundmann*, AcP 207, 718–767 sowie *Teubner*, Netzwerk als Vertragsverbund.

oder gar ein Mitglied des Vertragsnetzes gegen ein anderes Mitglied ein Schiedsverfahren einleiten könnte, obwohl diese beiden keine Schiedsvereinbarung miteinander geschlossen haben?

Um dies zu beurteilen, ist es erforderlich, zunächst die auf materiellrechtlicher Ebene geführte Diskussion zu betrachten und zu prüfen, ob in der Tat in diesen Gestaltungen eine Abkehr von der klassischen relativen Wirkung von Schuldverhältnissen sachgerecht ist. Denn scheidet dort eine Durchbrechung des Relativitätsgrundsatzes aus, so erübrigt sich die Frage bezüglich der Ausweitung dieser Wirkung auf die Ebene der Schiedsgerichtsbarkeit.

Die Überlegung, innerhalb des Vertragsnetzes von der strengen inter partes Wirkung der Einzelverträge abzurücken, ist nicht völlig fernliegend. Wirkungen bilateraler Verträge auf Dritte, beziehungsweise die Einbeziehung Dritter in solche sind, obwohl im Widerspruch zur klassischen Dogmatik der Vertragsrechtslehre, dem deutschen Recht nicht unbekannt. Man denke nur an die Institute des „Vertrags zugunsten Dritter“ (§ 328 BGB) oder des „Vertrags mit Schutzwirkung zugunsten Dritter“. Auch der Wegfall der Geschäftsgrundlage ist in diesem Zusammenhang zu nennen. Daneben wurde für einige Sonderfälle bereits die Durchbrechung des starren Relativitätsgrundsatzes gesetzlich normiert, beispielsweise für den Verbraucherwiderruf durch § 358 BGB (verbundener Vertrag) und § 359 BGB (Einwendungsdurchgriff) oder in Fällen, in denen ein Dritter besonderes Vertrauen für sich in Anspruch nimmt, § 311 Abs. 3 BGB.

Dementsprechend ist nicht verwunderlich, dass einige Autoren annehmen, ein Vertragsnetz begründe auch zwischen Mitgliedern desselben, die selbst keine Vertragspartner sind, vertragliche Rechte und Pflichten aus § 241 Abs. 2 BGB. Innerhalb des Netzes bestünden folglich direkte Wirkungen, insbesondere direkte vertragliche Schadensersatzansprüche außerhalb der jeweiligen bilateralen Vertragsbeziehungen[109]. Die dogmatische Herleitung dieser Direktansprüche erfolgt dabei auf verschiedene Weise.

Unter anderem wird die Auffassung vertreten, das Vertragsnetz stelle einen gesellschaftsähnlichen Vertrag dar, auf den die Bestimmungen der Gesellschaft bürgerlichen Rechts (GbR) Anwendung finden. Zur Qualifikation als GbR ist allerdings das Vorliegen eines (zumindest konkludent geschlossenen) Gesellschaftsvertrags erforderlich. Dieser muss als notwendige Bestandteile (sogenannte „essentialia societatis“[110]) zumindest Regelungen über den Gesellschaftszweck

---

109 *Grundmann*, AcP 207, 718, 724.

110 BeckOGK-BGB/*Geibel*, BGB § 705 Rn. 2 (Stand: 1. September 2019); MüKoBGB/*Schäfer*, Vor § 705 Rn. 6 ff.

und die Art und Weise der Realisierung dessen enthalten[111]. Als Gesellschaftszweck der „Vertragsnetz-GbR" könnte man das durch das Vertragsnetz verfolgte gemeinsame Ziel der Beteiligten, beispielsweise die Fertigstellung eines Bauprojekts, ansehen. Damit allerdings ein gemeinsamer Gesellschaftszweck im Sinne des § 705 BGB als Grundlage der GbR angenommen werden kann, ist eine Vergemeinschaftung des Zwecks dergestalt erforderlich, dass jeder Gesellschafter diesen wie auch dessen Realisierung durch seine Handlungen fördert. Die entsprechenden Handlungen können von jedem anderen Gesellschafter eingefordert werden – man spricht hier auch von Förderpflichten[112]. Der vertraglichen Verschmelzung der Interessen der Gesellschafter zum gemeinsamen Zweck der GbR kommt zentrale Bedeutung zu – dieser darf nicht lediglich Motiv der Gesellschafter zum Abschluss des Gesellschaftsvertrags, sondern muss Inhalt dessen sein[113]. Daher genügt es nicht, wenn verschiedene, teilweise auch wechselseitige Verpflichtungen zu aufeinander abgestimmten Leistungen zwischen den Beteiligten begründet werden, im Ergebnis aber jeder Beteiligte seine eigenen Zwecke verfolgt[114].

So ist jedoch regelmäßig die Situation im Vertragsnetz: Die Leistungen der Beteiligten sind zwar aufeinander abgestimmt, da häufig nur durch ihr Zusammenspiel das gemeinsame Ziel erreichbar ist. Ein Abhängigkeitsverhältnis in dem Sinne, dass die Netzmitglieder gegenseitig einforderbare Förderpflichten zur Verwirklichung dieses Zwecks übernehmen, wird aber nicht begründet. Dies würde auch nicht den Interessen der Beteiligten entsprechen: Die Aufteilung der Arbeitsschritte zur Erreichung des Netzziels beruht nicht auf dem Willen der Parteien, das Ziel als gemeinsame Einheit arbeitsteilig zu erreichen, sondern vielmehr auf dem Umstand, dass aufgrund der immer weitergehenden Spezialisierung wirtschaftliche Transaktionen de facto nicht mehr durch einen Unternehmer alleine vollbracht werden können, sondern die Zusammenarbeit mehrerer erfordern. Die Netzmitglieder verfolgen durch ihre Handlungen zwar auch das gemeinsame Netzinteresse, vornehmlich aber eigene Geschäftszwecke. Aufgrund dieser verschiedenen Interessenlagen der Beteiligten entspricht es eher dem Willen dieser, separate Verträge einzugehen, als sich durch einen

---

111 MüKoBGB/*Schäfer* § 705 Rn. 132.

112 MüKoBGB/*Schäfer*, § 705 Rn. 146 ff.; BeckOGK-BGB/*Geibel*, BGB § 705 Rn. 123 ff. (Stand: 1. September 2019); so auch zum Begriff des gemeinsamen Zwecks nach § 1 GWB BGH, Urteil vom 26. Oktober 1959 – KZR 2/59 (KG), NJW 1960, 147.

113 BeckOGK-BGB/*Geibel*, BGB § 705 Rn. 123 (Stand: 1. September 2019).

114 BGH, Urteil vom 18. Oktober 1976 – II ZR 102/75LG, BeckRS 1976, 31115354.

gemeinsamen Vertrag zu binden. Die Netzmitglieder bilden keine solidarische Gemeinschaft, sondern bleiben trotz ihrer Zusammenarbeit als eigenständige Rechtspersönlichkeiten bestehen. Sie handeln aus eigenem wirtschaftlichem Interesse.

Die Annahme eines Gesellschaftsvertrags ist darüber hinaus noch aus einem weiteren Grund problematisch: Typischerweise sind die Mitglieder des Vertragsnetzes nicht über den Inhalt der anderen Verträge innerhalb des Netzes informiert. Dies wäre aber gerade erforderlich, um einen gemeinsamen Gesellschaftsvertrag annehmen zu können, vor allem auch im Hinblick auf die grundsätzlich gemeinsame Geschäftsführung der Gesellschafter und die Ausübung von Informations- und Kontrollrechten innerhalb der GbR. Daneben widerspricht die umfassende Kenntnis sämtlicher Netzbeteiligter vom eigenen Vertrag auch nicht selten den Parteiinteressen, insbesondere, wenn im Vertragsnetz Konkurrenten beteiligt sind[115]. Zuletzt passen weitere Rechtsfolgen, die aus der Qualifikation des Vertragsnetzes als GbR herrühren würden – wie die bereits angesprochene Einräumung eines Kontrollrechts gemäß § 716 BGB oder das durch den nach herrschender Meinung zwingenden § 719 BGB normierte Verbot eines Gesellschafters, gesondert über seinen Anteil am Gesellschaftsvermögen zu verfügen – ebenfalls nicht auf das Konstrukt des Vertragsnetzes, was ebenfalls gegen diesen Ansatz spricht[116].

Andere Autoren, unter ihnen Möschel und Rohe[117] , verfolgen wiederum – zumindest für im bargeldlosen Zahlungsverkehr bestehende Vertragsgeflechte – die Theorie vom Netzvertrag: Zwischen den Mitgliedern des Vertragsnetzes bestehe ein die Einzelverträge überlagernder Vertrag, welcher vertragliche Rechte und Pflichten im Rahmen des § 241 Abs. 2 BGB zwischen diesen begründe, der sogenannte Netzvertrag. Mitglied dieses mehrseitigen Gesamtvertrags wird man nach Rohe durch Adhäsion: Indem der Dritte mit seinem Vertragspartner, der bereits Mitglied des Netzvertrags ist, eine sich in das Netz einfügende vertragliche Verpflichtung eingeht, wird auch der Dritte Partei des Netzvertrags[118].

---

115 So auch *Grundmann*, AcP 207, 718, 728.

116 Die Theorie vom gesellschaftsähnlichen Vertrag mit ähnlich Argumenten ebenfalls ablehnend *Dolzan*, Außen- und Binnendurchgriff im Vertragsnetz – Ein Rechtsvergleich zur theoretischen Abhandlung und praktischen Ausformung, S. 75 ff.; *Grundmann*, AcP 207, 718, 728; *Nicklisch*, BB 2000 (43), 2166, 2168; *Teubner*, Netzwerk als Vertragsverbund, S. 63 ff.

117 *Möschel*, AcP 186, 187; *Rohe*, Netzverträge: Rechtsprobleme komplexer Vertragsverbindungen.

118 *Rohe*, Netzverträge: Rechtsprobleme komplexer Vertragsverbindungen, S. 141 ff.

Grundlage hierfür ist die Annahme, dass jedes Netzmitglied jedem anderen konkludent Vollmacht zum Abschluss des Netzvertrages mit dem Dritten erteilt hat. Jeder Netzbeteiligte, der einen bilateralen Vertrag, welcher in das Gesamtgefüge des Vertragsnetzes fällt, abschließt, handelt nicht nur im eigenen Namen, sondern zugleich auch stillschweigend als Stellvertreter sämtlicher Netzmitglieder.

Allerdings kann auch dieser Ansatz im Ergebnis nicht überzeugen. Zunächst einmal ist äußerst zweifelhaft, ob die Mitglieder des Netzes entsprechende Vollmachten erteilt haben. So ist nicht nur Grundmann der Ansicht, es sei *„offensichtlich eine Fiktion“*[119], anzunehmen, alle Kreditinstitute, zwischen denen Überweisungen abgewickelt werden, würden sich gegenseitig Vollmacht erteilen, um Vertragsbeziehungen mit Kunden der anderen Institute zu begründen[120]. Dies steht vielmehr im Gegensatz zum Interesse dieser Institute, über die Liquidität ihres Vertragspartners informiert zu sein. Auch die Tatsache, dass der Netzvertrag nur in bestimmten Konstellationen[121] existieren soll, macht ihn realitätsfern und eher unpraktikabel. Es müsste genau erforscht werden, ob der jeweilige Sachverhalt eine solche Konstellation darstellt, was mitunter zu zeitintensiven Diskussionen führen kann. Ein universell verwendbares Konstrukt beziehungsweise einen allgemeingültigen Lösungsansatz, wie es in Situationen der Vertragsnetze in all ihren möglichen Facetten aber wünschenswert wäre, bietet diese Herangehensweise gerade nicht.

Wieder andere leiten vertragliche Direktansprüche für Konstellationen der Kartenzahlung aus dem Konstrukt des „synallagmatischen Triallagmas“ her. Wie dem klassischen bilateralen, synallagmatischen Vertrag der Grundsatz „do ut des“ zugrunde liegt, ist dies bei der Kartenzahlung die Idee des Triallagmas („do ut des ut det“): Das karten emittierende Institut gibt das abstrakte Zahlungsversprechen ab, damit der Empfänger dem Kunden des Finanzinstituts die versprochene Leistung (zum Beispiel Warenlieferung) erbringt und wiederum der Kunde des Finanzinstituts diesem den Betrag erstattet.

Allerdings widerspricht die Idee des Triallagmas der allgemeinen Meinung, wonach die drei Vertragsverhältnisse grundsätzlich unabhängig voneinander

119 *Grundmann*, AcP 207, 718, 725.

120 Diese Kritik üben auch *Teubner,* Netzwerk als Vertragsverbund, S. 104 ff.; *Dolzan,* Außen- und Binnendurchgriff im Vertragsnetz – Ein Rechtsvergleich zur theoretischen Abhandlung und praktischen Ausformung, S. 71 ff. sowie *Harke,* Allgemeines Schuldrecht, Rn. 442.

121 Nach *Rohe* soll der Netzvertrag nur in hierarchischen Gestaltungen, also beispielsweise Lieferketten anwendbar sein, nicht dagegen aber in hierarchischen (*Rohe*, Netzverträge: Rechtsprobleme komplexer Vertragsverbindungen).

sind. Entfällt beispielsweise das abstrakte Schuldversprechen des Instituts, entfällt damit nicht die andere Leistung, etwa die Warenlieferung – es ist vielmehr anerkannt, dass der Kaufpreis dann auf andere Weise erbracht werden muss. Dieses strenge Abhängigkeitsverhältnis der Leistungen voneinander wird aber nicht nur im Bereich des bargeldlosen Zahlungsverkehrs, sondern auch in den übrigen potenziellen Gestaltungen von Vertragsnetzen nicht dem Willen der Beteiligten entsprechen. Wie bereits dargelegt, verfolgen die Mitglieder des Netzes durch ihre Handlungen zwar auch die Verwirklichung des Netzziels, vor allem aber eigene Interessen. Dass die Erbringung ihrer Leistung und damit auch der Erhalt der für diese Leistung versprochenen Gegenleistung in jedem Fall von den Handlungen anderer abhängig sein soll, wird in der Regel nicht dem Willen der Netzmitglieder entsprechen. Insbesondere, wenn sich die einzelnen Mitglieder aufgrund der Größe des Netzes unbekannt sind, erscheint die Begründung eines solchen, definitiven Abhängigkeitsverhältnisses nicht sachgerecht.

Einen völlig anderen Ansatz zur Herleitung von vertraglichen Ansprüchen zwischen den Netzmitgliedern verfolgt Teubner. Losgelöst von der Idee, Direktansprüche unter den Netzteilnehmern durch konkludenten Abschluss einer gemeinsamen vertraglichen Grundlage herzuleiten, möchte er im Vertragsnetz selektiv Rechtsfolgen begründen, die von der bekannten schuldrechtlichen Dogmatik abweichen. Um Änderungen auf Rechtsfolgenseite vorzunehmen, ist es zunächst nötig, die Vernetzung der Verträge auf Tatbestandsebene zu belegen. Hierzu bedient sich Teubner einiger von der Rechtsprechung entwickelter Konstrukte, nämlich der „Verweisung der Verträge aufeinander“, des „Verbundzwecks“ und der „Kooperationsbeziehung“[122]. In vorgenannten Gestaltungen würden die verschiedenen Handlungen durch bestimmte *„Koordinationsmechanismen nicht-vertraglicher Natur“* geordnet, was nicht nur Auswirkungen auf das Handeln des Netzes als Kollektiv, sondern auch auf die verschiedenen bilateralen Vertragsbeziehungen habe[123]. Auf Rechtsfolgenseite erfolgt dann die bereits angesprochene *„selektive Doppelzurechnung der Netzwerkakte auf Vertrag*

---

122 *Teubner*, Netzwerk als Vertragsverbund, S. 123 f., *„Erst deren [Anm.: gemeint sind die soeben genannten Konstrukte] Verwirklichung löst eine rechtliche Verbindung der Verträge aus, die ihrerseits die Reflexionsergebnisse der vernetzten Verträge zu Rechtsnormen verrechtlicht“*.

123 *Teubner*, Netzwerk als Vertragsverbund, S. 125 ff., als Beispiele für solche Koordinationsmechanismen nennt Teubner wechselseitige Beobachtung, antizipatorische Anpassung, Kooperation, Vertrauen, Selbstverpflichtung, Verlässlichkeit oder Verhandlungen.

und Verbund"[124], wonach gewisse Handlungen sowohl dem jeweiligen Akteur als „*einem Knoten im Netzwerk*", als auch dem „*umfassenden Netzwerk selbst*" zugerechnet werden[125]. Dies gilt sowohl innerhalb des Netzes zwischen den einzelnen Mitgliedern, als auch im Außenverhältnis zu Dritten. Im ersteren Fall werden so Direktansprüche zwischen Parteien, die keine Netzmitglieder sind, hergeleitet („Binnendurchgriff im Netz"). Dagegen ist die Wirkung der Doppelzurechnung in Bezug auf außenstehende Dritte insbesondere in Situationen von Bedeutung, in denen sich nicht mehr ermitteln lässt, von welchem Netzmitglied die Handlung, die zum Schaden des Außenstehenden geführt hat, vorgenommen wurde. Durch die Zurechnung auch auf das Kollektiv ist dieser Schritt bei der Ermittlung der Schadenshandlung nicht mehr erforderlich.

Doch auch dieser Lösungsansatz ist berechtigter Kritik ausgesetzt. Zwar greift Teubner auf Tatbestandsebene auf von der Rechtsprechung entwickelte Konstrukte zurück, ansonsten ist sein Ansatz jedoch (bewusst) völlig losgelöst von der Rechtsprechung. Dies führt jedoch zu mangelnder Vorhersehbarkeit und damit auch Rechtsunsicherheit – einerseits aufgrund der potenziell langwierigen Ermittlung des Sachverhalts, um den Tatbestand herzuleiten, andererseits wegen der Unsicherheit der Bewertung des Sachverhalts und der daraus hergeleiteten Rechtsfolgen vor Gerichten. Verstärkt wird diese Unsicherheit durch den Umstand, dass eine solche selektive Doppelzurechnung nicht in die bekannte Schuldrechtsdogmatik passt[126]. Auch dürfte, wie bereits erwähnt, das „Überspringen" der Vertragskette, um Direktansprüche herzuleiten, nicht den berechtigten Parteiinteressen entsprechen.

Die genannten Ansätze zur Behandlung der Vertragsnetze wurden auch von Grundmann untersucht. Dieser lehnt, wie die überwältigende Mehrheit der Literatur, die sich entweder gar nicht oder nur sehr oberflächlich mit dem Konstrukt des Vertragsnetzes befasst, jedenfalls aber die rechtlich eigenständige Behandlung eines Vertragsnetzes zurückweist[127], die zuvor dargestellten Lösungsansätze

---

124 *Teubner*, Netzwerk als Vertragsverbund, S. 129.

125 *Teubner*, Netzwerk als Vertragsverbund, S. 210.

126 Solche Kritik übt auch *Grundmann*, AcP 207, 718, 729.

127 So die Beobachtung von *Grundmann*, AcP 207, 718, 729, die sich mit der der Verfasserin deckt. Beispielsweise im Münchener Kommentar zum BGB wird das Konstrukt der Netzverträge lediglich in drei Sätzen behandelt (MüKoBGB/*Busche*, Vor § 145, Rn. 42), im Münchener Kommentar zum HGB findet sich zwar eine geringfügig ausführlichere Darstellung, die eigenständige rechtliche Behandlung wird aber auch hier recht zügig abgelehnt (MüKoHGB/*Häuser*, Bankvertragsrecht, Recht des Zahlungsverkehrs, Überweisungsverkehr, Rn. 413 f.)

ab. Grundmann erkennt zwar im Rahmen seiner Überlegungen die Existenz von Vertragsnetzen an und vertritt die Auffassung, dass deren Bestehen *„in wichtigen Fragen durchaus einen erheblichen Unterschied macht“*[128]. Die Lösung sucht er aber in bestehenden Instrumenten. Wenn schon die bestehende Dogmatik über das Recht der Schuldverhältnisse die Entstehung eines Vertragsnetzes ermögliche, so müsse auch die Lösung von damit einhergehenden Problemen und Auswirkungen in der bestehenden Dogmatik zu finden sein[129].

Dies steht im Einklang mit der Rechtsprechung und dem gesetzgeberischen Willen – so hat der Gesetzgeber zwar beispielsweise mit den bereits erwähnten §§ 358 ff. BGB Normen aufgenommen, die den Relativitätsgrundsatz durchbrechen. Dabei handelt es sich aber um Ausnahmefälle, die nicht übertragbar sind. Hätte der Gesetzgeber zum Beispiel im Überweisungsverkehr (im Rahmen dessen ja gerade das Konstrukt des Vertragsnetzes diskutiert wird) eine Durchbrechung der relativen Wirkung der Schuldverhältnisse gewollt, so wäre dies in die entsprechenden Normen aufgenommen worden[130].

Zuletzt gilt zu beachten, dass auch in Rechtsordnungen außerhalb Deutschlands die relative Wirkung von Schuldverhältnissen tief verankert ist. Bei länderübergreifendem Sachverhalt wäre es dementsprechend unwahrscheinlich, dass Gerichte anderer Länder von der bekannten relativen Wirkung der Vertragsverhältnisse abweichen würden.

Im Ergebnis kann die Idee der Durchbrechung des Relativitätsgrundsatzes und der Herleitung vertraglicher Direktansprüche zwischen den Mitgliedern eines Vertragsnetzes auf materiell-rechtlicher Ebene nicht überzeugen. Konsequenterweise kann das Vorliegen eines Vertragsgeflechts auch in der Sphäre der Schiedsgerichtsbarkeit keine Durchbrechung der inter partes Wirkung im Netz enthaltener Schiedsvereinbarungen rechtfertigen.

Dennoch zeigt die Diskussion eindrucksvoll, dass in solchen Gestaltungen aufgrund der wechselseitigen Auswirkungen der im Netz enthaltenen Verträge untereinander ein Bedürfnis der gemeinsamen Betrachtung dieser besteht. Daher ist es nötig, einen Mittelweg zwischen strenger, getrennter Betrachtung des jeweiligen Einzelvertrags und Durchbrechung des Relativitätsgrundsatzes zu finden. Auf materiell-rechtlicher Ebene können durch Heranziehen bekannter

---

128 *Grundmann*, AcP 207, 718, 732.

129 *Grundmann*, AcP 207, 718, 732, ebenso MüKoHGB/*Häuser*, Bankvertragsrecht, Recht des Zahlungsverkehrs, Überweisungsverkehr, Rn. 414.

130 MüKoHGB/*Häuser*, Bankvertragsrecht, Recht des Zahlungsverkehrs, Überweisungsverkehr, Rn. 414.

Rechtsinstitute, insbesondere der Störung der Geschäftsgrundlage gemäß § 313 BGB oder Geltendmachung deliktischer Ansprüche, gerechte Lösungen gefunden werden. In Schiedsverfahren kann dem Bedürfnis der gemeinsamen Behandlung der Verträge durch die Durchführung schiedsgerichtlicher Mehrvertragsverfahren der Parteien Genüge getan werden. Dabei darf weder, entsprechend oben Gesagtem, die Befugnis des Schiedsgerichts zur Anordnung von Mehrvertragsverfahren allein aufgrund des Bestehens des Vertragsnetzes hergeleitet werden, noch darf alleine aus dem Vorliegen eines Vertragsnetzes per se auf eine entsprechende Zustimmung der Beteiligten geschlossen werden.

5. Fazit

Fasst man all dies zusammen, liefert keiner der beschriebenen Ansätze eine taugliche Grundlage, ein schiedsgerichtliches Mehrvertragsverfahren ohne eine irgendwie zum Ausdruck kommende Zustimmung der Beteiligten hierzu durchzuführen.

Aufgrund der privatautonomen Natur und der allgemeinen Achtung der Verfahrensautonomie der Parteien in internationalen Schiedsverfahren sind Mehrvertragsverfahren abhängig von einem entsprechenden Einverständnis der Beteiligten. Dies gilt nicht nur in Sachverhalten, in welchen die Durchführung eines Mehrvertragsverfahrens zur Beteiligung mehrerer Personen führt, sondern auch in Zweipersonenverhältnissen. Zwar ergeben sich in Letzteren nicht die weitreichenden Probleme im Hinblick auf die gleichberechtigte Zusammensetzung des Schiedsgerichts sowie Vertraulichkeit des Verfahrens, wie es in Mehrparteienkonstellationen der Fall ist und auf welche an anderer Stelle der Arbeit noch genauer eingegangen werden soll. Gleichwohl können sich die Beteiligten bewusst für die Durchführung von separaten Verfahren entschieden haben, etwa um in den Verfahren bewusst verschiedene Schiedsrichter mit jeweiliger Expertise zu benennen oder aber um die Weitergabe von Informationen zu verhindern, die zwar für eines der Verfahren relevant sind, jedoch irrelevant oder gar präjudiziell für den Ausgang des zweiten Schiedsverfahrens wären[131].

Da im Rahmen von Schiedsverfahren nicht die Ressource der staatlichen Justiz in Anspruch genommen wird, insbesondere die Parteien die Kosten ihres

131 *Hwang/Chung*, J Int'l Arb 26 (5), 609, 613, „*Although the parties may be the same, the choice of a different tribunal may be due to the wish to keep the two arbitrations separate and discrete from each other, precisely to prevent the migration of information which may be relevant in one arbitration but would be viewed as irrelevant or prejudicial to the outcome of the second arbitration.*"

Verfahrens vollständig selbst tragen, sind auch in Zweipersonenverhältnissen Effizienzgedanken, die in staatlichen Verfahren solche Eingriffe rechtfertigen, hinter den von den Parteien vereinbarten Verfahrensregelungen zurückzustellen. Es ist vielmehr hinzunehmen, dass das Schiedsverfahren seine Grenze in der Parteivereinbarung findet und keine Schritte zur Effizienzsteigerung, seien sie auch objektiv wünschenswert, die über die Parteivereinbarung hinausgehen, angeordnet werden können[132].

III. Pflicht zur Zustimmung zur Durchführung eines Mehrvertragsverfahrens

Wie soeben dargelegt, können die Ansätze, die ein Mehrvertragsverfahren ohne Zustimmung der beteiligten Personen erlauben wollen, im Ergebnis nicht überzeugen. Gleichwohl stellt sich die Frage, ob nicht in Ausnahmefällen eine Pflicht der Schiedsparteien zur Zustimmung zu einem Mehrvertragsverfahren besteht.

Der Schiedsvereinbarung kommt, neben ihrer Wirkung als prozessuale Einrede, auch materiell-rechtliche Wirkung zu – sie begründet ein Pflichtenverhältnis zwischen den Schiedsparteien[133]. Aus diesem ergibt sich unter anderem die Verpflichtung der Beteiligten, „*das Schiedsgerichtsverfahren in allen Phasen nach besten Kräften zu fördern (Förderungspflicht) und gleichzeitig alle das Schiedsgerichtsverfahren möglicherweise hindernden Handlungen zu unterlassen (Unterlassungsanspruch)*“[134]. Teil dessen ist unter anderem die Pflicht[135] zur

---

132 *Gaillard*, affaire Sofidif ou les difficultés de l'arbitrage multipartite (à propos de l'arrêt rendu par la Cour d'appel de Paris le 19 décembre 1986), Revue de l'Arbitrage 1987 (3), 275, 291, „*il serait sans doute illusoire de croire que l'arbitrage puisse, sans perdre son âme, chercher le remède à tous ses maux dans l'intervention systématique des juridictions étatiques.*“, englische Übersetzung in *Veeder*, Arbitration International 3 (3), 262, 265.

133 BGH, Urteil vom 30. Januar 1957 – V ZR 80/55, NJW 1957, 590, „*werden für die Beteiligten Pflichten begründet*“.

134 *Lachmann*, Handbuch für die Schiedsgerichtspraxis, Rn. 441; allgemeine Meinung, vgl. nur BGH, Urteil vom 30. Januar 1957 – V ZR 80/55, NJW 1957, 589; OLG Oldenburg, Urteil vom 31. März 1971 – 8 U 103/70, NJW 1971, 1461; *Pabalk Ticaret Limited Sirketi v Norsolor S.A.*, Award, ICC Case No. 3131, 26 October 1979, Yearbook Commercial Arbitration IX, 109 f.; Zöller/*Geimer*, § 1029 Rn. 17; *Greger*, Recht der alternativen Konfliktlösung, Meditationsgesetz, Verbraucherstreitbeilegungsgesetz, Rn. 80; *Blackaby/Partasides/Redfern*, Redfern and Hunter on International Arbitration, Rn. 1.118, wo insoweit von „*good faith*“ gesprochen wird.

135 Es handelt sich hierbei nicht um eine Pflicht im rechtlichen Sinne, sondern um eine Obliegenheit, die bei Nichteinhaltung nicht gerichtlich durchsetzbar ist, MüKoZPO/

Zusammenarbeit der Schiedsparteien im Hinblick auf eine rasche und effiziente Streitbeilegung („Verfahrensförderungspflicht"), wobei dies auch die Vermeidung sich widersprechender Entscheidungen umfasst[136].

Doch ergibt sich aus diesem besonderen Verhältnis auch die Pflicht, einem Mehrvertragsverfahren zuzustimmen, sodass in solchen Fällen der Wille zur Durchführung eines solchen Verfahrens von dieser Verpflichtung überlagert wird?

Eine solche Ansicht vertritt Leboulanger: Besteht ein funktionaler oder wirtschaftlicher Zusammenhang zwischen den Verträgen und enthalten die Verträge jeweils identische Schiedsklauseln, so seien die Parteien verpflichtet, an der Durchführung eines Mehrvertragsverfahrens mitzuwirken[137]. Ähnlicher Ansicht sind für consolidation und joinder im Rahmen von Mehrparteienverfahren auch Born[138] sowie in Bezug auf Konsolidierung im Rahmen von Rückversicherungsverträgen Kapp, Katschthaler und Topsch[139].

Münch, ZPO § 1029 Rn. 139 ff.; *Lachmann*, Handbuch für die Schiedsgerichtspraxis, Rn. 443, 456, 458.

136 *Born*, International Commercial Arbitration, Chapter 18.01; *Lachmann*, Handbuch für die Schiedsgerichtspraxis, Rn. 441.

137 *Leboulanger*, J Int'l Arb 13(4), 43, 91, „*Can a party be considered in good faith when, on the basis of the existence of two distinct but identical arbitration clauses contained in two interrelated agreements, it claims for the constitution of two distinct arbitral panels, thus increasing the costs of arbitration and thereby creating a risk of contradicting awards and depriving its opponent of certain means of defence, which could be raised under a single transaction and not under separate agreements? Since the parties have the duty to co-operate in good faith in the performance of the agreement, as well as in the arbitral proceedings, there is no reason why they should not have the same duty to co-operate in good faith in the constitution of the arbitral tribunal. After all, the arbitration clause is nothing but one of the clauses of an agreement, and the principle of good faith should consequently apply to the constitution of the arbitral tribunal, which corresponds to the performance of the obligations assumed under the arbitration clause.*"

138 *Born*, International Commercial Arbitration, Chapter 18.02 [B] [3], „*That conclusion is supported by the parties' general obligation to resolve their disputes by arbitration in good faith, which can be interpreted as including cooperation in an efficient dispute resolution process that avoids the risks of inconsistent decisions.*"

139 *Kapp/Katschthaler/Topsch*, Münchener Anwaltshandbuch Versicherungsrecht, § 34, Rn. 151 „*[…] mag man die Parteien allerdings nach Treu und Glauben gemäß § 242 BGB als verpflichtet ansehen, einem konsolidierten Schiedsverfahren zuzustimmen.*", ähnlich in Bezug auf die damit zusammenhängende Problematik der Schiedsrichterbenennung, *Strong*, Michigan Journal of International Law 30 (4), 1025, 1091.

Den Autoren ist insofern zuzustimmen, als dass die Vorteile, die die Durchführung von Mehrvertragsverfahren gerade mit Blick auf die Vermeidung inkonsistenter Entscheidungen und der Einsparung von Zeit und Kosten mit sich bringt, zu einer effizienteren schiedsgerichtlichen Streitbeilegung führen. Folglich kann auch die Zustimmung zu Mehrvertragsverfahren grundsätzlich als Teil der allgemeinen Verfahrensförderungspflicht der Schiedsparteien anzusehen sein.

Indes entspricht es nicht der privatautonomen Natur des Schiedsverfahrens bei erkennbar entgegenstehendem Parteiwillen aus der allgemeinen Verfahrensförderungspflicht eine Pflicht zur Zustimmung herzuleiten. Denn, wie bereits erwähnt, geht es in einem von den Parteien selbst finanzierten Schiedsverfahren, anders als in Verfahren vor staatlichen Gerichten, nicht darum, die *„knappe, staatlich subventionierte Ressource Justiz effizient einzusetzen“*[140]. Stattdessen hat die Herrschaft der Parteien über „ihr“ Schiedsverfahren Priorität[141]. Dementsprechend kann die auch im Schiedsverfahren bestehende Verfahrensförderungspflicht weder das Einverständnis der Beteiligten zur Durchführung eines Mehrvertragsverfahrens ersetzen, noch kann diese eine Pflicht zur Zustimmung zu einem solchen Verfahren begründen[142].

IV. Konkludente Zustimmung zur Durchführung eines Mehrvertragsverfahrens

Aufgrund der privatautonomen Natur des Schiedsverfahrens ist das Einverständnis der Beteiligten zur Durchführung eines Mehrvertragsverfahrens notwendige Voraussetzung dessen. Die dargelegten Ansätze, die ein Mehrvertragsverfahren ohne Zustimmung der beteiligten Personen erlauben wollen oder in gewissen Situationen eine Pflicht zur Zustimmung herleiten wollen, sind abzulehnen.

Dennoch sind in der Praxis ausdrückliche Vereinbarungen über schiedsgerichtliche Mehrvertragsverfahren eher selten zu finden[143]. Daraus sollte aber keineswegs voreilig auf einen entgegenstehenden Willen der Parteien geschlossen werden. Zwar haben die Parteien die Gestaltung „ihres“ Schiedsverfahrens weitgehend selbst in der Hand, sodass es grundsätzlich ein Leichtes wäre,

140 *Kleinschmidt*, SchiedsVZ 2006, 142, 144.

141 *Lew/Mistelis/Kröll*, Comparative International Commercial Arbitration, Rn. 16–40; *von Hoffmann*, Die Beteiligung Dritter an Schiedsverfahren, 131, 134.

142 Ähnlich auch *Hanotiau*, J Int’l Arb 18 (3), 253, 304; *Gaillard*, ICC Special Supplement 2003, 35, 42; *von Hoffmann*, Die Beteiligung Dritter an Schiedsverfahren, 131, 134.

143 *Lew/Mistelis/Kröll*, Comparative International Commercial Arbitration, Rn. 16–51.

Bestimmungen zu Mehrvertragsverfahren in die Schiedsvereinbarung aufzunehmen und so die nötige Zustimmung hierzu expressis verbis zu erteilen. Allerdings entspricht es dem allgemeinen Verständnis, dass auch konkludente Vereinbarungen dem Erfordernis der Zustimmung genüge tun – die bloße Orientierung allein am Wortlaut der Schiedsvereinbarung dagegen wäre zu formalistisch und aus den folgenden Gründen nicht sachgerecht[144].

1. Schiedsklausel als „Mitternachtsklausel"

Gegen eine allein an der Formulierung der Schiedsvereinbarung vorgenommene Ermittlung der Zustimmung zu Mehrvertragsverfahren spricht bereits die Tatsache, dass sich die Parteien bei Aushandeln der Schiedsvereinbarung unter Umständen keine weitergehenden Gedanken über deren genaue Ausgestaltung gemacht haben. So wird eine Schiedsvereinbarung nicht selten als einer der letzten Punkte verhandelt und daher bisweilen auch als „Mitternachtsklausel" bezeichnet[145]. Dies führt dazu, dass Schiedsvereinbarungen häufig in Eile entworfen werden und daher anstelle detaillierter, auf den Einzelfall zugeschnittener Regelungen Standard-Klauseln enthalten[146], die wiederum ihrerseits in den meisten Fällen keine Bestimmungen zu Mehrvertragsverfahren beinhalten[147].

Entsprechend wird es zwar durchaus Fälle geben, in denen sich die Parteien bewusst gegen die Durchführung eines Mehrvertragsverfahrens entschieden haben und aus diesem Grund keine Bestimmungen hierzu in ihre Schiedsvereinbarungen aufgenommen haben. Demgegenüber wird man aber in anderen Fällen davon ausgehen können, dass die Parteien sich über die Durchführung von Mehrvertragsverfahren bei Abschluss der Schiedsvereinbarung schlicht

---

144 *Leboulanger,* J Int'l Arb 13(4), 43, 66; *Lew/Mistelis/Kröll,* Comparative International Commercial Arbitration, Rn. 16–51.

145 *Blackaby/Partasides/Redfern,* Redfern and Hunter on International Arbitration, Rn. 2.04; *Poudret/Besson,* Comparative Law of International Arbitration, Rn. 153; *Kahlert,* Vertraulichkeit im Schiedsverfahren – Eine Untersuchung nach deutschem Recht mit internationalen Bezügen, S. 248.

146 *Stipanowich,* Iowa Law Review 72 (3), 473, 496, *„Unfortunately, contractual arbitration agreements are seldom the product of negotiation or careful tailoring to the circumstances at hand."*; *Chiu,* J Int'l Arb 7 (2), 53, 57; *Poudret/Besson,* Comparative Law of International Arbitration, Rn. 153.

147 *Kondev,* Multi-Party and Multi-Contract Arbitration in the Construction Industry, 6.13; *Jeydel,* AAA Handbook on Arbitration Practice, 139, 146.

keine weiteren Gedanken gemacht haben[148] und das Fehlen entsprechender vertraglicher Regelungen hierüber nicht auf einer bewussten Entscheidung der Parteien gegen die Durchführung von Mehrvertragsverfahren beruht, sondern vielmehr der „Unachtsamkeit" der Parteien geschuldet ist.

Schon vor diesem Hintergrund sollte alleine aus dem Schweigen der Parteien bezüglich Mehrvertragsverfahren nicht per se auf einen entgegenstehenden Willen der Parteien geschlossen werden.

2. *Ermittlung der gegenständlichen Reichweite einer Schiedsklausel nicht nur anhand des Wortlauts*

Gegen die Annahme eines entgegenstehenden Parteiwillens alleine anhand des Wortlauts der Schiedsvereinbarung spricht ferner, dass Schiedsklauseln als solche üblicherweise weit und unter Einbeziehung weiterer Umstände ausgelegt werden[149].

So wird gerade zur Ermittlung der gegenständlichen Reichweite einer Schiedsklausel nicht nur von deutschen Gerichten ein schiedsfreundlicher Ansatz verfolgt[150]. Auch auf internationaler Ebene tendieren Gerichte zu einer großzügigen Auslegung dieser, nicht nur anhand des Wortlauts, sondern unter Einbeziehung sämtlicher Umstände des Einzelfalls[151]. Eindrucksvoll zeigt dies

---

148 *Chiu*, J Int'l Arb 7 (2), 53, 57, *„However, the proposition that the absence of a consolidation provision means that the parties have knowingly decided against it is questionable at best"*.

149 BGH, Urteil vom 10. Dezember 1970 – II ZR 148/69, WM 1971, 308; BGH, Urteil vom 4. Oktober 2001 – III ZR 281/00, NJW-RR 2002, 387; *Mitsubishi Motors Corp. V. Soler Chrysler-Plymouth, Inc.*, US Supreme Court – 473 US 614 (1985); DIS-Schiedsgericht, Zwischenschiedsspruch vom 25. Januar 2005 – DIS-SV-438/04, SchiedsVZ 2005, 167 f.; *Elsing*, FS Graf von Westphalen, 109, 120; *Gaillard/Savage*, Fouchard Gaillard Goldman on International Commercial Arbitration, Rn. 480; Zöller/*Geimer*, § 1029 Rn. 78; *Born*, International Commercial Arbitration, Chapter 9; *Welser/Molitoris*, Austrian Yearbook on International Arbitration 2012, 17, 19; *Schack*, Internationales Zivilverfahrensrecht, Rn. 1345; *Cohen Smutny/de Lotbinière McDougall/Daly*, Practical Guide to International Arbitration, 225, 227.

150 St. Rspr., vgl. nur BGH, Beschluss vom 31. Oktober 2018 – I ZB 17/18 (KG), BeckRS 2018, 31391; BGH, Beschluss vom 28. März 2019 – I ZB 51/18, BeckRS 2019, 8071; OLG München, Beschluss vom 30. August 2011 – 34 SchH 8/11, BeckRS 2011, 34537; OLG Köln, Beschluss vom 23. September 2010 – 19 SchH 15/10, BeckRS 2011, 5672; zudem auch *Lachmann*, Handbuch für die Schiedsgerichtspraxis, Rn. 472 ff.; Zöller/*Geimer*, § 1029 Rn. 78 ff.

151 Siehe z.B. für Österreich ÖOGH, Entscheidung vom 5. Mai 1998 – 3 Ob 2372/95 m, RIW 1999, 789; für USA: *Oriental Commercial and Shipping Co., Ltd. V. Oriental*

die Entscheidung im Fall *Fiona Trust*[152], die zu einer Abkehr der vor allem in common law Ländern vorherrschenden Auslegung der Schiedsvereinbarung allein am Wortlaut sowie der formalistischen Unterscheidung von „engen“ und „weiten“ Schiedsklauseln führte[153] und die als *„weltweite Leitentscheidung“*[154] zur Interpretation von Schiedsvereinbarungen gilt.

Die Auslegung anhand sämtlicher Umstände des Einzelfalls steht auch in Einklang mit der sonstigen Auslegung von Verträgen nach den üblichen zivilrechtlichen Grundsätzen, insbesondere der ergänzenden Vertragsauslegung. Da die Schiedsvereinbarung, wie bereits dargelegt, einen Vertrag darstellt, ist es nur konsequent, die aus dem materiellen Recht bekannten Grundsätze hier entsprechend anzuwenden und sämtliche Umstände des Einzelfalls zur Interpretation der Schiedsvereinbarung heranzuziehen, so auch die Interessen der Parteien und die von diesen verfolgten Ziele[155].

Handelt es sich bei den Vertragsparteien um Geschäftsleute, ist beispielsweise davon auszugehen, dass diese Vereinbarungen treffen, um einen rationalen wirtschaftlichen Zweck zu erreichen. Dies ist nicht nur auf materiell-rechtlicher Ebene zu beachten, sondern beeinflusst auch die Art und Weise der Interpretation einer zwischen ihnen geschlossenen Schiedsvereinbarung[156] und ist

---

Commercial and Shipping Co. Ltd., United States District Court, S.D. New York – 609 F. Supp. 75 (S.D.N.Y. 1985), Yearbook Commercial Arbitration XII, 532.

152 *Fiona Trust and Holding Corporation and Others v Yuri Privalov and Others,* English Court of Appeal, [2007] EWCA CIV 20.

153 Vgl. beispielsweise Entscheidung des Supreme Court of Western Australia im Fall *Fitzpatrick v Emerald Grain Pty Ltd.*, [2017] WASC 206, wonach zur Auslegung ein breiter, liberaler und flexibler Ansatz hinsichtlich der Formulierung der verwendeten Sprache geboten ist.

154 Stein/Jonas/*Schlosser,* § 1029, Rn. 35.

155 BGH, Urteil vom 28. November 1963 – VII ZR 112/62, NJW 1964, 592, *„Vielmehr bedarf es immer einer Prüfung der besonderen Umstände, aus denen sich, notfalls im Wege der ergänzenden Vertragsauslegung, der jeweilige Parteiwille ergibt.“*; OLG Köln, Beschluss vom 23. September 2010 – 19 SchH 15/10, BeckRS 2011, 5672, *„Schiedsklauseln sind nach den für alle Willenserklärungen geltenden allgemeinen Grundsätzen auszulegen, so dass bei der Ermittlung des Willens der Parteien, ausgehend vom Wortlaut, alle Umstände des Einzelfalls heranzuziehen sind, insbesondere die Interessen der Parteien und die von ihnen verfolgten Zwecke, soweit sie gegenseitig bekannt waren. Dabei gelangen auch die Grundsätze der ergänzenden Vertragsauslegung zur Anwendung“*; OLG München, Urteil vom 8. Februar 1991 – 23 U 5723/90, NJW-RR 1991, 603; MüKoZPO/*Münch,* ZPO § 1029 Rn. 124.

156 *Fiona Trust and Holding Corporation and Others v Yuri Privalov and Others,* English Court of Appeal, [2007] EWCA CIV 20, Rn. 5, *„Businessmen in particular are*

mittlerweile auf internationaler Ebene zur Ermittlung der gegenständlichen Reichweite der Schiedsvereinbarung anerkannt[157].

Warum im Hinblick auf die Bestimmung des Parteiwillens zur Durchführung von Mehrvertragsverfahren eine andere, starr am Wortlaut der Schiedsvereinbarung orientierte Auslegung geboten sein sollte, ist nicht ersichtlich[158]. Vielmehr ist hier ebenfalls davon auszugehen, dass durch eine rein am Wortlaut orientierte, formalistische Herangehensweise der wahre Parteiwille nicht abschließend ermittelt werden kann[159].

3. *Konkludente Vereinbarung anderer Aspekte*

Zuletzt ist in diesem Zusammenhang zu beachten, dass stillschweigende Vereinbarungen bezüglich anderer Aspekte innerhalb der Schiedsgerichtsbarkeit als möglich und zulässig erachtet werden. Beispielsweise ist sowohl auf nationaler als auch auf internationaler Ebene anerkannt, dass die Schiedsvereinbarung zugleich eine stillschweigende Abrede der Parteien über die nicht öffentliche Durchführung des Verfahrens enthält[160]. Daneben wird auch die Möglichkeit einer stillschweigenden Rechtswahlvereinbarung allgemein bejaht[161].

Zwar ist die Durchführung eines Mehrvertragsverfahrens ein wesentlicher Schritt, der unter Umständen weitreichende Folgen wie beispielsweise die Einbeziehung zusätzlicher Parteien haben kann. Allerdings ist auch die der Schiedsklausel immanente Rechtswahlvereinbarung von herausragender Bedeutung für

---

assumed to have entered into agreements to achieve some rational commercial purpose and an understanding of this purpose will influence the way in which one interprets their language".

157 Vgl. für einen Überblick über internationale Auslegungsregeln bezüglich Schiedsvereinbarungen *Born*, International Commercial Arbitration, Chapter 9.

158 Für die Konsolidierung von Schiedsverfahren *Connecticut General Life Insurance Company, et al. v. Sun Life Assurance Company of Canada, et al. v. Unicover Managers, Inc., et al.*, US Court of Appeals for the Seventh Circuit – 210 F.3d 771 (7th Cir. 2000).

159 Siehe nur *Poudret/Besson*, Comparative Law of International Arbitration, Rn. 304 und *Gaillard/Savage*, Fouchard Gaillard Goldman on International Commercial Arbitration, Rn. 480 ff., die generell gegen eine restriktive Herangehensweise bei der Interpretation der Schiedsvereinbarung plädieren; ebenso m.w.N. *Welser/Molitoris*, Austrian Yearbook on International Arbitration 2012, 17, 20.

160 Siehe dazu ausführlich unter Seite 146 ff.

161 OLG München, Beschluss vom 7. Juli 2014 – 34 SchH 18/13, SchiedsVZ 2014, 264; *Born*, International Commercial Arbitration, Chapter 19.04 [E]; siehe zudem Art. 3 Rom I-VO, wonach eine Rechtswahlvereinbarung auch stillschweigend erfolgen kann.

das gesamte Verfahren und prägt dieses. Wenn auch diesbezüglich eine konkludente Vereinbarung als grundsätzlich zulässig erachtet wird, sollte diese Herangehensweise auch bei der Durchführung von Mehrvertragsverfahren fortgesetzt werden[162].

4. *Fazit*

Alleine aus dem Fehlen einer entsprechenden ausdrücklichen Vereinbarung kann nicht per se geschlossen werden, die Durchführung von Mehrvertragsverfahren entspräche nicht dem Willen der Parteien. Eine rein am Wortlaut der Schiedsvereinbarung orientierte Herangehensweise bezüglich Mehrvertragsverfahren wäre im Hinblick auf die übliche weite Auslegung von Schiedsvereinbarungen nicht sachgerecht.

Dieses Ergebnis stimmt mit den in den institutionellen Schiedsordnungen zu Mehrvertragsverfahren getroffenen Bestimmungen überein, die ebenfalls neben ausdrücklichen Erklärungen konkludente Vereinbarungen genügen lassen, um dem Zustimmungserfordernis zu entsprechen.

Ob die Parteien tatsächlich konkludent ihr Einverständnis zur Durchführung eines Mehrvertragsverfahrens erteilt haben, ist durch umfassende Auslegung anhand aller Umstände des Einzelfalls, wie sie auch sonst bei der Auslegung von schuldrechtlichen Verträgen erfolgt, vorzunehmen[163].

---

162 Ebenso *Born*, International Commercial Arbitration, Chapter 18.02 [B] [3] in Bezug auf consolidation und joinder „*There is no reason, however, that an agreement authorizing (or forbidding) consolidation or joinder/intervention cannot be implied. As discussed elsewhere, various aspects of an arbitration agreement are routinely implied (such as confidentiality, a tribunal's power to order provisional relief or disclosure, the choice of applicable law and the like).*"

163 OLG Frankfurt am Main, Beschluss vom 24. November 2005 – 26 Sch 13/05, SchiedsVZ 2006, 222, „*[…] wobei ein dahingehender Parteiwille, sofern er nicht ausdrücklich geäußert wurde, durch Auslegung der Schiedsvereinbarung zu ermitteln ist.*"; *Matter of Coastal Shipping and Southern Petroleum*, US District Court for the Southern District of New York – 812 F. Supp. 396 (S.D.N.Y. 1993); *McDonnell Douglas Finance v. Pa. Power Light*, US Court of Appeals for the Second Circuit – 858 F.2d 825 (2nd Cir. 1988); *Connecticut General Life Insurance Company, et al. v. Sun Life Assurance Company of Canada, et al. v. Unicover Managers, Inc., et al.*, US Court of Appeals for the Seventh Circuit – 210 F.3d 771 (7th Cir. 2000), „*To repeat, the court has no power to order such consolidation if the parties' contract does not authorize it. But in deciding whether the contract does authorize it the court may resort to the usual methods of contract interpretation, just as courts do in interpreting other provisions in an arbitration*

V. Auslegungskriterien und deren Interpretation

Wie soeben herausgearbeitet wurde, darf nicht alleine aufgrund des Schweigens der Schiedsvereinbarung bezüglich Bestimmungen zu Mehrvertragsverfahren auf einen entgegenstehenden Willen der Parteien hierzu geschlossen werden. Allerdings stellt sich sodann die Frage, welche Kriterien zur Ermittlung eines entsprechenden Parteiwillens heranzuziehen und wie diese zu bewerten sind.

1. *Wirtschaftliche Verbundenheit der zugrunde liegenden materiellrechtlichen Verträge*

Ein Indiz für einen entsprechenden Willen der Parteien zur Durchführung von Mehrvertragsverfahren stellt die wirtschaftliche Verknüpfung der jeweils separat geschlossenen Einzelverträge dar.

Insbesondere das Bestehen einer wirtschaftlichen Einheit der Verträge spricht für eine solche Verknüpfung und spielt dementsprechend bei der Ermittlung eines konkludent erklärten Parteiwillens hinsichtlich Mehrvertragsverfahren eine wichtige Rolle[164].

Eine wirtschaftliche Einheit von Verträgen wird regelmäßig angenommen, wenn Grund für den Abschluss der verschiedenen Verträge ein einziger Geschäftsvorfall war, mithin sämtliche Einzelverträge zur Erlangung eines gemeinsamen Ziels eingegangen wurden.

Nach dem klassischen juristischen Verständnis des Vertragsbegriffs ist zwar grundsätzlich jeder Vertrag autonom zu betrachten und unabhängig vom Bestehen etwaiger anderer Verträge[165]. Doch dieses traditionelle Verhältnis entspricht gerade in vielschichtigen wirtschaftlichen Transaktionen nicht immer der Realität[166]. Hier sind die formal einzeln geschlossenen Verträge häufig faktisch derart miteinander verknüpft, dass sie gemeinsam einen wirtschaftlichen und

---

clause"; *Leboulanger*, J Int'l Arb, 43, 66; *Born*, International Commercial Arbitration, Chapter 18.02 [B] [3]; *Chiu*, J Int'l Arb 7 (2), 53, 57; *Nicklisch*, J Int'l Arb 11 (4), 57, 59.

164 *Gaillard/Savage*, Fouchard Gaillard Goldman on International Commercial Arbitration, Rn. 519; *Hanotiau*, Arbitration International 14 (4), 369; *Mantilla-Serrano*, Dossier of the ICC Institute of World Business Law: Multiparty Arbitration, 11, 18 f.; *Waincymer*, Procedure and Evidence in International Arbitration, S. 549 ff.

165 Grüneberg/*Grüneberg*, Überbl. vor § 311, Rn. 16.

166 *Waincymer*, Procedure and Evidence in International Arbitration, S. 549; *Leboulanger*, J Int'l Arb 13(4), 43, 46.

funktional einheitlichen Gesamtkomplex bilden[167], dessen Zweck nur durch ihr Zusammenwirken erreicht werden kann. Die aus den verschiedenen Verträgen erwachsenden Einzelleistungen stellen für sich genommen noch kein „finales Produkt“ dar, sondern erlangen „*ihren wirtschaftlichen Sinn [...] eben erst durch den Zusammenhang mit anderen Leistungen.*“[168]. Aufgrund dieser ineinandergreifenden Verpflichtungen haben Streitigkeiten aus einem Vertrag nicht selten Auswirkungen auf die übrigen Verträge sowie das Projekt/die Transaktion in ihrer Gesamtheit[169].

Folglich ist es nicht verwunderlich, dass die wirtschaftliche Verbundenheit von Verträgen auf materiell-rechtlicher Ebene zur bereits dargelegten Diskussion über die Durchbrechung des Relativitätsgrundsatzes geführt hat. Zwar ist die Abkehr von diesem Prinzip im Ergebnis abzulehnen, die angestellten Überlegungen zeigen gleichwohl das Bedürfnis nach einer gemeinsamen Betrachtung der Verträge sowohl auf materieller als auch prozessualer Ebene – nicht zuletzt, da sich in aus dem Vertragsgeflecht entspringenden Streitigkeiten regelmäßig gleiche rechtliche wie auch tatsächliche Fragen stellen. Aufgrund der wechselseitigen Effekte der Verträge aufeinander und ihrer ineinandergreifenden Merkmale ist es zur Erreichung gerechter Ergebnisse erforderlich, dass ähnliche beziehungsweise identische tatsächliche wie rechtliche Fragen in allen Streitigkeiten gleich beantwortet werden. Es ist grundsätzlich schwerlich vorstellbar, dass die Parteien statt einheitlicher Ergebnisse divergierende Antworten wünschen und die Gefahr sich widersprechender Entscheidungen mit unter Umständen unbilligen Ergebnissen auf sich nehmen[170].

Darüber hinaus sind auch Szenarien vorstellbar, in denen es zeitliche Probleme bei der Schadensfeststellung geben würde, wenn zusammenhängende Schadensfälle getrennt würden. Beispielsweise in Fällen, in denen ein Bauherr Ansprüche gegen den Generalunternehmer geltend macht, die noch nicht vollständig ermittelt wurden, der Generalunternehmer seinerseits aber wegen des

---

167 *Leboulanger*, J Int'l Arb 13 (4), 43, 45; *Hanotiau*, Multi-Party, Multi-Contract, Multi-Issue – A comparative Study, Rn 499 ff.

168 So aus materiell-rechtlicher Betrachtung: MüKoBGB/*Ernst*, Einl. Band 2, Rn. 54.

169 *Nicklisch*, J Int'l Arb 11 (4), 57, 59.

170 Denn wie bereits erwähnt ist insbesondere die Erzeugung einer „Bindungswirkung“ für weitere Beteiligte und weitere Verträge (wie sie insbesondere im Hinblick auf Regressansprüche wünschenswert wäre und wie sie durch die Streitverkündung im staatlichen Verfahren existiert) in der Schiedsgerichtsbarkeit nicht ohne die Zustimmung der Beteiligten möglich.

gleichen Schadens Regress bei dem von ihm beauftragten Subunternehmer nehmen könnte.

Demgemäß sieht auch Born das Vorliegen der wirtschaftlichen Verbundenheit der Verträge als einen wichtigen Indikator dafür an, dass die Parteien Streitigkeiten aus den Verträgen in einem einzigen Verfahren behandeln möchten[171].

Die beschriebenen wechselseitigen Wirkungen von in wirtschaftlichem Zusammenhang stehenden Verträgen wurden nicht nur ganz grundsätzlich und ohne Bezug zu Mehrvertragsverfahren bereits von Schiedsgerichten festgestellt[172]. Das Bestehen einer wirtschaftlichen Einheit und die Wechselwirkungen der betroffenen Verträge aufeinander sowie auf das Gesamtprojekt werden zudem in ICC-Verfahren anerkanntermaßen zur Ermittlung einer konkludent erklärten Zustimmung zur Durchführung von Mehrvertragsverfahren herangezogen[173]. Diese Überlegungen lagen auch anderen Schiedsgerichten bei der Frage der Konsolidierung von Verfahren zugrunde. So unter anderem im Fall „*Pertamina*"[174]: Die beteiligten Parteien KBC, Pertamina und PLN schlossen zwei Verträge, die die Erzeugung von Strom aus geothermischen Quellen in Indonesien betrafen. Unter dem „joint operation contract" (JOC), der zwischen KBC und Pertamina bestand, wurde KBC das Recht eingeräumt, geothermische Energiequellen in Indonesien zu entwickeln; Pertamina sollte das Projekt leiten und den erzeugten Strom erhalten. In dem „energy sales contract" (ESC), an dem alle drei Parteien beteiligt waren, verpflichtete sich PLN, von Pertamina den in KBCs Anlagen erzeugten Strom zu beziehen. Beide Verträge enthielten nahezu identische Schiedsklauseln, welche die UNCITRAL-Schiedsordnung für anwendbar erklärten. Bestimmungen hinsichtlich Mehrvertrags- oder Mehrparteienverfahren, beziehungsweise der Konsolidierung von Verfahren waren

---

171 *Born*, International Commercial Arbitration, Chapter 18.02 [B] [3].

172 *Leboulanger*, J Int'l Arb 13 (4), 43, 50 mit Verweis unter anderem auf *CMEA buyer v Polish manufacturer*, Award, PCA Case No. 122/85, 2 July 1987, Yearbook Commercial Arbitration XIV, 189, „*There is, however, an evident substantive interdependence: without the materials which claimant undertook to supply, defendant was unable to carry out the manufacture of the heat exchangers.*" sowie *Holiday Inn vs. Morocco*, ICSID Award, 23 September 1974, zitiert in *Lalive*, British Yearbook of International Law 1980, 123, 159.

173 *Greenberg/Feris/Albanesi*, Dossier of the ICC Institute of World Business Law: Multiparty Arbitration, 161, 166.

174 *Karaha Bodas Co. (Cayman Islands) v. Perusahaan Pertambangan Minyak Dan Gas Bumi Negara (Indonesia)*, US Court of Appeals for the Fifth Circuit – 364 F.3d 274 (5th Cir. 2004).

jedoch in keiner der Schiedsvereinbarungen enthalten. Als es zum Streit kam, leitete KBC zwei getrennte Schiedsverfahren ein, die trotz Fehlens einer ausdrücklichen Vereinbarung hierzu durch das Schiedsgericht verbunden wurden. Einen der Verfahrensverbindung entgegenstehenden Willen nahm das Schiedsgericht nach einer umfassenden Untersuchung sämtlicher Umstände des Falles nicht an. Dabei bezog das Gericht in seiner Entscheidung nicht nur den Wortlaut der Schiedsklauseln, sondern auch den Hintergrund der Verträge, deren Wechselwirkungen aufeinander sowie den Ursprung der Streitigkeiten ein. Hiernach kamen die Schiedsrichter zu dem Entschluss, dass wegen der Integration der beiden Verträge und des identischen Ursprungs dieser die Einleitung zwei getrennter Verfahren eine künstliche Aufspaltung der Gesamtsituation darstelle. Infolgedessen ging das Gericht auch davon aus, dass das Risiko widersprüchlicher Entscheidungen und die höheren Kosten, die bei Durchführung getrennter Verfahren entstünden, von den Parteien nicht gewünscht sein könnten[175].

Ähnliche Erwägungen wurden auch im Fall *Maxum Found. v. Salus Corp* angestellt[176]. Dort erlaubte das Gericht die Konsolidierung von Verfahren, die zunächst getrennt und jeweils zwischen den entsprechenden Vertragspartnern – dem Eigentümer und dem Generalunternehmer einerseits, dem Generalunternehmer und dem Subunternehmer andererseits – eingeleitet wurden. Trotz des Umstandes, dass die Beteiligten nicht sämtlich Parteien zumindest eines gemeinsamen Vertrages waren, nahm das Gericht einen entsprechenden konludent erklärten Willen der Beteiligten zur Konsolidierung an. Die beiden in Rede stehenden Verträge würden allen drei Parteien Rechte und Pflichten verleihen. Obwohl Eigentümer und Subunternehmer nicht in direkter vertraglicher Beziehung zueinander stünden, schulde der Subunternehmer dem

---

175 *Karaha Bodas Co. (Cayman Islands) v. Perusahaan Pertambangan Minyak Dan Gas Bumi Negara (Indonesia),* US Court of Appeals for the Fifth Circuit – 364 F.3d 274 (5th Cir. 2004), „*In such circumstances, the conclusion of this Arbitral Tribunal is that KBC's single action should be admitted, provided it is appropriate. The Arbitral Tribunal has not the slightest doubt in this respect. Due to the integration of the two contracts and the fact that the Presidential Decrees, the consequences of which are at the origin of the dispute, affected both of them, the initiation of two separate arbitrations would be artificial and would generate the risk of contradictory decisions. Moreover, it would increase the costs of all the parties involved, an element of special weight in the light of difficulties faced by the Indonesian economy, to which counsel for [Pertamina] legitimately drew the Arbitral Tribunal's attention.*"

176 *Maxum Foundations, Inc. v. Salus Corp.,* US Court of Appeals for the Fourth Circuit – 817 F.2d 1086 (4th Cir. 1987).

Eigentümer bestimmte Pflichten und umgekehrt. Der Umstand, dass allein der Generalunternehmer sowohl mit dem Bauherrn als auch mit dem Subunternehmer vertraglich verbunden ist, sollte als reine Formalität bewertet werden und das dynamische Zusammenspiel zwischen allen Verträgen und sämtlichen Beteiligten nicht verdecken. Der miteinander verbundene Charakter dieses Bauvorhabens, die Interrelation der Verträge sowie die identischen Rechts- und Sachfragen sprächen für einen konkludenten Willen der Parteien, ein gemeinsames Schiedsverfahren zu führen[177].

Die zitierten Entscheidungen der Gerichte befassen sich zwar mit der Konsolidierung bereits eingeleiteter Verfahren und damit mit der nachträglichen Schaffung von Mehrvertragsverfahren. Die Argumentation der Gerichte lässt sich aber entsprechend auf die anfängliche Einleitung von Mehrvertragsverfahren übertragen, nicht zuletzt, da sämtliche Arten von Mehrvertragsverfahren dieselben Ziele, vor allem die Vermeidung inkonsistenter Entscheidungen innerhalb eines einheitlichen Lebenssachverhalts verfolgen.

Doch trotz des soeben Ausgeführten darf nicht alleine aufgrund des Vorliegens der Verbundenheit der Verträge per se eine Zustimmung der Parteien zur Durchführung von Mehrvertragsverfahren angenommen werden. Stets sind die übrigen Umstände und Besonderheiten des Einzelfalls mit einzubeziehen[178]. Denn obgleich die Verträge in ihrer Gesamtheit eine wirtschaftliche Einheit

---

177 *Maxum Foundations, Inc. v. Salus Corp.*, US Court of Appeals for the Fourth Circuit – 817 F.2d 1086 (4th Cir. 1987) „*While this provision, contained in both the 8201/Salus contract and the Salus/Maxum contract, does not unambiguously proclaim a willingness to consolidate arbitration, it does so when read in the context of the interlocking contracts between Owner, General Contractor and Subcontractor. Both of the contracts at issue here conferred rights and imposed obligations on all three parties. As the district court correctly concluded: The subcontractor owes certain duties to the owner, and the owner likewise owes certain duties to the subcontractor. While the general contractor contracted with both the owner and the subcontractor, neither of whom directly contracted with each other, this formality should not obscure the dynamic interplay between all three participants in the venture.* ***The interrelated nature*** *of this construction project, the interlocking aspects of the contracts, and the common questions of law and fact lead the Court to find that the identical arbitration clauses in the agreements include the duty to arbitrate in one action.* ***The arbitration clause itself hints at this conclusion, since it provides for the consolidation of issues involving common questions of law and fact.***“ (Hervorhebung durch die Verfasserin).

178 So für Mehrparteienverfahren *Gaillard/Savage*, Fouchard Gaillard Goldman on International Commercial Arbitration, Rn. 518 ff.; f.; *Lew/Mistelis/Kröll*, Comparative International Commercial Arbitration, Rn. 16–59.

bilden, handelt es sich weiterhin um eigenständige vertragliche Beziehungen. Besteht in Bezug auf jeden dieser materiell-rechtlichen Verträge eine eigene Schiedsvereinbarung, so gilt auch hier, dass grundsätzlich zwischen den einzelnen Vertragsbeziehungen zu trennen ist[179]. Gerade in Situationen, in welchen an den Verträgen unterschiedliche Personen beteiligt sind, kann insbesondere im Hinblick auf etwaige Konsequenzen bei der Benennung der Schiedsrichter oder aber auf berechtigte Interessen der Beteiligten an Geheimhaltung alleine aus der wirtschaftlichen Verbundenheit der Verträge noch keine Zustimmung der Parteien hergeleitet werden – ein Indikator hierfür ist sie freilich schon.

2. *Sonstige Verbundenheit der zugrunde liegenden materiell-rechtlichen Verträge*

Neben enger wirtschaftlicher Verbundenheit können die den Schiedsvereinbarungen materiell-rechtlich zugrunde liegenden Verträge noch auf andere Weise miteinander verknüpft sein. Auch diese Verknüpfungen sollten bei der Frage nach einem konkludent erklärten Einverständnis der Beteiligten zu Mehrvertragsverfahren herangezogen werden.

Zunächst können Verträge entgegen dem bereits erwähnten Trennungsprinzip auch rechtlich in einem Abhängigkeitsverhältnis zueinander stehen. Dies ist beispielsweise der Fall, wenn die Parteien dergestalt eine Verknüpfung zwischen den Verträgen hergestellt haben, dass sie das Zustandekommen des einen Vertrags zur Bedingung im Sinne des § 158 BGB für den Abschluss eines anderen Vertrages gemacht haben oder aber einer der Verträge die Geschäftsgrundlage des anderen darstellt, sodass bei Wegfall des einen (jedenfalls aus Perspektive des deutschen Rechts) auch der zweite Vertrag nach den Grundsätzen der Störung der Geschäftsgrundlage zu modifizieren oder gar aufzuheben ist[180].

Haben die Beteiligten durch eigene Gestaltungen ein rechtliches Abhängigkeitsverhältnis zwischen prinzipiell selbstständigen Verträgen auf materieller Ebene geschaffen, ist nicht ersichtlich, warum sich diese Verbundenheit nicht auch auf verfahrensrechtlicher Ebene fortsetzen sollte.

---

179 *Nicklisch*, J Int'l Arb 11 (4), 57, 61 „*What this means for the management of project disturbances or other events affecting a number of contractual relationships is that, in terms of both substantive and procedural law, arbitration must take place inter partes, i. e. in a linear way between the individual contracts*".

180 Das ist der Fall bei „*besonders enger Zweckverbindung*", zum Beispiel anzunehmen bei Leasing oder Maklervertrag, MüKoBGB/*Finkenauer*, § 313 Rn. 257.

Daneben kann zwischen den streitbefangenen Verträgen auch ein funktionaler Zusammenhang bestehen. Ein solcher wird unter anderem angenommen, wenn die Verträge in einem Substitutionsverhältnis zueinander stehen[181], beispielsweise eine nachfolgende Vereinbarung die Änderung oder Kündigung des zwischen den Parteien bereits bestehenden Vertrages betrifft (ursprünglicher Vertrag und einvernehmlicher Aufhebungsvertrag). In diesen Fällen haben Streitigkeiten aus dem später geschlossenen Vertrag naturgemäß Auswirkungen auf den ursprünglichen Vertrag und vice versa. Dementsprechend kann auch das Bestehen eines solchen funktionalen Zusammenhangs als Indiz für den Willen der Beteiligten, die betroffenen Verträge in einem gemeinsamen Schiedsverfahren zu bündeln, gewertet werden.

Zuletzt kann die (Aus)Gestaltung der den Streitigkeiten zugrunde liegenden Verträge für eine materielle Verknüpfung dieser und den Willen, diese auf prozessualer Ebene gemeinsam zu betrachten, sprechen. Anhaltspunkt für eine solche Verknüpfung kann der gleichzeitige Abschluss sämtlicher Einzelverträge oder/und die gleiche Laufzeit dieser sein. Aber auch das Vorhandensein eines Rahmenvertrags, in dem die grundlegenden Rechte und Pflichten der Geschäftsbeziehung der Parteien beschrieben sind, sowie die Ausgestaltung der Verträge als Haupt- und Nebenvertrag, beispielsweise durch gegenseitige Bezugnahme in Querverweisen, können für eine Verknüpfung der Verträge sprechen. In solchen Fällen ist regelmäßig davon auszugehen, dass hinter der „Fassade" mehrerer einzelner Verträge eine wirtschaftliche und operative Einheit steht[182].

3. *Parteiidentität*

Freilich ist der Abschluss aller betroffenen Verträge zwischen denselben Personen denklogisch in Mehrvertragssituationen mit nur zwei Beteiligten stets der Fall.

Sind aber, wie häufig in großen Wirtschaftstransaktionen, mehrere Personen involviert, sollte bei der Frage nach einer konkludent erklärten Zustimmung zur Durchführung von Mehrvertragsverfahren auch der Umstand herangezogen werden, ob sämtliche Beteiligte gleichsam Partei aller streitbefangenen Verträge und, damit zusammenhängend, aller in Rede stehenden Schiedsvereinbarungen sind.

---

181 *Hanotiau*, Multi-Party, Multi-Contract, Multi-Issue – A comparative Study, Rn. 503.

182 *Leboulanger*, J Int'l Arb 13 (4), 43, 46, „*Hidden behind a multi-contract façade*", „*the obligations undertaken under the different agreements are reciprocal, having a common origin, identical sources and an operational unit*".

Ist dies der Fall, sind nicht nur alle Beteiligten über sämtliche Verträge und deren Inhalte informiert, zwischen ihnen besteht vor allem auch eine in sich geschlossene Geschäftsbeziehung. Gehen die Parteien eine solche einheitliche, mehrere Verträge umfassende ökonomische Partnerschaft ein, ist es nur konsequent, diese auch auf die Ebene der (schieds)gerichtlichen Entscheidung zu übertragen.

Auch wurde das Bestehen von Vertragsbeziehungen zwischen denselben Personen bereits von Gerichten, beziehungsweise Schiedsgerichten, bei der Entscheidung über die Durchführung von Mehrvertrags-Mehrparteienverfahren herangezogen[183]. Denn obwohl die Identität der Parteien grundsätzlich keine zwingende Voraussetzung hierfür darstellt, ist dies doch unter mehreren Gesichtspunkten ein wesentlicher Umstand: Da sämtliche Beteiligte Unterzeichner der in Rede stehenden Verträge sind, werden in diesen Szenarien regelmäßig keine Vertraulichkeitsbedenken, die sich sonst üblicherweise in Mehrpersonenverhältnissen ergeben können und wegen derer nicht zuletzt bei der Annahme eines konkludent erklärten Parteiwillens eine restriktive Handhabung verfolgt wird[184], bestehen – schließlich sind die Beteiligten ohnehin selbst Partei aller Verträge und damit über diese und deren Inhalte informiert.

Demnach kann die Unterzeichnung der streitbefangenen Verträge durch sämtliche Beteiligte – selbstverständlich stets unter Beachtung weiterer Umstände – in Mehrvertrags-Mehrparteiensituationen für eine entsprechende Absicht der Parteien zur Behandlung aller Streitigkeiten innerhalb eines Verfahrens sprechen.

---

183 *Contractor v Employers A and B, Final Award,* ICC Case No. 5989, 1989, Yearbook Commercial Arbitration XV, 77, „*It is beyond doubt that the parties intended to have their disputes settled by arbitration, that both the arbitration clauses and the parties are identical and that the claims are connected in such a manner that in the context of an international arbitration we must find that their joint examination – apart from allowing a better understanding of the facts of the case – is admissible in the light of the intention of the parties, as expressed in the arbitration clauses.*“; siehe auch *Pair/Frankenstein,* The New ICC Rule on Consolidation: Progress or Change?

184 *Greenberg/Feris/Albanesi,* Dossier of the ICC Institute of World Business Law: Multiparty Arbitration, 161, 166.

4. *Geschäftserfahrenheit der Beteiligten und Kenntnis der gewählten Schiedsregeln*

Bei der Ermittlung des wahren Parteiwillens sind ferner die Geschäftsbeziehung der Beteiligten untereinander, deren Geschäftserfahrenheit und insbesondere deren Erfahrung mit den gewählten Schiedsregeln mit einzubeziehen.

Wie bereits dargelegt, ergeben sich gerade in großen wirtschaftlichen Transaktionen komplexe Vertragsverhältnisse, bezüglich derer die Durchführung von Mehrvertragsverfahren wünschenswert ist. Die an diesen Verträgen Beteiligten sind in der Regel erfahrene Geschäftsleute, die mit ihrem Handeln einen wirtschaftlichen Zweck erreichen wollen. Werden in diesem Zusammenhang Schiedsabreden getroffen, so dient regelmäßig auch deren Abschluss der Erfüllung dieses wirtschaftlichen Zwecks.

Legt man diese Prämisse der Ermittlung des Parteiwillens bezüglich der Durchführung von Mehrvertragsverfahren zugrunde, kann dies im Hinblick auf die höheren Kosten bei Durchführung mehrerer paralleler Verfahren und insbesondere wegen der Gefahr sich widersprechender Entscheidungen, ein Indiz dafür sein, dass die Beteiligten zur effektiven Erreichung des von ihnen verfolgten wirtschaftlichen Zwecks die Streitigkeiten aus allen Verträgen in einem einzigen Verfahren behandeln wollten. Denn der Wille eines rational denkenden Geschäftsmannes ist in der Regel so zu verstehen, Verfahren möglichst kostengünstig, rasch und einheitlich zu beenden.

Daneben wird man bei erfahrenen Geschäftsleuten auch davon ausgehen können, dass diese über ein gewisses Maß an Rechtskunde verfügen. Solche Erwägungen stellte auch das OLG Frankfurt am Main an, welches zur Ermittlung des Parteiwillens bei der Durchführung eines Mehrparteienverfahrens ebenfalls die Geschäftserfahrenheit und Rechtskundigkeit der Beteiligten heranzog[185].

Dieser Aspekt darf freilich ebenfalls nicht alleine und ohne Berücksichtigung weiterer Umstände herangezogen werden. So können, wie bereits erwähnt, in Fällen, in welchen an den Verträgen verschiedene Personen beteiligt sind, Vertraulichkeitsinteressen einen gewichtigen Grund, der gegen die Durchführung von Mehrvertragsverfahren spricht, darstellen. Daneben könnten sich die

---

185 OLG Frankfurt am Main, Beschluss vom 24. November 2005 – 26 Sch 13/05, SchiedsVZ 2006, 222, „*Berücksichtigt man zudem, dass der Schiedsvertrag von rechtskundigen Personen abgeschlossen wurde, ist von einer stillschweigenden Billigung eines Mehrparteienverfahrens mit den daraus sich ergebenden verfahrensmäßigen Besonderheiten auszugehen.*“, kritisch aber *Waincymer*, Procedure and Evidence in International Arbitration, S. 498 f.

Parteien bewusst für die Durchführung separater Verfahren entschieden haben, um in jedem dieser Verfahren spezielle Schiedsrichter, die über besondere Expertise auf dem jeweiligen, das konkrete Verfahren betreffende Gebiet verfügen, zu bestellen.

Dementsprechend ist in solchen Gestaltungen danach zu fragen, ob die Parteien nicht doch beispielsweise aus früheren, ähnlich gelagerten Geschäften Vertragspartner waren oder ohnehin aufgrund des engen wirtschaftlichen Zusammenhangs der Transaktion sämtliche Beteiligte über alle in Rede stehenden Verträge informiert sind.

Auch sollte in die Überlegungen einbezogen werden, wie erfahren die involvierten Personen im Hinblick auf die von ihnen gewählten schiedsgerichtlichen Verfahrensregeln sind, insbesondere, ob sie bereits hiernach ein Mehrvertragsverfahren geführt haben. Haben die Parteien beispielsweise in einer vorigen, ähnlich gelagerten Transaktion einmal trotz Fehlens einer ausdrücklichen Vereinbarung hierüber ein Mehrvertragsverfahren geführt und wurde bei gleicher Gestaltung der Schiedsklauseln eine stillschweigende Zustimmung der Beteiligten angenommen, kann dies ein Indiz dafür sein, dass die Parteien auch im konkreten Fall erneut mit einer entsprechenden Vorgehensweise einverstanden sind. Denn da den Parteien die Vorgehensweise bekannt ist und sie diese bereits gebilligt haben, könnte man argumentieren, dass sie aufgrund dieser Erfahrung in dem nun vorliegenden Fall die Durchführung eines Mehrvertragsverfahrens explizit ausgeschlossen hätten, würde ein solches nicht ihrem Willen entsprechen.

5. *Gestaltung der Schiedsklauseln*

Die bisher dargelegten Überlegungen zur Ermittlung eines etwaig konkludent erklärten Parteiwillens erfolgten losgelöst von der Betrachtung der Schiedsklauseln anhand faktischer Gegebenheiten. Doch obgleich nicht zuletzt durch die bereits erwähnte Entscheidung im Fall *Fiona Trust* eine Abkehr von der rein am Wortlaut orientierten Auslegung von Schiedsvereinbarungen stattfand, ist die Gestaltung der den Streitigkeiten zugrunde liegenden Schiedsvereinbarungen bei der Ermittlung eines konkludent erklärten Parteiwillens zur Durchführung von Mehrvertragsverfahren weiterhin heranzuziehen.

Zwar ist das Vorhandensein kompatibler verfahrenswesentlicher Bestimmungen in den einzelnen Schiedsvereinbarungen, wie an anderer Stelle noch dargelegt werden wird, notwendige Voraussetzung solcher Verfahren; die gleichförmige oder gar identische Gestaltung dieser kann darüber hinaus auch ein

Indiz für das Einverständnis der Beteiligten zur Durchführung eines Mehrvertragsverfahrens darstellen[186].

Stehen die Verträge in einem wirtschaftlichen Zusammenhang und finden sich in allen Verträgen nicht nur kompatible, sondern gar identische Schiedsklauseln, kann dies den Willen der Parteien, sämtliche Verträge vor ein einziges Schiedsgericht zu bringen, indizieren und damit für eine stillschweigende Zustimmung der Parteien zur Durchführung von Mehrvertragsverfahren oder der Konsolidierung sprechen[187]. Sind sämtliche Schiedsvereinbarungen identisch gestaltet, kann hieraus abgeleitet werden, dass die Parteien im Ergebnis die Behandlung der Streitigkeiten in möglichst gleichlaufenden Verfahren und eine weitestgehend gleichförmige Entscheidung anstreben. Ein solcher Gleichlauf, und damit auch ein in sich geschlossenes Ergebnis für die Gesamttransaktion, kann gerade durch das Zusammenführen aller Streitigkeiten in einem einzigen Verfahren erreicht werden. Würden die Streitigkeiten dagegen in einzelnen Verfahren behandelt werden, so bestünde trotz der gleichen Ausgestaltung der Verfahrensregeln die Gefahr sich widersprechender Entscheidungen.

Ganz in diesem Sinne kamen auch die Schiedsrichter im ICC Verfahren 7184 aus 1994[188] zu dem Entschluss, eine gemeinsame Verhandlung von Streitigkeiten aus verschiedenen Verträgen zuzulassen. In diesem Verfahren hatten dieselben Parteien mehrere Verträge geschlossen, die identische Schiedsklauseln enthielten. Einen Rahmenvertrag oder eine Vereinbarung über die gemeinsame Verhandlung von Streitigkeiten aus den Verträgen gab es dagegen nicht. Nach Auffassung der Schiedsrichter hätten die Parteien jedoch durch die Aufnahme identischer Schiedsklauseln in den verschiedenen, separat abgeschlossenen, aber wirtschaftlich in Zusammenhang stehenden Verträgen, ihre Absicht zum Ausdruck gebracht, sämtliche mit der Transaktion in Verbindung stehenden Streitigkeiten einem einzigen Schiedsgericht vorzulegen und in einem einzigen Verfahren zu behandeln.

---

186 Ähnlich *Waincymer,* Procedure and Evidence in International Arbitration, S. 550.

187 ICC Case No. 7184 (1994), ICC International Court of Arbitration Bulletin 8 (2), 63; *Gaillard/Savage,* Fouchard Gaillard Goldman on International Commercial Arbitration, Rn. 521; *Lew/Mistelis/Kröll,* Comparative International Commercial Arbitration, Rn. 16–56; *Leboulanger,* J Int'l Arb 13 (4), 43, 83; *Strong,* Michigan Journal of International Law 30 (4), 1025, 1041; *Pair/Frankenstein,* The New ICC Rule on Consolidation: Progress or Change?

188 ICC Case No. 7184 (1994), ICC International Court of Arbitration Bulletin 8 (2), 63.

Ebenso lautete die Entscheidung im ICC Verfahren 6149 aus 1990[189]. Dort hatten Kläger und Beklagter drei verschiedene Kaufverträge geschlossen, die jeweils identische Schiedsklauseln enthielten. Auch hier waren die Schiedsrichter der Ansicht, die Parteien hätten konkludent vereinbart, alle Streitigkeiten aus den Verträgen vor einem einzigen Schiedsgericht zu verhandeln[190].

Ob dieser Ansatz aber gleichsam in Mehrvertrags-Mehrparteiensituationen gilt, also Situationen, in welchen an den Verträgen verschiedene Parteien beteiligt sind, ist fraglich[191]. Grundsätzlich gelten in solchen Fällen dieselben Erwägungen. Indes können die Parteien gerade in Mitbewerbersituationen aber ein gewichtiges Interesse an der Geheimhaltung des jeweiligen Verfahrens haben sowie Probleme bei der Konstituierung des Schiedsgerichts auftreten.

Doch unabhängig, ob es sich um eine Mehrvertragssituation zwischen zwei identischen oder mehreren verschiedenen Beteiligten handelt – alleine der Wortlaut der Klauseln beziehungsweise deren identische Gestaltung genügt, wie bereits dargelegt, nicht, um einen entsprechenden Parteiwillen anzunehmen. Da die Parteien sich meist keine allzu großen Gedanken über die Ausgestaltung ihrer Schiedsklauseln machen und häufig Standardklauseln verwenden, kann das wiederholte Verwenden ein und derselben Klausel für sich genommen keine entsprechende Zustimmung der Parteien zur Durchführung von Mehrvertragsverfahren begründen[192]. Gleichwohl kann dieser Faktor aber im Zusammenspiel mit anderen Aspekten ein Indiz für die Zustimmung der Parteien sein.

---

189 *Seller v Buyer, Interim Award,* ICC Case No. 6149, 1990, Yearbook Commercial Arbitration XX, 41 ff.

190 *Seller v Buyer, Interim Award,* ICC Case No. 6149, 1990, Yearbook Commercial Arbitration XX, 47, „*it must be assumed that it was the tacit intention of the parties to invest the arbitral tribunal with jurisdiction over all disputes possibly deriving from, or being related to, their three sales contracts*".

191 Vgl. aber jedenfalls für GmbH-Beschlussmängelstreitigkeiten, an denen mehrere Personen beteiligt sind die Entscheidung des OLG Frankfurt am Main, Beschluss vom 24. November 2005 – 26 Sch 13/05, SchiedsVZ 2006, 222, „*So kann etwa bei einem multilateralen Vertrag, der lediglich eine Standardschiedsklausel enthält, auf die stillschweigende Vereinbarung eines Mehrparteienschiedsverfahrens geschlossen werden, wenn die Parteien voraussehen konnten und mussten, dass aus der Vertragsbeziehung entstehende Streitigkeiten nicht in angemessener Weise durch jeweils bilaterale Schiedsverfahren zu entscheiden waren.*"

192 *Nicklisch,* J Int'l Arb 11 (4), 57, 60, „*The mere inclusion of a standard ICC arbitration clause in a number of contracts jointly serving the realisation of a large-scale project is not normally a conclusive indication of consent to multi-party arbitration.*"; *Hanotiau,* Arbitration International 14 (4), 369; *Lew/Mistelis/Kröll,* Comparative International

Entsprechendes gilt, wenn die Schiedsvereinbarungen zwar nicht völlig identisch formuliert sind, die Abweichungen aber nur äußerst gering und damit unwesentlich sind.

Divergieren die Schiedsklauseln dagegen auch inhaltlich erheblich, so gestaltet sich die Durchführung von Mehrvertragsverfahren nicht nur bereits wegen Bedenken im Hinblick auf deren Kompatibilität als schwierig beziehungsweise unmöglich. Gestalten die Beteiligten für jeden der Verträge eine andere Verfahrenswelt mit unterschiedlichen Bestimmungen, kann diese unterschiedliche Ausgestaltung bewusste Gründe haben. So ist es ein legitimes Anliegen der Parteien und zugleich Ausdruck der privatautonomen Natur der Schiedsgerichtsbarkeit, für die verschiedenen Verträge jeweils die Geltung anderer Schiedsinstitutionen mit ihren jeweiligen Besonderheiten oder verschiedener Verfahrensrechte und somit unterschiedlicher Streitbeilegungsmechanismen zu vereinbaren. Bei der Ermittlung des Parteiwillens zur Durchführung von Mehrvertragsverfahren kann eine solche Divergenz gegen eine gemeinsame Behandlung aller Streitigkeiten in einem einzigen Verfahren sprechen[193]. Dementsprechend haben Gerichte in solchen Fällen die Durchführung von Mehrvertragsverfahren ohne ausdrückliche Zustimmung/Vereinbarung der Parteien hierzu verneint[194].

Auch die französische Cour d'appel de Versailles entschied im Fall *OIAETI et Sofidif v. COGEMA, SERU and others*[195] entsprechend: Die verschiedenen französischen Kläger stützten ihren Antrag auf zwei unterschiedliche Schiedsklauseln, die in den jeweiligen Verträgen enthalten waren. Während die eine Schiedsklausel den Sitz des Schiedsgerichts in Frankreich und die Anwendung

---

Commercial Arbitration, Rn. 16–56; *Steingruber,* Consent in International Arbitration, 10.33; offener *Poudret/Besson,* Comparative Law of International Arbitration, Rn. 240.

193 So auch *Kondev*, Multi-Party and Multi-Contract Arbitration in the Construction Industry, 7.4.2; *Born*, International Commercial Arbitration, Chapter 18.02 [B] [3]; *Strong,* Michigan Journal of International Law 30 (4), 1025, 1042; *Gaillard/Savage*, Fouchard Gaillard Goldman on International Commercial Arbitration, Rn. 521.

194 *Rolls-Royce Indus. Power, Inc. v. Zurn EPC Serv., Inc.*, US District Court, N.D. Illinois, Eastern Division – No. 01 C 5608 (N.D. Ill. Nov. 6, 2001); *Stewart Tenants Corp. v. Diesel. Constr. Co.*, Appellate Division of the Supreme Court of New York, First Departement – 16 A. D.2d 895 (229 N.Y.S.2d 204, 1st Dept. 1962).

195 *OIAETI et Sofidif v. COGEMA, SERU and others*, Cour d'appel de Versailles (Chambres réunies), Revue de l'Arbitrage 1991 (2), 275, 326 ff.; Zusammenfassung bei *Lew/Mistelis/Kröll*, Comparative International Commercial Arbitration, Rn. 16–60; *Delaume*, J Int'l Arb 12 (1), 5, 8.

des französischen Rechts vorsah, schwieg die andere hierzu. Das Schiedsgericht nahm, zumindest in Bezug auf einige der beteiligten Parteien, seine Zuständigkeit an und entschied in einem einzigen, einheitlichen Schiedsverfahren. Der iranische Beklagte beantragte die Aufhebung des Schiedsspruchs, dem die Cour d'appel de Versailles schließlich nachkam. Das Gericht vertrat die Auffassung, dass das Schiedsgericht zu Unrecht seine Zuständigkeit zur Verhandlung aller Streitigkeiten in einem einzigen Verfahren angenommen habe. Alleine die Tatsache, dass alle am Projekt Beteiligten die Streitbeilegung in Form des Schiedsverfahrens beschlossen haben, spräche noch nicht dafür, dass sämtliche Streitigkeiten auch in einem einzigen Schiedsverfahren behandelt werden könnten.

Dies gesagt, ist zu beachten, dass, gerade da die Schiedsvereinbarung nicht selten in Eile am Ende der Vertragsverhandlungen entworfen wird, die unterschiedliche Gestaltung der Schiedsklauseln auch unbeabsichtigt erfolgt sein kann. Möchten die Parteien in diesen Fällen dennoch ein Mehrvertragsverfahren durchführen, so können sie diese Divergenz freilich durch nachträgliche Vereinbarungen überwinden.

6. *Verträge von derselben Schiedsklausel umfasst, insbesondere Bestehen eines Rahmenvertrags*

Wird die Zuständigkeit des Schiedsgerichts dadurch begründet, dass sämtliche der streitbefangenen Verträge und sämtliche beteiligte Personen an ein und dieselbe Schiedsvereinbarung gebunden sind, spricht vieles dafür, dass die Parteien implizit ihre Zustimmung zur Durchführung eines Mehrvertragsverfahrens erteilt haben – auch wenn die in Rede stehende Schiedsklausel keine ausdrückliche Regelung hierüber trifft[196].

Paradebeispiel hierfür sind Gestaltungen, in denen ein Rahmenvertrag existiert, welcher sämtliche der der Transaktion zugrunde liegenden Verträge umfasst und eine Schiedsklausel enthält, wohingegen die Einzelverträge zur Frage der gerichtlichen Zuständigkeiten schweigen.

In diesem Zusammenhang ist zunächst festzuhalten, dass, obwohl die Einzelverträge keine gesonderten Schiedsklauseln enthalten, auch für diese in aller Regel die ordentliche Gerichtsbarkeit ausgeschlossen sein wird. Durch den Rahmenvertrag wird zwischen den Einzelverträgen eine Verbindung geschaffen. Rahmenverträge werden häufig zwischen Personen, die eine auf Dauer angelegte

196 So auch *Born*, International Commercial Arbitration, Chapter 18.02 [B] [3].

Geschäftsbeziehung eingehen wollen, geschlossen. Sie dienen der Vorbereitung und Erleichterung des Abschlusses nachfolgender Einzelverträge, indem sie die grundlegenden Rechte und Pflichten der Parteien und die wesentlichen Punkte der gesamten auf Dauer angelegten Rechtsbeziehung festlegen, die für sämtliche der Verträge einheitlich Geltung erlangen sollen[197]. Daher enthalten die einzelnen Verträge meist keine gesonderten Bestimmungen zu bestimmten Fragen, so auch zu der der gerichtlichen Zuständigkeit. Stattdessen entspricht es meist dem Selbstverständnis der Parteien, dass die im Rahmenvertrag getroffene Regelung gelten soll.

Ganz in diesem Sinne hat auch das OLG München[198] angenommen, eine Schiedsklausel in einem Rahmenliefervertrag erfasse Streitigkeiten aus sämtlichen Lieferungen, welche von dem Rahmenvertrag erfasst sind: Der der Streitigkeit zugrunde liegende Rahmenliefervertrag zeichne sich dadurch aus, dass in ihm das „*Grundgefüge der Rechtsbeziehung zwischen Käufer und Verkäufer*" festgelegt werde. Der Sinn dieses Vertrags liege gerade darin, dass die Parteien die bereits im Rahmenvertrag übereinstimmend festgelegten Konditionen nicht bei jedem einzelnen Ausführungsgeschäft neu verhandeln müssen, sondern einen rechtlichen Rahmen für die gesamte Geschäftsbeziehung geschaffen haben. Nach objektivem Verständnis hätten die Parteien folglich zum Ausdruck gebracht, dass die Schiedsklausel im Interesse einer einheitlichen Zuständigkeit des vereinbarten Schiedsgerichts alle Streitigkeiten aus den in Ausfüllung des Rahmenvertrags eingegangenen Einzelverträgen erfassen solle. Weiterhin führte das Gericht aus, dass die Erstreckung der Schiedsklausel in einem Rahmenvertrag auf eine Vielzahl potenzieller künftiger Einzelverträge in Deutschland auch zulässig sei, ihr stehe insbesondere nicht das Bestimmtheitsgebot des § 1029 Abs. 1 ZPO entgegen[199].

Auch auf internationaler Ebene nehmen Schiedsgerichte in solchen Fällen ihre Zuständigkeit an. Entsprechend entschied beispielsweise das ICC-Schiedsgericht

197 BGH, Urteil vom 30. April 1992 – VII ZR 159/91, NJW-RR 1992, 977 f.

198 So unter anderem ausdrücklich OLG München, Beschluss vom 18. Juni 2018 – 34 SchH 7/17, NJOZ 2019, 144 ff.

199 Ebenso BGH, Urteil vom 5. Dezember 1963 – KZR 9/62, GRUR 1964, 405 ff.; BGH, Urteil vom 1. Mai 2007 – III ZR 22/06, SchiedsVZ 2007, 216 f.; ebenso DIS-Schiedsgericht, Zwischenschiedsspruch vom 25. Januar 2005 – DIS-SV-438/04 Schiedsverfahren DIS-SV-438/04, Zwischenschiedsspruch vom 25. Januar 2005, SchiedsVZ 2005, 168; Anders/Gehle/*Anders*, § 1029, Rn. 13 f., 20 ff.

im Fall 8708 (1997), dass sich die in dem Rahmenvertrag enthaltene Schiedsklausel auf alle Einzelverträge erstrecke[200].

Führt man die diesen Entscheidungen zugrunde liegenden Erwägungen fort, ist es nur konsequent, die Unterwerfung der Einzelverträge unter einen gemeinsamen Rahmenvertrag als Indiz für einen implizit erklärten Willen der Parteien zur Durchführung von Mehrvertragsverfahren zu werten. Nach dem soeben Ausgeführten würde sich in solchen Gestaltungen vielmehr die Frage stellen, warum die Parteien zunächst sämtliche Verträge einem einzigen, gemeinsamen Rahmenvertrag unterworfen haben, schließlich aber eine getrennte Verhandlung der aus ihnen erwachsenden Streitigkeiten wünschen. Durch die Bezugnahme auf eine vertragliche Rahmenvereinbarung und die in ihr enthaltenen Rechte und Pflichten wird nicht nur die wirtschaftliche Verbundenheit der einzelnen Verträge ausgedrückt, es zeigt sich auch der Wunsch der Parteien nach möglichst uniformen Regelungen und Gestaltungen der erfassten Verträge sowie nach Rechtssicherheit und -klarheit bezüglich wesentlicher Punkte der Transaktion.

Vorbehaltlich anderer Anhaltspunkte ist nicht ersichtlich, warum die Parteien im Rahmen eines Schiedsverfahrens plötzlich von dieser Einheitlichkeit abweichen wollen sollten[201]. Gerade dies würde aber geschehen, wenn die Verträge in separaten Verfahren durchgeführt werden würden, vor allem in Anbetracht der sich daraus ergebenden Gefahr sich widersprechender Entscheidungen.

Entsprechend diesen Überlegungen überrascht es nicht, dass das Bestehen einer einheitlichen Schiedsklausel, die sämtliche in Rede stehenden Verträge umfasst, unter anderem in Verfahren nach der ICC-SchO als eine der Zulässigkeitsalternativen für die Konsolidierung von Verfahren benannt wird[202].

---

200 ICC Case No. 8708 (1997), unveröffentlicht, Darstellung des Falls in *Hanotiau*, Multi-Party, Multi-Contract Multi-Issue – A comparative Study, Rn. 531 f.

201 Ebenso *Leboulanger*, J Int'l Arb 13 (4), 43, 78 oder *Kapp/Katschthaler/Topsch*, Münchener Anwaltshandbuch Versicherungsrecht, § 34, Rn. 151 in Bezug auf Rückversicherungen, „*Vertragstechnisch ließe sich das Problem im Voraus dadurch lösen, dass man die verschiedenen Rückversicherungsverträge einem Rahmenvertrag unterstellt, in dem alleine eine umfassende Schiedsklausel vereinbart wird.*", ähnlich, jedoch noch weitgehender *Ten Cate*, The American Review of International Arbitration 15, 133, 142.

202 Vgl. Art. 10 ICC-SchO, wonach eine Verbindung von Verfahren unter anderem möglich ist, wenn die Ansprüche in den Schiedsverfahren aufgrund derselben Schiedsvereinbarung geltend gemacht werden.

Fraglich ist allerdings, ob soeben Gesagtes gleichsam gilt, wenn zwar ein Rahmenvertrag existiert, die Einzelverträge selbst jedoch eigene Schiedsklauseln enthalten.

Nehmen die Verträge auf den Rahmenvertrag Bezug und enthalten Rahmenvertrag und Einzelverträge sämtlich identische oder zumindest kompatible Schiedsklauseln, so ist anzunehmen, dass die Durchführung eines einzigen Verfahrens im Hinblick auf alle durch den Rahmenvertrag gebundenen Verträge dem Willen der Parteien entspricht. Denn wie soeben erwähnt, legt eine vertragliche Rahmenvereinbarung die der Geschäftsbeziehung der Parteien zugrunde liegenden, wesentlichen Bestimmungen fest. Dieser Ansicht sind – zumindest wenn die Verträge zwischen denselben Parteien bestehen – auch Fouchard, Gaillard und Goldman, die in einem solchen Fall „*keinerlei Schwierigkeit*" sehen und ohne Zögern die gemeinsame Behandlung aller Streitigkeiten aus den verschiedenen Verträgen in einem Schiedsverfahren annehmen[203].

Bestehen dagegen erhebliche Diskrepanzen bezüglich des Wortlauts der in den Einzelverträgen und im Rahmenvertrag verwendeten Schiedsklauseln, ist umso genauer zu untersuchen, ob ein Einzelschiedsverfahren tatsächlich dem Parteiwillen entspricht. Unterscheiden sich die Schiedsklauseln in ihren Gestaltungen gar so sehr, dass diese als nicht miteinander kompatibel zu bewerten sind, ist nicht nur die Durchführung eines einzigen Schiedsverfahrens aufgrund mangelnder Kompatibilität der Schiedsklauseln mehr als fraglich. Es spricht vieles dafür, dass die Parteien gerade kein Mehrvertragsverfahren wünschen[204]. Dagegen kann auch nicht eingewandt werden, dass grundsätzlich wegen der meist gegebenen wirtschaftlichen Verbundenheit der Verträge sowie aus Effizienzgesichtspunkten zumindest objektiv das Bedürfnis besteht, Streitigkeiten aus

---

203 *Gaillard/Savage*, Fouchard Gaillard Goldman on International Commercial Arbitration, Rn. 520, „*The first is where only the heads of agreement, or framework agreement, contains an arbitration clause to which the other related contracts refer. This case presents no difficulty. The parties' intention is clear: they sought to refer all disputes arising out of the whole set of contracts to arbitration, before a* ***single arbitral tribunal*** *constituted in accordance with the heads of agreement.*" (Hervorhebung durch die Verfasserin).

204 *Lew/Mistelis/Kröll*, Comparative International Commercial Arbitration, Rn. 16–59, „*In general, however, differences in such substantial matters as the chosen seat or the applicable law usually exclude consolidation. Even where all contracts involved are concluded within the framework of the same venture between the various parties involved, the arbitration tribunal has to verify its jurisdiction in relation to each party and to each issue. It cannot assume a global jurisdiction for all contracts concluded for that venture.*"; *Steingruber*, Consent in International Arbitration, 10.33.

diesen in einem einzigen Schiedsverfahren zu behandeln, um eine einheitliche Entscheidung zu erreichen[205].

7. *Erstreckung von Schiedsklauseln*

Zwar werden, wie bereits dargelegt, Schiedsvereinbarungen grundsätzlich weit ausgelegt, allerdings hat dieser Grundsatz auch Schranken[206]. Aus der rechtlichen Eigenständigkeit eines jeden Schuldverhältnisses folgt, dass trotz wirtschaftlicher und/oder funktionaler Verbundenheit der materiell-rechtlich zugrunde liegenden Verträge nicht pauschal auf eine schiedsgerichtliche Zuständigkeit all dieser geschlossen werden darf[207]. Dementsprechend werden Streitigkeiten aus oder im Zusammenhang mit anderen Verträgen grundsätzlich nicht von der Schiedsklausel eines anderen Vertrages erfasst[208].

Dennoch wurde in Abkehr des soeben Gesagten bereits die schiedsgerichtliche Zuständigkeit für alle von der Transaktion betroffenen Verträge angenommen, obwohl einige dieser keine Schiedsklausel enthielten und auch keine sämtliche Einzelverträge bindende Rahmenvereinbarung vorhanden war. So hat beispielsweise das OLG München eine in einem Prozessfinanzierungsvertrag enthaltene Schiedsklausel auch auf einen Darlehensvertrag ausgedehnt[209]. Auch das OLG Stuttgart nahm bereits die Erstreckung einer Schiedsklausel auf einen weiteren Vertrag an und begründete seine Entscheidung unter anderem damit, dass eine umfassende Streiterledigung vor einem einzigen Gericht und die einheitliche Entscheidung sämtlicher, aus der Vertragsabwicklung resultierender Streitigkeiten regelmäßig dem Parteiwillen und -interesse entspräche[210].

---

205 Erfolgte die Vereinbarung inkompatibler Schiedsklauseln unbewusst, sind die Parteien dennoch nicht daran gehindert, eine gemeinsame Verhandlung aller Verträge erreichen, etwa wenn sie bei Auftreten der Streitigkeit eine neue Schiedsklausel treffen, die ausdrücklich Mehrvertragsverfahren zulässt. Ob sich die Parteien aber diesbezüglich einigen werden, nachdem bereits Streit zwischen ihnen aufgetreten ist, ist allerdings fraglich.

206 Stein/Jonas/*Schlosser*, § 1029, Rn. 41.

207 OLG München, Urteil vom 13. Oktober 2004 – 7 U 3722/04, NJW 2005, 833, Zöller/*Geimer*, § 1029 Rn. 81.

208 OLG Celle, Beschluss vom 13. März 2003 – 8 Sch 06/02, keine Erstreckung der Schiedsklausel eines Maklervertrags auf späteren Kaufvertrag; *Kröll*, SchiedsVZ 2005, 139, 141; *Lachmann*, Handbuch für die Schiedsgerichtspraxis, Rn. 464 ff.; *Trittmann/Hanefeld*, Arbitration in Germany, § 1029, Rn. 32.

209 OLG München, Urteil vom 13. Oktober 2004 – 7 U 3722/04, NJW 2005, 832.

210 OLG Stuttgart, Urteil vom 6. März 2001 – 12 U 158/00.

Demententsprechend habe im konkreten Fall eine interessengerechte Auslegung ergeben, dass die im ersten Vertrag enthaltene Schiedsklausel auch einen zweiten, mit dem ersten verbundenen Vertrag erfasse.

Doch nicht nur deutsche Gerichte haben eine solche Erstreckung vorgenommen, eine solche ist auch auf internationaler Ebene anerkannt[211].

Wird ausnahmsweise die Erstreckung einer Schiedsklausel auf einen weiteren Vertrag angenommen, sollte überlegt werden, ob es nicht gleichsam dem Willen der Parteien entspricht, Streitigkeiten aus diesen Verträgen in einem gemeinsamen Verfahren zu behandeln. Der der Erstreckung zugrunde liegende Gedanke sollte entsprechend weitergeführt und auf die Durchführung von Mehrvertragsverfahren übertragen werden: Da in diesen Fällen eine solch enge Verbundenheit der Verträge gegeben ist, die sogar einen entsprechenden Willen der Parteien zur Durchbrechung der Eigenständigkeit und relativen Wirkung einer jeden Schiedsvereinbarung und damit zum Verzicht auf den Justizgewährleistungsanspruch rechtfertigt, kann davon ausgegangen werden, dass es hier dem Parteiwillen entspricht, Streitigkeiten aus diesen Verträgen in einem einzigen Verfahren zu behandeln. Die Zusammengehörigkeit der Verträge und die Einheitlichkeit der Streitbeilegung (schiedsgerichtliche Entscheidung aller Streitigkeiten anstelle einer Aufspaltung zwischen ordentlicher und schiedsgerichtlicher Zuständigkeit) sollte sich auch in der Entscheidungsfindung selbst fortsetzen. Diese Gleichförmigkeit kann aber, wie bereits erörtert, nur bei einer gemeinsamen Behandlung sämtlicher Verträge innerhalb eines Verfahrens gewährleistet werden, da nur so konsistente Entscheidungen erreicht werden können.

Anzumerken ist in diesem Zusammenhang aber, dass zum einen eine solche Erstreckung nur in engen Ausnahmefällen angenommen und zum anderen eine solche wohl überhaupt nur vorgenommen werden kann, wenn die Parteien des Vertrags, auf welchen die Schiedsklausel erstreckt werden soll, bereits Partei der zu erstreckenden Schiedsklausel sind. Denn die Erstreckung einer Schiedsklausel auf unbeteiligte Dritte kommt nur in besonderen Ausnahmefällen in Betracht, deren Darstellung aber nicht Gegenstand der vorliegenden Arbeit sein soll[212].

---

211 Vgl. unter anderem die Entscheidungen *US Supplier v Indian Buyer*, Interim Award, ICC Case No. 4367, 16 November 1984, Yearbook Commercial Arbitration XI, 134 ff.; *Bulgarian creditor (seller) v FRG debtor (buyer)*, Award, BCCI Case No. 60/1980, 1 October 1980, Yearbook Commercial Arbitration XII, 84 ff.; *Welser/Molitoris*, Austrian Yearbook on International Arbitration 2012, 17, 19; *Kröll*, SchiedsVZ 2005, 139, 141.

212 Siehe zu dieser Frage die umfangreichen Darstellungen beispielsweise bei *Hanotiau*, Multi-Party, Multi-Contract, Multi-Issue – A comparative Study, Rn. 243 ff.; *Blackaby/Partasides/Redfern*, Redfern and Hunter on International Arbitration, Rn. 2.46 ff.;

VI. Zeitpunkt der Zustimmung, insbesondere im Falle der Konsolidierung von Verfahren

Weiterhin stellt sich die Frage, zu welchem Zeitpunkt die Zustimmung der Parteien erfolgen muss.

Grundsätzlich kann bereits in der Schiedsvereinbarung selbst dieser Wille geäußert werden, aber auch noch unmittelbar vor und sogar während des bereits eingeleiteten Verfahrens können die Parteien die Zustimmung zu Mehrvertragsverfahren erklären und so gegebenenfalls ihre Verfahrensvereinbarungen abändern.

Insbesondere im Hinblick auf die Konsolidierung bereits eingeleiteter Schiedsverfahren stellt sich indes die Frage, ob nicht eine verfahrensrechtliche Zustimmung, das heißt eine Zustimmung der Parteien im Laufe der bereits anhängigen Verfahren, erfolgen muss. Entsprechendes sah beispielsweise die in den SIAC Rules von 2013 enthaltene Regelung zu joinder vor, nach welcher die hinzutretende Partei, auch wenn sie ihre Zustimmung schon vorab erteilt hatte, diese noch einmal ausdrücklich im Laufe des Verfahrens (erneut) erteilen musste[213].

Zu begrüßen wäre eine während des Verfahrens vorgenommene Zustimmung, da so zweifelsfrei sichergestellt werden könnte, dass die Durchführung eines Mehrvertragsverfahrens tatsächlich dem Willen der Parteien entspricht, was gleichsam für etwaig erforderliche Verfahrensanpassungen wie beispielsweise die noch zu erörternde Besetzung des Schiedsgerichts gelten würde.

Allerdings ist die erneute Erklärung der Zustimmung aus mehreren Gründen nicht sachgerecht und daher abzulehnen. Haben die Parteien bereits in der Schiedsvereinbarung ihren Willen zu Mehrvertragsverfahren zum Ausdruck gebracht, ist nicht ersichtlich, warum eine Wiederholung dessen nötig sein sollte[214]. Im Gegenteil: Da das Verhältnis der Parteien nach Einleitung des Verfahrens in der Regel angespannt und streitig sein wird, könnte eine Partei

---

Müller/Keilmann, SchiedsVZ 2007, 113 ff.; *Cohen Smutny/de Lotbinière McDougall/Daly*, Practical Guide to International Arbitration, 225–246.

213 Vgl. Art. 24 (b) 2013 SIAC-Rules und *Mangan/Reed,/Choong*, A Guide to the SIAC Arbitration Rules, Rn. 10.12, „*The third party to be joined to the arbitration must provide its consent. It is not enough for the third party to have given its consent to the arbitration agreement previously; it must also provide* ***fresh*** *consent in writing in order to be joined.*“ (Hervorhebung durch die Verfasserin).

214 Freilich abgesehen von krassen Ausnahmefällen, z.B. völlig unvorhersehbare Verfahrensabläufe, unzumutbare Benachteiligung einer Partei etc.

bewusst ihre erneute Zustimmung verweigern, um das Verfahren aus taktischen Gründen zu verzögern oder zu boykottieren. Den Parteien würde durch dieses Erfordernis eine Möglichkeit eingeräumt werden, sich widersprüchlich zu verhalten. Da aber durch das bereits erteilte Einverständnis dieser Partei zur Durchführung eines Mehrvertragsverfahrens für den/die übrigen Beteiligten eine Art Vertrauenstatbestand dahingehend geschaffen wurde, dass ein solches Verfahren durchgeführt werden kann, ist es nicht sachgerecht, einer Partei „im Nachhinein“ zu gestatten, ihre einmal erteilte Zustimmung (grundlos) zu widerrufen und sich gegensätzlich zu dem, was sie bei Abschluss der Schiedsvereinbarung zugesagt hat, zu verhalten[215]. Besonders in Mehrvertrags-Mehrparteiensituationen kann dieses Verhalten einer Partei zu erheblichen Auswirkungen führen, insbesondere, sofern es um Regressforderungen geht. Kann aufgrund der nun verweigerten Zustimmung einer Partei entgegen der ursprünglichen Vereinbarung kein gemeinsames Verfahren mit allen Beteiligten durchgeführt werden, besteht die Gefahr widersprechender Entscheidungen in den verschiedenen Verfahren und damit der Möglichkeit, dass einer der Beteiligten für einen Schaden aufkommen muss, den er nicht selbst verursacht hat.

Haben die Parteien bereits zuvor ihr Einverständnis zur Durchführung eines Mehrvertragsverfahrens zum Ausdruck gebracht, sollte eine Wiederholung dieser Zustimmung während des laufenden Verfahrens nicht zwingende Voraussetzung für ein solches Verfahren sein.

Umgekehrt bedeutet dies aber, wie angedeutet, nicht, dass die Parteien nicht auch durch Erklärung im Laufe des Verfahrens ein Mehrvertragsverfahren herbeiführen dürfen, sofern sie dies nicht vorab getan haben beziehungsweise zwingend bereits in der Schiedsvereinbarung eine solche Zustimmung vorliegen müsste. So entspricht es dem privatautonomen Charakter der Schiedsgerichtsbarkeit, dass die Parteien durch Erklärungen kurz vor oder während des Verfahrens auf dieses Einfluss nehmen und nach ihren Vorstellungen gestalten können.

VII. Fazit

Das Einverständnis der Parteien ist aufgrund der privatautonomen Natur der Schiedsgerichtsbarkeit essenziell zur Durchführung von Mehrvertragsverfahren.

Dabei muss die Zustimmung weder bereits in der Schiedsvereinbarung selbst enthalten sein, noch muss diese ausdrücklich erklärt werden sondern kann sich

---

215 So für Mehrparteienverfahren *Kondev*, Multi-Party and Multi-Contract Arbitration in the Construction Industry, 4.12.

auch aus konkludentem Handeln der Beteiligten ergeben. Gerade in letzterem Fall ist der Parteiwille unter Einbeziehung sämtlicher Umstände des Einzelfalls genau zu erforschen. Identische Schiedsklauseln, das Vorliegen von Rahmenvereinbarungen und insbesondere der wirtschaftliche wie funktionale Zusammenhang der Verträge sind dabei wichtige Parameter zur Ermittlung eines etwaig konkludent erklärten Willens. Gleichwohl darf man bei Vorliegen einzelner dieser Kriterien trotz der Vorteile, die Mehrvertragsverfahren mit sich bringen, nicht vorschnell auf das Einverständnis der Parteien schließen – jeder Fall ist gesondert und für sich sorgfältig zu überprüfen[216], wobei ebenfalls das Verhalten der Beteiligten während der Schiedsverhandlung mit einzubeziehen ist. Denn sprechen zwar die sonstigen Umstände für die Durchführung eines Mehrvertragsverfahrens, setzen die Beteiligten sich jedoch im Verfahren selbst hiergegen zur Wehr, sollte gerade mit Blick auf die nachfolgende Anerkennung und Vollstreckung des aus dem Verfahren resultierenden Schiedsspruchs davon abgesehen werden.

Daher sollte, trotz der grundsätzlichen Möglichkeit der konkludenten Erklärung der Zustimmung, diese vorzugsweise ausdrücklich in der Schiedsvereinbarung niedergelegt werden, um etwaige langwierige Ermittlungen des wahren Parteiwillens und mögliche Streitigkeiten diesbezüglich zu vermeiden. Die Beteiligten eines Mehrvertragskonstrukts sollten sich bereits bei Abschluss der zugrunde liegenden materiell-rechtlichen Verträge über etwaige wechselseitige Auswirkungen dieser aufeinander bewusst werden und idealerweise die Ausgestaltung ihrer Schiedsvereinbarungen dieser Situation anpassen. Die nachträgliche Vereinbarung eines Mehrvertragsverfahrens ist zwar möglich, ob die Parteien sich aber während der laufenden Streitigkeit hierauf einigen werden, ist eher fraglich.

Weiterhin mag der Ansatz einiger nationaler Verfahrensrechte und Schiedsordnungen, welche entgegen dem soeben Gesagten Mehrvertragsverfahren, insbesondere die Konsolidierung von Verfahren ohne die gesonderte Zustimmung der Beteiligten erlauben, aus prozessökonomischer Sicht zu begrüßen sein. Mit Blick auf den Charakter des Schiedsverfahrens als auf privater Vereinbarung beruhendes Verfahren ist dies, trotz anderslautender Auffassung einiger Autoren, die in diesem Fall die bloße Inbezugnahme auf eine solche Prozess- beziehungsweise Schiedsordnung genügen lassen, gleichwohl als zweifelhaft zu beurteilen. Die grundsätzliche Implementierung von Bestimmungen zu Mehrvertragsverfahren in nationalen sowie institutionellen Regelwerken ist zwar ein

216 *Gaillard*, ICC Special Supplement 2003, 35, 42; m.w.N.

begrüßenswerter Schritt, da so ein einheitlicher Rahmen für die Durchführung solcher Verfahren geschaffen und gleichsam zur Förderung der allgemeinen Akzeptanz von Mehrvertragsverfahren beigetragen wird.

Die (zumindest irgendwie geäußerte) Zustimmung der Parteien kann hierdurch indes nicht ersetzt werden, die Lösung ist in der parteiseitigen Abrede zu suchen. Dies spiegelt auch die Tatsache wider, dass Bedenken im Hinblick auf die konsensuale Natur des Schiedsverfahrens Hauptgrund dafür sind, weshalb viele nationale Prozessordnungen und institutionelle Schiedsordnungen keine Bestimmungen zur Durchführung von Mehrvertragsverfahren ohne, beziehungsweise gegen den Willen der Parteien enthalten[217].

Dementsprechend ist das Vorliegen des parteilichen Einverständnisses sowie die damit korrespondierende Ermittlung des wahren Parteiwillens Dreh- und Angelpunkt bei der Durchführung von Mehrvertragsverfahren[218].

D. Kompatibilität der Schiedsvereinbarungen als unerlässliche Voraussetzung

Nicht nur die im weiteren Verlauf der Arbeit betrachteten nationalen und institutionellen Bestimmungen zu Mehrvertragsverfahren setzen zur Durchführung dieser die Kompatibilität der zugrunde liegenden Schiedsvereinbarungen voraus, sofern die materiell-rechtlichen Verträge, wie häufig, Gegenstand verschiedener Schiedsvereinbarungen sind. Dies ist auch denknotwendige Prämisse solcher Verfahren: Wie sollten Ansprüche aus Verträgen, für die verschiedene Arten der Verfahrensführung vereinbart wurden, in einem Verfahren gebündelt werden? Es müsste einer der vereinbarten Arten der Vortritt eingeräumt werden, was nicht sachgerecht erscheint.

Doch obwohl die Kompatibilität der Schiedsvereinbarungen eine unerlässliche Voraussetzung für die Durchführung von Mehrvertragsverfahren darstellt, findet sich weder in den institutionellen Schieds- noch in den nationalen Verfahrensordnungen eine Definition dieses Begriffs. Zwar bot beispielsweise Art. 10 Abs. 2 CEPANI-SchO in der vorigen Fassung aus 2013 Auslegungshilfen an und benannte Fälle, in welchen nicht sofort auf die Inkompatibilität

217 *Steingruber*, Consent in International Arbitration, 10.25.

218 *Mantilla-Serrano*, Dossier of the ICC Institute of World Business Law: Multiparty Arbitration, 11, 24.

von Schiedsklauseln zu schließen war[219]. Abschließende Klarheit schuf dies jedoch nicht. Daher soll im Folgenden ein Überblick darüber gewährt werden, wann Schiedsvereinbarungen im Allgemeinen als miteinander vereinbar anzusehen sind und versucht werden, Leitlinien für die Ermittlung dieses Begriffs herauszuarbeiten[220].

I. Identische Schiedsvereinbarungen

Liegen identische, das heißt wortlautgleiche, Schiedsvereinbarungen vor, sind diese ohne Weiteres miteinander vereinbar. Bei analoger Formulierung enthalten diese konsequenterweise auch kongruente Bestimmungen bezüglich der anwendbaren Verfahrensregeln beziehungsweise des jeweils von den Parteien beschlossenen Verfahrens. Gleiches gilt freilich, wenn sich die Klauseln (geringfügig) im Wortlaut unterscheiden, jedoch inhaltlich deckungsgleich sind.

Indes bedeutet dies nicht, dass alleine wortlautgleich formulierte Klauseln als miteinander kompatibel anzusehen sind. Insbesondere da es sich bei Schiedsklauseln häufig um „Mitternachtsklauseln" handelt, die erst am Ende der Transaktionsverhandlungen vereinbart werden (und mithin oftmals nicht perfekt formuliert sind), wäre eine solche, allein am Wortlaut orientierte Herangehensweise zu streng und formalistisch.

Daher entspricht es dem allgemeinen Verständnis, auch nicht identisch formulierte Schiedsklauseln als kompatibel anzusehen[221].

II. Nicht identische Schiedsvereinbarungen

Nötig ist gleichwohl, dass die Vereinbarungen inhaltlich einheitliche Regelungen über Fragen beinhalten, die für die Durchführung des Schiedsverfahrens

---

219 Vgl. Art. 10.2 CEPANI-SchO 2013: „*Differences concerning the applicable rules of law or the language of the proceedings do not give rise to any presumption as to the incompatibility of the arbitration agreements.*"

220 Am Rande sei noch erwähnt, dass das Fehlen einer Definition des Begriffs „Kompatibilität" keineswegs als negativ zu werten ist, sondern im Gegenteil maximale Flexibilität bietet, die in komplexen Mehrvertragsgestaltungen wünschenswert ist, so auch *Menon/Tian*,, Joinder and Consolidation Provisions under 2021 ICC Arbitration Rules: Enhancing Efficiency and Flexibility for Resolving Complex Disputes.

221 *Fry/Greenberg/Mazza*, The Secretariat's Guide to ICC Arbitration 2012, 3–242 f.; *Leboulanger*, J Int'l Arb 13 (4), 43, 79; *Kondev*, Multi-Party and Multi-Contract Arbitration in the Construction Industry, 7.4.2; *Lye*, Institutional Overreach? Institutional Arbitral Rules versus Parties' Express Agreement, Kluwer Arbitration Blog.

essenziell sind, indem sie die wesentlichen Grundelemente dessen gestalten und dadurch das Verfahren selbst prägen[222].

Solch verfahrensprägende Wirkung kommt Vereinbarungen bezüglich der Anzahl der Schiedsrichter und deren Bestellungsverfahren, des anwendbaren Verfahrensrechts, der Durchführung eines ad hoc Verfahrens oder des Verweises auf institutionelle Schiedsordnungen zu[223]. Da sich für die Frage, welches nationale Recht auf ein konkretes Schiedsverfahren anwendbar ist, überwiegend die sogenannte Sitztheorie durchgesetzt hat, das anwendbare Verfahrensrecht sich folglich nach dem Recht des Ortes, an welchem das Schiedsverfahren stattfindet, richtet[224], wird nach überwiegender Auffassung auch den Bestimmungen zum Schiedsort verfahrensprägende Wirkung zugesprochen und Schiedsklauseln, die unterschiedliche Regelungen zum Schiedsort enthalten, als nicht miteinander vereinbar erachtet[225].

Unterscheiden sich die betroffenen Schiedsvereinbarungen hinsichtlich solch elementarer, das Grundgefüge des Schiedsverfahrens betreffender Bestimmungen, ist eine gemeinsame Betrachtung der aus ihnen erwachsenden Streitigkeiten in einem einzigen Verfahren nicht möglich – es wäre nicht mit dem Grundsatz der Privatautonomie, vor allem aber nicht mit der gleichberechtigten Berücksichtigung der parteilichen Abreden vereinbar, einer der Regelungen den Vorrang einzuräumen.

Unterscheiden sich die Klauseln dagegen in Punkten, die nicht die Durchführung des Verfahrens als solches betreffen, hat dies keinen Einfluss auf die

---

222 Schütze/*Theune*, Art. 17-DIS-Schiedsgerichtsordnung, Rn. 5; *Hanotiau*, Multi-Party, Multi-Contract, Multi-Issue – A comparative Study, Rn. 673.

223 *Fry/Greenberg/Mazza*, The Secretariat's Guide to ICC Arbitration 2012, 3–243 ff.; *Kondev*, Multi-Party and Multi-Contract Arbitration in the Construction Industry, 7.4.2; Schütze/*Reiner/Petkutei/Kern,* Art. 6 ICC-Regeln, Rn. 11 f.; *Lye,* Institutional Overreach? Institutional Arbitral Rules versus Parties' Express Agreement, Kluwer Arbitration Blog; *Greenberg/Feris/Albanesi*, Dossier of the ICC Institute of World Business Law: Multiparty Arbitration, 161, 168 ff.

224 *Born*, International Commercial Arbitration, Chapter 11.01 [A]; *Blackaby/Partasides/Redfern*, Redfern and Hunter on International Arbitration, Rn. 3.04, 3.42 ff.

225 *Fry/Greenberg/Mazza*, The Secretariat's Guide to ICC Arbitration 2012, 3–243; *Born*, International Commercial Arbitration, Chapter 18.02 [B] [3]; *Poudret/Besson*, Comparative Law of International Arbitration, Rn. 240; *Lew/Mistelis/Kröll*, Comparative International Commercial Arbitration, Rn. 16–59; *Platte,* Arbitration International 18 (1), 67 ff.

Frage der Kompatibilität[226]. Dazu zählen beispielsweise Bestimmungen hinsichtlich des in der Sache anwendbaren Rechts[227]. Divergierende Bestimmungen hierüber haben keine Auswirkungen auf die Durchführung des Schiedsverfahrens in prozessualer Hinsicht, sondern alleine auf den materiell-rechtlichen Teil der Entscheidung. Das Schiedsgericht sollte ohnehin in der Lage sein, die Streitigkeiten nach den verschiedenen, jeweils einschlägigen materiellen Rechten zu entscheiden. Auch nach der Auslegungsregel des bereits erwähnten Art. 10 Abs. 2 CEPANI-SchO (2013) sollte aufgrund verschiedener, in der Sache anwendbarer Rechte nicht auf die Unvereinbarkeit der Klauseln geschlossen werden.

Nicht einstimmig wird indes beurteilt, ob Schiedsvereinbarungen, die unterschiedliche Schiedssprachen vorsehen, miteinander kompatibel sind. So sah auch die in Art. 10 Abs. 2 CEPANI-SchO (2013) enthaltene Auslegungshilfe vor, dass die Wahl unterschiedlicher Sprachen nicht zur Inkompatibilität der Schiedsklauseln führen sollte[228]. Dies entspricht auch der Auffassung einiger Gerichte, unter anderem der der Cour d'appel de Paris. Diese ging in einem Fall, in welchen die Schiedsabreden verschiedene Verfahrenssprachen vorsahen, ebenfalls nicht davon aus, dass diese Divergenz zur Unvereinbarkeit der Abreden führe[229].

Dieses Ergebnis ist jedenfalls in Mehrvertragssituationen zwischen zwei Beteiligten auch sachgerecht: Haben Schiedskläger und -beklagter in den zwischen ihnen geschlossenen Schiedsvereinbarungen unterschiedliche Schiedssprachen gewählt, so ist davon auszugehen, dass beide der jeweiligen Sprache

226 Ebenso *Pair*, Consolidation in International Commercial Arbitration - the ICC and Swiss Rules, 115; *Hanotiau*, Multi-Party, Multi-Contract, Multi-Issue - A comparative Study, Rn. 673; vgl. für Verfahren nach der DIS-SchO auch Übersicht in *Heckel/Sessler*, The DIS Arbitration Rules, Art. 17, Rn. 22 ff.

227 *Contractor v Employers A and B, Final Award*, ICC Case No. 5989, 1989, Yearbook Commercial Arbitration XV, 77, „*The differences alleged by employer B as to the law applicable to the merits are minimal and apparently irrelevant as far as the solution of the dispute is concerned. They are not relevant since they concern the merits and not the issue of admissibility or jurisdiction.*"; *Grierson/van Hooft*, Arbitrating under the 2012 ICC Rules, S. 124 f.; *Whitesell/Silva-Romero*, ICC Special Supplement 2003, 7, 15; *Fry/Greenberg/Mazza*, The Secretariat's Guide to ICC Arbitration 2012, 3–244.

228 Siehe auch *De Meulemeester*, Multicontract Arbitration Under The CEPANI Arbitration Rules (Article 10).

229 *SA JDA Software France et autres v. SA Kiabi*, Cour d'appel de Paris (1re Ch. C), Revue de l'Arbitrage 2003 (4), 1252 ff., Darstellung der Entscheidung in englischer Sprache bei *Hanotiau*, Multi-Party Multi-Contract, Multi-Issue - A comparative Study, Rn. 669 ff.

mächtig sind – schließlich sind beide jeweils Partei der verschiedenen Verträge. Wird das Mehrvertragsverfahren in einer der vereinbarten Sprachen durchgeführt, so stellt dies für keine der Parteien eine Benachteiligung dar.

Ob dies auch in Konstellationen gilt, in denen an den Verträgen und damit an den diese betreffenden Schiedsvereinbarungen verschiedene Personen beteiligt sind, ist komplizierter zu beurteilen. Denn wird in diesem Fall einer Verfahrenssprache der Vorrang eingeräumt, kann dies durchaus eine Benachteiligung einer Partei darstellen, sofern diese der bevorzugten Sprache überhaupt nicht, beziehungsweise nicht in verhandlungssicherer Weise mächtig ist. Wohl nicht zuletzt aus diesem Grund gehen auch die Autoren des ICC Secretariats Guide davon aus, die Wahl verschiedener Schiedssprachen spräche für die Unvereinbarkeit der Schiedsklauseln[230]. Bei weitergehender Überlegung erscheint es jedoch vorschnell, alleine aufgrund der Vereinbarung verschiedener Schiedssprachen von vorneherein auf die Inkompatibilität der Schiedsklauseln schließen zu wollen. Es sollte vielmehr je nach Einzelfall entschieden und differenziert werden. Sind sämtliche Beteiligte der verschiedenen Sprachen mächtig, wird durch die Wahl einer der vereinbarten Verfahrenssprachen keine der Parteien benachteiligt. Wird jedoch das Verfahren in einer Sprache durchgeführt, welche eine der Parteien erkennbar nicht beherrscht und erwächst dadurch den übrigen Parteien ein Vorteil, spricht dies dagegen für die Unvereinbarkeit der Schiedsvereinbarungen. In diesen Fällen sollte allerdings danach gefragt werden, ob nicht eine andere, sachgerechte Lösung gefunden werden kann, um die entstandene Benachteiligung auszugleichen, beispielsweise durch den Einsatz eines Dolmetschers oder die Einreichung der Stellungnahmen in der jeweils vereinbarten Sprache[231].

Dementsprechend sollten verschiedene Regelungen hinsichtlich der anwendbaren Verfahrenssprache nicht per se zur Inkompatibilität von Schiedsklauseln führen[232]. Diese Sichtweise wird auch dadurch bestärkt, als dass die mangelnde

---

230 *Fry/Greenberg/Mazza*, The Secretariat's Guide to ICC Arbitration 2012, 3–245.

231 *SA JDA Software France et autres v. SA Kiabi*, Cour d'appel de Paris (1re Ch. C), Revue de l'Arbitrage 2003 (4), 1252 ff., Darstellung der Entscheidung in englischer Sprache bei *Hanotiau*, Multi-Party, Multi-Contract, Multi-Issue – A comparative Study, Rn. 669 ff.

232 Ebenso *Meier*, Arbitration in Switzerland: The Practitioner's Guide, Chapter 17 Part II, Rn. 9; *Voser*, ASA Bulletin 29 (4), 783, 791.

Kenntnis der Verfahrenssprache nicht zur Versagung der Anerkennung und Vollstreckung des Schiedsspruchs nach dem UNÜ führt[233].

III. Schweigen einer Schiedsvereinbarung

Neben divergierender Regelungen in den zugrunde liegenden Schiedsvereinbarungen kommt es zudem vor, dass eine der Schiedsvereinbarungen zu einer Frage eine Regelung bereithält, wohingegen die andere diesbezüglich schweigt. Ist dann aus dem Fehlen einer bestimmten Regelung in einer der Schiedsvereinbarungen auf die Unvereinbarkeit dieser zu schließen?

In einem ersten Schritt sollte auch hier untersucht werden, ob es sich bei der betroffenen Bestimmung um eine solche handelt, welche die Durchführung des Verfahrens wesentlich prägt. Ist in einer der Vereinbarungen zu einer Frage, der keine verfahrensprägende Wirkung zukommt, keine Bestimmung enthalten, so sollte dies gemäß oben Gesagtem nicht zur Unvereinbarkeit der Klauseln führen. Wenn diesbezüglich schon divergierende Regelungen keinen Einfluss auf die Kompatibilität der Klauseln haben, so muss dies erst recht gelten, wenn eine der Klauseln zu dieser Frage schlicht schweigt. In diesem Fall sollte allein die entsprechende, in der anderen Schiedsklausel getroffene Regelung im Verfahren zur Anwendung kommen. Dies stellt keine Benachteiligung dar, sondern erscheint vielmehr angemessen. Da sich die Beteiligten zumindest in einer der Schiedsvereinbarungen bezüglich der in Rede stehenden Frage geeinigt haben, ist von einem grundsätzlichen Einverständnis der Parteien, das Verfahren gemäß dieser Bestimmung zu führen, auszugehen. Dies gilt auch, wenn an den Schiedsvereinbarungen verschiedene Personen beteiligt sind: Wäre dieser Punkt für die Beteiligten der Schiedsvereinbarung, die hierzu schweigt, von essenzieller Bedeutung gewesen, sollte man – trotz des Umstands, dass es sich bei Schiedsklauseln häufig um Mitternachtsklauseln handelt – annehmen dürfen, dass die Parteien hierüber eine Vereinbarung getroffen und die konkrete Frage nicht offengelassen hätten.

Doch gilt dies entsprechend, wenn es sich um Bestimmungen mit verfahrensprägender Wirkung handelt? Diese Frage wurde insbesondere in Fällen diskutiert, in denen eine Klausel einen Schiedsort bestimmte oder aber eine Regelung

233 BGH, Beschluss vom 20. Januar 2003 – III ZB 6/02 und OLG Celle, Entscheidung vom 2. Oktober 2001, Besprechung beider Fälle in Yearbook Commercial Arbitration XXXII, 303; *Sachs/Lörcher*, Arbitration in Germany, § 1042 Rn. 17.

zur Anzahl von Schiedsrichtern vorsah, die andere zu diesem Punkt aber keine entsprechende Vereinbarung enthielt[234].

Hier ist grundsätzlich ebenfalls davon auszugehen, dass die Parteien, wäre die konkrete Frage für sie von wesentlicher Bedeutung gewesen, eine entsprechende Vereinbarung getroffen hätten. Sind die Klauseln bis auf das Fehlen einer Bestimmung in einer der Vereinbarungen kompatibel, so sollte genau untersucht werden, wie das Schweigen der Parteien hierzu im Gesamtkontext zu interpretieren ist. Lassen die übrigen Umstände keinen Rückschluss darauf zu, dass die Beteiligten bezüglich des Schiedsverfahrens, für welches die Schiedsvereinbarung zu diesem konkreten Punkt schweigt, offensichtlich und bewusst von dem, was in den übrigen streitbefangenen Vereinbarungen hierzu geregelt ist, abweichen wollten, so sollte dem Schweigen zu dieser Frage in einer der Schiedsabreden keine allzu große Bedeutung zugemessen werden und die Vereinbarkeit nicht berühren. In jedem Fall sollten aber die Gesamtumstände, das Verhalten und die Interessen der Parteien genau untersucht werden, um die Benachteiligung bestimmter Parteien auszuschließen, was insbesondere in Mehrvertragsverfahren mit mehr als zwei Beteiligten der Fall sein könnte.

IV. Fazit

Haben die Parteien in den zugrunde liegenden Schiedsvereinbarungen durchgängig übereinstimmende Regelungen getroffen oder sind die Schiedsklauseln gar identisch formuliert, so ergeben sich bezüglich der Frage der Kompatibilität der Schiedsvereinbarungen keine weiteren Probleme.

Auch für den Fall, dass eine der Schiedsklauseln zu einem Punkt schweigt, die andere hierzu aber eine Bestimmung bereithält, sollte die Abweichung der Schiedsklauseln behoben werden können, indem die in der anderen Klausel, von den Parteien getroffene Bestimmung zur Anwendung kommt. Dies gilt freilich nur, sofern sich die Parteien nicht bewusst für eine unterschiedliche Regelung entschieden haben oder aber in Fällen, in denen ein solches Vorgehen zu einer Benachteiligung bestimmter Beteiligter führen würde.

Enthalten die Schiedsvereinbarungen unterschiedliche Regelungen, ist dagegen genau zu überprüfen, in welchen Punkten sich diese unterscheiden, insbesondere, ob es sich dabei um verfahrensprägende Punkte handelt. Dabei ist stets die Bedeutung der Abweichung im Gesamtkontext zu bewerten.

---

234 *Fry/Greenberg/Mazza*, The Secretariat's Guide to ICC Arbitration 2012, 3–245; Schütze/*Reiner/Petkutei/Kern*, Art. 6 ICC-Regeln, Rn. 11.

Zuletzt ist noch zu beachten, dass inkompatible Klauseln durch nachträgliche Vereinbarungen der Parteien abgeändert werden und so etwaige Unvereinbarkeiten aufgehoben werden können[235]. Ob allerdings in Fällen, in denen bereits ein Streit zwischen den Parteien entstanden ist, eine solche nachträgliche Einigung möglich sein wird, ist freilich eine andere Frage.

V. Exkurs: Konsolidierung von Mehrvertragsverfahren auch bei Vereinbarung verschiedener institutioneller Schiedsordnungen – Vorschlag der „cross-institutional consolidation"

Wie soeben dargelegt, ist die Kompatibilität der entsprechenden Schiedsvereinbarungen in Bezug auf verfahrensprägende Umstände unerlässliche Voraussetzung zur Durchführung eines Mehrvertragsverfahrens. Hierzu zählt grundsätzlich auch die Vereinbarung derselben institutionellen Schiedsordnung. Da Abweichungen diesbezüglich aber bloßer Unachtsamkeit der Parteien oder der separaten Verhandlung der Schiedsvereinbarungen geschuldet sein können, hat das Singapore International Arbitration Centre bereits 2017 die Idee einer „cross-institutional consolidation" vorgebracht, die eine Konsolidierung von Schiedsverfahren, welche bei verschiedenen Schiedsinstitutionen geführt werden, erlaubt[236].

Dieser innovative Vorstoß zeigt nicht nur den grundsätzlichen Willen zur weitergehenden Förderung von Mehrvertragsverfahren, sondern würde die Durchführung von Schiedsverfahren in komplexen Situationen in der Tat einen Schritt vorantreiben, indem die Konsolidierungsmöglichkeiten über das Maß des derzeit Bekannten erweitert werden würden[237].

Allerdings ist der Vorschlag gleichsam kritisch zu betrachten und vermag nicht sämtliche Probleme, die mit einer etwaigen Unachtsamkeit bei Gestaltung der Schiedsvereinbarungen einhergehen, zu lösen. So wird weiterhin die

---

235 *Fry/Greenberg/Mazza*, The Secretariat's Guide to ICC Arbitration 2012, 3–247; Schütze/*Reiner/Petkutei/Kern*, Art. 6 ICC-Regeln, Rn. 53.

236 SIAC Memorandum regarding proposal on Cross-Institution Consolidation Protocol; für eine weitergehende Analyse dieses Vorschlags siehe *Born/Prasad*, Joinder and Consolidation (BCDR Rules 2017, Arts 28 & 29), BCDR International Arbitration Review, 2018, Volume 5, Issue 1, 53,77 ff. sowie vor dem Hintergrund von *Prokić*, J Int'l Arb 36 (2), 171 ff.

237 So auch *Fernando, Tan, Nair*, Towards reducing the complexity, cost and time of arbitral proceedings: SIAC's proposal on cross-institution consolidation.

Vereinbarung desselben Schiedssitzes verlangt – ist dies nicht der Fall, so scheidet auch nach dem Vorstoß des SIAC die Konsolidierung von Verfahren aus[238].

Daneben stellt sich die Frage, ob ein aus einem solchen Verfahren ergangener Schiedsspruch überhaupt vollstreckbar wäre. Wie an anderer Stelle noch ausführlicher dargelegt werden wird, befassen sich weder das UNÜ noch das UNCITRAL-Modellgesetz ausdrücklich mit der Zulässigkeit von Mehrvertragsverfahren. Gleichwohl ist allgemein anerkannt, dass beide Regelwerke offen für die Durchführung solcher Verfahren sind, solange dies im Einklang mit der zwischen den Parteien getroffenen Vereinbarung steht. Die institutionsübergreifende Konsolidierung bringt jedoch das Problem mit sich, dass mindestens eines der verbundenen Verfahren dem Regelwerk einer Institution unterstellt werden müsste, welches nicht mit der Vereinbarung der Parteien in der jeweiligen Schiedsabrede übereinstimmt. Man könnte zwar erwägen, ob nicht durch eine unmittelbar vor Verbindung der Verfahren vorgenommene Zustimmung der Beteiligten diese Problematik umgangen werden könnte. Jedenfalls birgt aber die mit der institutionsübergreifenden Konsolidierung einhergehende Abweichung von der Parteiabrede die Gefahr, als Grundlage für Anträge auf Aufhebung des Schiedsspruchs zu dienen[239]. Wie staatliche Gerichte über einen solchen Antrag entscheiden würden, ist mehr als fraglich.

Trotz dieser Unwägbarkeiten sollte der Vorstoß des SIAC nicht als unbrauchbar beurteilt, sondern vielmehr als Innovation und Förderung der internationalen Schiedsgerichtsbarkeit und insbesondere als Anstoß zur vermehrten Zusammenarbeit der Institutionen untereinander betrachtet werden. Ob es tatsächlich in absehbarer Zukunft zu einer solchen institutionsübergreifenden Zusammenarbeit kommen wird und wie diese ausgestaltet sein wird, ist fraglich. Der Vorschlag des SIAC zeigt aber, dass die Diskussionen und Entwicklungen im Bereich der schiedsgerichtlichen Mehrvertragsverfahren keinesfalls abgeschlossen sind.

---

238 Siehe Ziff. 8 des SIAC Memorandum regarding proposal on Cross-Institution Consolidation Protocol, „*The consolidation protocol would not change the current requirement that the arbitration agreements designate the same seat.*"

239 *Born/Prasad,* Joinder and Consolidation (BCDR Rules 2017, Arts 28 & 29), BCDR International Arbitration Review, 2018, Volume 5, Issue 1, 53, 82; *Macedo,* Cross-Institutional Consolidation Protocol: The Gifted Horse.

E. Besetzung des Schiedsgerichts

Wie bereits erwähnt, ist Ausfluss der privatautonomen Unterwerfung unter die Schiedsgerichtsbarkeit die Möglichkeit der Einflussnahme der Parteien auf die Zusammensetzung des Schiedsgerichts[240]. Die Parteien können nicht nur selbst festlegen, ob sie die Entscheidung durch einen Einzelschiedsrichter oder durch mehrere Schiedsrichter wünschen[241], sie sind grundsätzlich auch in der Wahl ihrer Schiedsrichter frei[242]. So können sie beispielsweise Personen mit besonderer Kenntnis im Bereich des materiellen Rechts, welchem sie ihren Vertrag unterworfen haben, auswählen. Auch müssen nicht zwingend Juristen mit dem Schiedsrichteramt betraut werden, sondern es können sonstige Personen, die in dem jeweiligen Bereich über besondere Sachkunde und Expertise, allerdings über keine richterliche Qualifikation verfügen, als Schiedsrichter benannt werden[243].

Vor diesem Hintergrund stellt sich die Frage, ob die Benennung von Personen mit besonderem Wissen bezüglich der jeweiligen Streitigkeit der Durchführung von Mehrvertragsverfahren in gewisser Weise entgegensteht.

Da in diesen Verfahren die Streitigkeiten aus verschiedenen Verträgen erwachsen, könnte es nicht nur sein, dass die Verträge verschiedene Gegenstände zum Inhalt haben, sondern auch, dass diese in materiell-rechtlicher Hinsicht unterschiedlichen Rechtsordnungen unterworfen sind. So könnten die Parteien beispielsweise bezüglich des einen Vertrags französisches Recht, bezüglich des anderen deutsches Recht für anwendbar erklärt haben. Würden die Verträge in gesonderten Schiedsverfahren behandelt werden, erschiene es wahrscheinlich, dass die Parteien in einem Verfahren Personen als Schiedsrichter auswählen, die über Expertise in französischem Recht verfügen, in dem anderen Schiedsverfahren dagegen Schiedsrichter mit Kenntnissen im deutschen Recht[244]. Sollen

240 *Born*, International Commercial Arbitration, Chapter 12; *Gaillard/Savage*, Fouchard Gaillard Goldman on International Commercial Arbitration, Rn. 752 ff.

241 Vgl. nur § 1034 Abs. 1 Satz 1 ZPO; BT-Drs. 13/5274, S. 39; Zöller/*Geimer*, § 1029 Rn. 33; genauer zur Vereinbarung über die Anzahl der Schiedsrichter siehe *Schlosser*, Das Recht der internationalen privaten Schiedsgerichtsbarkeit, Rn. 464 ff.; *Born*, International Commercial Arbitration, Chapter 12.02.

242 BGH, Urteil vom 7. Juni 2016 – KZR 6/15, NJW 2016, 2272; *Blackaby/Partasides/Redfern*, Redfern and Hunter on International Arbitration, Rn. 4.16.

243 Zöller/*Geimer*, § 1034 Rn. 6; *Lachmann*, Handbuch für die Schiedsgerichtspraxis, Rn. 815 ff.

244 So ist es beispielsweise bei größeren Kreditverträgen nicht unüblich, dass der Kreditvertrag dem Recht des Staates unterworfen ist, in dem das kreditnehmende (Mutter-)

Streitigkeiten aus beiden Verträgen nun in einem Verfahren behandelt werden, wäre eine solche Aufsplittung der Verfahren nach besonderen Rechtskenntnissen nicht möglich.

Indes sollte dies der Durchführung von Mehrvertragsverfahren nicht entgegenstehen. Zunächst könnten die parteiernannten Schiedsrichter, sofern sie zwar in einer der beiden den Verträgen unterworfenen Rechtsordnungen praktizierende Juristen sind, als Vorsitzenden eine Person wählen, die über Kenntnis in sämtlichen in Rede stehenden Rechtsgebieten verfügt. Daneben ist es, wie bereits angedeutet, nicht unüblich, dass auch Nicht-Juristen aufgrund ihrer besonderen Expertise in einem Fachbereich als Schiedsrichter benannt werden. Diese verfügen regelmäßig nicht über die juristische Expertise betreffend das der Streitigkeit zugrunde liegenden Recht. Insbesondere in diesen Fällen, aber auch allgemein entspricht es der gängigen Praxis, von dritter Seite Rechtsgutachten einzuholen, um die streitige Situation aus juristischer Perspektive noch genauer zu beurteilen. Somit stellt Einholung von Rechtsgutachten in Fällen, in denen die Schiedsrichter möglicherweise nicht über tiefergehende Kenntnisse bezüglich einer der betroffenen Rechtsordnungen verfügen, einen sachgerechten (und nicht unüblichen) Lösungsansatz dar.

Auch sofern die streitbefangenen Verträge verschiedene Inhalte haben und die benannten Schiedsrichter zwar Experten bezüglich des Gegenstands des einen Vertrags, nicht jedoch der übrigen Verträge sind, bietet sich die Einholung von Gutachten an, um über etwaig mangelnde Fachkenntnisse hinwegzuhelfen. Da bei Durchführung eines Mehrvertragsverfahrens die streitbefangenen Verträge jedoch ohnehin in einem wirtschaftlichen Zusammenhang stehen werden, sollte dieses Problem eher theoretischer Natur sein.

Vor allem aber ist zu beachten, dass, wie bereits dargelegt, aufgrund der privatautonomen Natur der Schiedsgerichtsbarkeit die Durchführung eines Mehrvertragsverfahrens (auch in Zweipersonenverhältnissen) von der Zustimmung der Parteien abhängig ist. Erklären die Beteiligten ihr Einverständnis zu einem solchen Verfahren, so ist davon auszugehen, dass dies auch die Zustimmung zur Benennung eines für alle Streitigkeiten zuständigen Tribunals erfasst.

Zusammenfassend sollte die Besetzung des Schiedsgerichts der Durchführung von Mehrvertragsverfahren damit nicht entgegenstehen[245].

---

unternehmen seinen Sitz hat. Bezüglich Sicherheiten, die ausländische Tochtergesellschaften geben, wird dagegen das Recht des Staates, in welchem das jeweilige Tochterunternehmen seinen Sitz hat, für anwendbar erklärt.

245 Die Frage der gleichberechtigten Einflussnahme auf die Konstituierung des Schiedsgerichts in Fällen, in denen mehr als zwei Parteien beteiligt sind, wird an anderer

F. Zeitpunkt der Zusammenlegung der Verfahren im Fall der Konsolidierung

Verfahrenshandlungen müssen nicht selten bis zu einem bestimmten Zeitpunkt stattgefunden haben.

In Bezug auf die Konsolidierung bereits eingeleiteter Schiedsverfahren stellt sich die Frage, ob diese insbesondere aufgrund möglicher Problematiken hinsichtlich der Konstituierung des Schiedsgerichts sowie einer eventuell nötigen Wiederholung von Verfahrensschritten, die an anderer Stelle der Arbeit dargestellt werden sollen, nicht bis zu einem bestimmten Zeitpunkt vorgenommen werden muss oder die Zusammenlegung der getrennt eingeleiteten Verfahren auch in einem späten Stadium noch möglich ist.

Beispielsweise kann nach Art. 22A LCIA-SchO eine Konsolidierung ohne Antrag beziehungsweise ohne Willen der Parteien nur angeordnet werden, sofern das LCIA-Gericht für eines der zu konsolidierenden Schiedsverfahren noch kein Schiedsgericht gebildet hat. Eine entsprechende Bestimmung für eine einverständlich vorgenommene Verfahrensverbindung findet sich dagegen nicht. Ähnliches gilt im Rahmen der CEPANI-SchO: Hier bestimmt Art. 13 Abs. 3, dass die Konsolidierung von Schiedsverfahren nicht mehr angeordnet werden kann, in denen bereits eine Entscheidung über vorläufige Maßnahmen, Zulässigkeit oder die Begründetheit einer Forderung getroffen wurden, wobei dies explizit unter Vorbehalt anderslautender Parteivereinbarung steht[246]. Mithin liefern beide Bestimmungen keine abschließenden, in allen Gestaltungen der Konsolidierung gültigen zeitlichen Vorgaben.

Nach anderen institutionellen Regelungen ist der Entscheidung über die Verfahrensverbindung unter anderem zugrunde zu legen, in welchem Stadium sich die jeweiligen Verfahren befinden. Beispielsweise soll in nach den ICC-SchO geführten Verfahren gemäß Art. 10.2 ICC-SchO der Gerichtshof in die Entscheidung über die Konsolidierung auch mit einbeziehen, ob bereits ein oder mehrere Schiedsrichter in mehr als einem der Schiedsverfahren bestätigt oder ernannt worden sind. Hierbei handelt es sich jedoch um eine reine Entscheidungshilfe

---

Stelle betrachtet. In Mehrvertragsverfahren zwischen zwei Beteiligten ist dies kein Problem. Die Behandlung mehrerer Verträge hat keinen Einfluss auf die Anzahl der Schiedsrichter. Bei einem Dreier Schiedsgericht kann daher auch weiterhin jede Partei „ihren“ Schiedsrichter benennen.

246 Vgl. erster Halbsatz Art. 13 Abs. 3 CEPANI-SchO: „*Except if agreed otherwise by the parties with regard to consolidation and the manner in which it shall occur, […]*“.

und bedeutet gerade nicht, dass eine Verfahrensverbindung zu einem späteren Zeitpunkt nicht mehr möglich wäre.

Da sich auch in den betrachteten nationalen Zivilprozessordnungen keine Bestimmungen diesbezüglich finden, stellt sich die Frage, ob nicht aus anderen Bestimmungen, die Regelungen zur Vornahme bestimmter Verfahrenshandlungen enthalten, allgemeingültige Rückschlüsse für die Zusammenlegung von Verfahren gezogen werden können oder diese entsprechend Anwendung finden sollten.

So könnte man überlegen, die Zusammenlegung von Verfahren unter Heranziehung von Art. 23 Abs. 4 ICC-SchO nur bis zur Unterzeichnung beziehungsweise Genehmigung des Schiedsauftrags zu erlauben. Die Regelung gilt für die Einbeziehung weiterer Ansprüche in das Schiedsverfahren[247]. Für eine Heranziehung von Art. 23 Abs. 4 ICC-SchO spricht zwar, dass hierdurch zu einem relativ frühen Verfahrensstadium Klarheit für alle Beteiligten geschaffen werden könnte, welche Streitpunkte in dem Verfahren behandelt werden sollen und die erwähnten Problematiken im Hinblick auf die Konstituierung des Schiedsgerichts sowie etwaig nötige Wiederholungen von Verfahrenshandlungen umgangen werden könnten.

Dennoch ist eine entsprechende Anwendung der Regelung eher abzulehnen. Zum einen nimmt Art. 10 ICC-SchO, welcher die Bestimmung zur Konsolidierung von Verfahren enthält, keinerlei Bezug auf Art. 23 Abs. 4 ICC-SchO. Zwar könnte man argumentieren, dass Art. 23 Abs. 4 ICC-SchO übergeordneten Charakter besitzt und damit auch für die Zusammenlegung von Schiedsverfahren gilt. Da aber andere Artikel der Schiedsinstitutionsordnung, beispielsweise Art. 8 und Art. 9 ICC-SchO, explizit auf Art. 23 Abs. 4 ICC-SchO verweisen, ist davon auszugehen, dass im Hinblick auf die Konsolidierung bewusst hierauf verzichtet wurde. Neben dieser formalen Argumentation ist vor allem zu beachten, dass die Konsolidierung eine andere prozessuale Fragestellung als die Einbeziehung zusätzlicher Ansprüche und Parteien nach Art. 8 und Art. 9 ICC-SchO betrifft. Bei der Einbeziehung weiterer Ansprüche wird, anders als bei der Verfahrensverbindung, kein bereits begonnenes Verfahren beendet, es existiert vielmehr von Beginn an nur ein Verfahren, dessen Umfang in persönlicher und/oder sachlicher Hinsicht erweitert werden soll. Das Bedürfnis, Ansprüche aus verschiedenen Verträgen gemeinsam geltend zu machen, kann sich dagegen erst zu einem Zeitpunkt ergeben, in welchem bereits verschiedene Verfahren anhängig und fortgeschritten sind, beispielsweise, da die Streitigkeiten trotz ihrer

---

247 *Fry/Greenberg/Mazza*, The Secretariat's Guide to ICC Arbitration 2012, 3–890 ff.

Verbundenheit erst nacheinander auftraten und folglich eines der Verfahren zeitlich einige Zeit vor dem anderen eingeleitet wurde oder sich die Parteien bei Einleitung der Verfahren schlicht noch keine Gedanken über die Durchführung eines Mehrvertragsverfahrens machten. Die Verfahrensverbindung hat jedoch gerade den Zweck, die durch das bisweilen bedachtlose Einleiten separater Verfahren geschaffene Gefahr sich widersprechender Entscheidungen zu vermeiden. Daher ist es erforderlich, dass eine Verfahrensverbindung nicht nur zu Beginn des Verfahrens, sondern auch zu einem späteren Zeitpunkt noch möglich ist, vor allem da die Konsolidierung dazu beitragen soll, auf besondere Bedürfnisse der Parteien und situationsabhängige Besonderheiten auch noch während des Schiedsverfahrens zu reagieren und ein effektives Verfahren zu gewährleisten. Daher wäre es unzweckmäßig, eine Konsolidierung nur bis zur Unterzeichnung des Schiedsauftrags zuzulassen.

Entsprechendes gilt für eine Vorverlagerung der Konsolidierung auf den Zeitpunkt der Bestellung der Schiedsrichter, wie es unter anderem Art. 19.1 DIS-SchO für die nachträgliche Einbeziehung von Parteien vorsieht. Durch diese Bestimmung soll die Gleichbehandlung sämtlicher Schiedsparteien gewährleistet und vermieden werden, dass die Einbeziehung weiterer Parteien Auswirkungen auf bereits abgeschlossene Schiedsrichterbestellungen hat oder gar die Schiedsrichterbestellung erneut ausgeführt werden muss[248]. Dieses Ziel gilt es zwar ebenso bei der Konsolidierung von Verfahren mit verschiedenen Beteiligten zu verfolgen. Da aber auch die Bestellung der Schiedsrichter in einem frühen Stadium des Verfahrens erfolgt, sich das Bedürfnis nach Verbindung der Verfahren, wie bereits dargelegt, aber erst in einem späteren Zeitpunkt ergeben kann, würde die zwingende Vornahme der Verfahrensverbindung in einem solch frühen Stadium diesem Verlangen zuwiderlaufen.

Gerade mit Blick auf die zeitliche Festlegung für andere Handlungen, erscheint es grundsätzlich sinnvoll, eine Verfahrensverbindung möglichst frühzeitig vorzunehmen. Nach weiterer Betrachtung ist es jedoch unpraktikabel, diese an einen festen Zeitpunkt zu knüpfen. Insbesondere in Fällen, in denen die Parteien der Konsolidierung zustimmen, entspricht es dem Charakter des Schiedsverfahrens als auf privater Vereinbarung beruhendes Verfahren, dass die Parteien weitestgehend auf die Gestaltung des Verfahrens Einfluss nehmen können.

Statt der Anknüpfung an einen festen, früh im Verfahren liegenden Zeitpunkt für die Vornahme der Konsolidierung sollte stattdessen eine solche auch zu

---

248 *Besch/Kreuzeder*, RIW 2018, 256, 262.

einem späteren Zeitpunkt noch möglich sein und zwar unabhängig von etwaig nötigen Verfahrensanpassungen – denn diese sind dem Einverständnis der Parteien zur Konsolidierung immanent.

Ob dabei der Eintritt der Entscheidungsreife in einem der Verfahren stattdessen beachtliche Schranke sein soll, ist aufgrund der privatautonomen Natur des Schiedsverfahrens ebenfalls fraglich. Dieser Zeitpunkt ist anerkanntermaßen maßgeblich für eine Prozessverbindung nach § 147 ZPO in Verfahren vor staatlichen deutschen Gerichten, da eine Prozessverbindung danach zu einer Verzögerung der Beendigung des entscheidungsreifen Verfahrens führen würde[249]. Eine Konsolidierung der Verfahren nach diesem Zeitpunkt würde dem Sinn und Zweck der Vorschrift, nämlich der Prozesswirtschaftlichkeit[250], die die Wahl des einfachsten und günstigsten Wegs zur Zielerreichung fordert[251], widersprechen.

Es erscheint sachgerecht, diesen Gedanken dem Grunde nach auch auf die Zusammenlegung schiedsgerichtlicher Verfahren zu übertragen. Auch hier sollte der Eintritt der Entscheidungsreife von Bedeutung für die Entscheidung über die Konsolidierung sein. Gleichwohl sollte dieser keine starre Grenze für die Verfahrensverbindung darstellen. So wird der vorgebrachten Prozessökonomie in Schiedsverfahren aufgrund des privaten Charakters dieses und der damit verbundenen, selbstständigen Kostentragung durch die Beteiligten eine geringere Bedeutung zugemessen als in Verfahren vor staatlichen Gerichten, in welchen hierdurch die die staatliche Ressource der Justiz geschont werden soll[252]. Vor allem aber ist das Schiedsverfahren geprägt durch die selbstbestimmte Verfahrensgestaltung der Beteiligten. Stimmen diese daher auch noch in einem späten Zeitpunkt der Konsolidierung zu, sollte eine Konsolidierung auch dann noch ermöglicht werden, insbesondere um so konsistente Entscheidungen innerhalb der Gesamttransaktion zu erreichen.

G. Kostenaufteilung

Neben der Frage, ob das im Rahmen der Vorteile von Mehrvertragsverfahren vorgebrachte Argument, ein solches würde gegenüber der Durchführung mehrerer separater Verfahren Kosten sparen, im Ergebnis zutreffend ist, stellt sich

---

249 BGH, Urteil vom 30. Oktober 1956 – I ZR 82/55, NJW 1957, 183; Anders/Gehle/*Bünnigmann*, § 147 Rn. 16.

250 Musielak/Voit/*Stadler*, ZPO § 147 Rn. 1.

251 Anders/Gehle/*Anders*, Vor § 128 Rn. 15.

252 Musielak/Voit/*Voit*, ZPO § 1046 Rn. 2, bezüglich Feststellungsklagen im Schiedsverfahren und der Entbehrlichkeit eines Feststellungsinteresses.

weiterhin die Frage, wie die im Rahmen von Mehrvertragsverfahren anfallenden Kosten aufzuteilen sind und wie in diesem Zusammenhang bestehende Besonderheiten berücksichtigt werden können.

Sowohl nach der deutschen Zivilprozessordnung als auch nach den Regelungen der Schiedsinstitutionsordnungen obliegt die Entscheidung über die Verteilung der Kosten des Verfahrens bei dem Schiedsgericht, welches hierüber (vorbehaltlich abweichender Parteivereinbarungen) nach seinem Ermessen entscheidet[253]. Zwar kommt bei dieser Ermessensentscheidung, entsprechend dem für staatliche Gerichte geltenden, recht starren Kostenverteilungsgrundsatz, der sich am Ausgang des Verfahrens („cost follows the event“[254]) orientiert, dem Kriterium des Obsiegens/Unterliegens besondere Bedeutung zu[255]. Allerdings darf das Schiedsgericht unter Berücksichtigung der Umstände des Einzelfalls hiervon abweichen[256], wodurch eine „*flexible Lösung*“[257] ermöglicht wird. Das Schiedsgericht kann dementsprechend in seiner Entscheidung unter anderem auch die Art und Weise, in der das Verfahren geführt wurde oder auch Kosten, die durch ein treuwidriges Verhalten einer Partei entstanden sind, berücksichtigen[258].

---

253 Vgl. § 1057 Abs. 1 Satz 2 ZPO, Art. 38.4, 5 ICC-SchO, Art. 33.3 DIS-SchO.

254 Dieser Grundsatz gilt nicht nur in den deutschen ZPO (vgl. §§ 91 ff. ZPO), sondern ist auch in anderen Rechtsordnungen, wie z.B. England anerkannt, *Lew/Mistelis/Kröll*, Comparative International Commercial Arbitration, notes 24–82 ff.

255 Dies entspricht der gängigen Praxis in der internationalen Schiedsgerichtsbarkeit, *Flecke-Giammarco*, WTO Litigation, Investment Arbitration, and Commercial Arbitration, 389, 411 f.; Musielak/Voit/*Voit*, ZPO § 1057 Rn. 3; *Lachmann*, Handbuch für die Schiedsgerichtspraxis, Rn. 1928; *Kröll*, ICCA International Handbook on Commercial Arbitration, 1, 47 ff.; dieser Ansatz ist allerdings keinesfalls frei von Kritik, vgl. nur *Smit/Robinson*, The American Review of International Arbitration 20 (3), 267, 275, „*A 'loser pays' principle, without more, does not reliably identify either how to divide up the pie in a principled and predictable way, or what the dimensions of the pie ought to be.*“

256 Unter anderem OLG München, Beschluss vom 25. September 2006 – 34 Sch 12/06, „*Maßstab für die Kostenverteilung ist das pflichtgemäße Ermessen unter Berücksichtigung der Umstände des Einzelfalles, insbesondere, aber nicht nur, des Verfahrensausgangs. Nicht zwangsläufig muss die unterliegende Partei sämtliche Kosten tragen.*“

257 BT-Drs. 13/5274, 57.

258 *PNG Sustainable Development Program Ltd. v. Independent State of Papua New Guinea*, ICSID Case No. ARB/13/33, Rn. 404; *Gantenberg*, SchiedsVZ 2012, 21; *Flecke-Giammarco*, WTO Litigation, Investment Arbitration, and Commercial Arbitration, 389, 413 ff.; Commission Report: Decision on Costs in International Arbitration, ICC Dispute Resolution Bulletin 2015, Issue 2, 13, 14 f.

Mangels anderweitiger Regelungen gelten diese Grundsätze auch im Rahmen von Mehrvertragsverfahren – für die Konsolidierung von Verfahren wird deren Geltung sogar zum Teil ausdrücklich bestätigt[259]. Richtet sich die Verteilung der Kosten, wie es regelmäßig der Fall sein wird, nach dem Ausgang des Verfahrens, so ist es, sofern nicht ohnehin eine der Parteien bezüglich aller geltend gemachten Ansprüche obsiegt, in Mehrvertragsgestaltungen sachgerecht, den Gesamtwert aller aus den verschiedenen Verträgen geltend gemachten Ansprüche zu ermitteln und sodann die Unterliegens-/Obsiegensquote jeder Partei in Relation zu dem ermittelten Gesamtwert zu setzen. Die sich daraus ergebende Quote ist sodann auf die Kostenentscheidung zu übertragen.

Zudem ist im Rahmen von Mehrvertragsverfahren die bereits dargestellte, dem Schiedsgericht eröffnete Option, von der starren, am Ausgang des Verfahrens orientierten Kostenentscheidung abzuweichen, besonders zu begrüßen. Aufgrund der Komplexität des Verfahrens kann es gerade hier vorkommen, dass Beteiligte versuchen, das Verfahren zu torpedieren, beispielsweise indem in Mehrparteiengestaltungen die Beteiligten der Mehrparteienseite bewusst eine Einigung auf einen gemeinsamen Schiedsrichter unterlassen, um so das Verfahren zu verzögern oder auch, um den ihnen unliebsamen Parteischiedsrichter der Gegenseite „aus dem Weg zu räumen". Soll dieses unlautere Verhalten trotz eines möglichen Obsiegens der entsprechenden Beteiligten geahndet werden, ist die Auferlegung von Kosten ein tauglicher Weg, dies zu tun, gerade da die Schiedsparteien so motiviert werden können, bei der Durchführung eines effizienten Verfahrens mitzuwirken[260].

Auch in Fällen der Konsolidierung sollte die Anwendung der dargestellten Prinzipien grundsätzlich zu sachgerechten Ergebnissen führen. Allerdings sind hier Besonderheiten gegenüber anfänglichen Mehrvertragsverfahren zu beachten. Dies betrifft unter anderem Kosten, die aufgrund der Konsolidierung notwendig gewordener Schritte entstanden sind. Man denke hier an Fälle, in welchen die Zusammenlegung von Verfahren zu einem relativ späten Zeitpunkt erfolgt. Sind an den entsprechenden Verfahren verschiedene Personen beteiligt,

---

259 Vgl. Art. 34.5 HKIAC-Rules.

260 *Lionett/Lionett*, Handbuch der internationalen und nationalen Schiedsgerichtsbarkeit, S. 539 und wohl Commission Report: Decision on Costs in International Arbitration, ICC Dispute Resolution Bulletin 2015, Issue 2, 13 ff.; anderer Ansicht aber *Lachmann*, Handbuch für die Schiedsgerichtspraxis, Rn. 1932, der die Auffassung vertritt, dass einer Partei wegen bewusster Verzögerung des Verfahrens nur Kosten des Verfahrens auferlegt werden können, wenn durch die Verzögerung selbst Mehrkosten entstanden sind.

ist unter Umständen die Wiederholung bestimmter Verfahrensschritte erforderlich, um etwaige Informationsdefizite bestimmter Beteiligter auszugleichen und ein gleichberechtigtes Verfahren zu gewährleisten. Doch ist es sachgerecht, hierdurch entstandene Mehrkosten in jedem Fall der unterlegenen Partei aufzuerlegen, also auch, sofern die Mehrkosten nicht (primär) von ihr verursacht wurden, beispielsweise, weil sie bereits über alle erforderlichen Informationen verfügte. Zwar fehlt es, wie erwähnt, an spezifischen Regelungen über die Kostenverteilung in Fällen der Konsolidierung – gleichwohl sollten gerechte Ergebnisse im Wege der dargelegten schiedsgerichtlichen Ermessensentscheidung gefunden werden können. In diese Entscheidung sollte das Gericht insbesondere die Höhe der infolge der Konsolidierung entstandenen Mehrkosten einbeziehen und weiterhin auch, ob die unterlegene Partei die notwendigen Handlungen durch ihr Verhalten provozierte und welchen Nutzen die in diesem Zuge vorgenommenen Verfahrensschritte und erlangten Erkenntnisse für alle Beteiligten hatten. Sind die angefallenen Mehrkosten sehr hoch und wurden durch diese Erkenntnisse erzielt, die für das Verfahren als solches insgesamt förderlich waren, erscheint es interessengerecht, die auf der Konsolidierung beruhenden Kosten nicht dem Unterlegenen alleine aufzuerlegen, sondern diese auf alle Schiedsparteien zu verteilen. Sind die Mehrkosten dagegen überschaubar, so sollte nichts dagegensprechen, diese auch dem Unterlegenen aufzuerlegen – denn dieser hat grundsätzlich insbesondere die internen Kosten, wozu auch Kosten für eine Beweisaufnahme zählen, zu tragen[261].

Daneben stellt sich die Frage, was mit Kosten geschieht, die im Rahmen des aufgegebenen Verfahrens entstanden sind. So ist beispielsweise in ICC-Verfahren zu Beginn des Verfahrens eine Registrierungsgebühr zu zahlen. Diese Gebühr wird, unabhängig in welchem (frühen) Stadium das Verfahren endet, nicht zurückerstattet, Art. 1 Abs. 1. Anhang III der ICC-SchO. Werden Verfahren konsolidiert, so bleiben diese Kosten folglich bestehen[262]. Sollen diese Kosten – freilich gemäß einer etwaigen Obsiegens-/Unterliegensquote – der im verbundenen Verfahren unterlegenen Partei auferlegt werden oder wäre es nicht angebracht, die Kosten gleichmäßig auf alle Beteiligten zu verteilen? Schließlich haben sämtliche Parteien von der Durchführung das gemeinsamen Verfahrens profitiert. Dies ist jedoch abzulehnen. Da die unterlegene Partei auch bezüglich der Streitpunkte des aufgegebenen Verfahrens nicht obsiegt hatte, sollte diese grundsätzlich die Kosten des aufgegebenen Verfahrens tragen, die sie ohnehin

261 MüKoZPO/*Münch*, ZPO § 1057 Rn. 9.

262 *Verbist/Schäfer/Imhoos*, ICC Arbitration in Practice, S. 63.

bei separater Verfahrensführung hätte tragen müssen – freilich unter dem Vorbehalt, dass die Umstände des Einzelfalls nicht ausnahmsweise für eine andere Gewichtung sprechen.

Im Ergebnis sollten sich bezüglich der Kostenaufteilung in Mehrvertragsverfahren im Vergleich zu Einvertragsverfahren somit keine weitergehenden Probleme ergeben. Vielmehr kann hier durch Anwendung der bekannten Grundsätze, insbesondere durch die Möglichkeit, Kosten nicht allein nach der Obsiegens-/Unterliegensquote, sondern unter Einbeziehung weiterer Faktoren nach schiedsrichterlichem Ermessen aufzuteilen, ein der besonderen Situation des Mehrvertragsverfahrens gerechtes Ergebnis gefunden werden.

H. Spezifische Herausforderungen in Mehrvertrags-Mehrparteienverfahren

Erwachsen Streitigkeiten aus komplexen Vertragskonstrukten, so sind nicht selten auch mehr als zwei Personen involviert. Gerade in diesen Fällen ist es, um zwischen sämtlichen Beteiligten einheitliche und gerechte Ergebnisse zu erzielen, wünschenswert, auftretende Rechtsstreitigkeiten innerhalb eines Verfahrens unter Einbeziehung aller Verträge und aller Beteiligten zu behandeln.

Zwar stellen sich hier freilich grundsätzlich dieselben Fragen, die bei der Durchführung von Mehrvertragsverfahren zwischen zwei Beteiligten auftreten, insbesondere die Kompatibilität der Schiedsvereinbarungen oder der Wille zur Durchführung eines solchen Verfahrens. Darüber hinaus treten aber noch spezifische Herausforderungen, die auf der Erweiterung des Personenkreises beruhen, auf. Diese sollen im Folgenden genauer betrachtet und bewertet werden.

I. Ungleiche Behandlung der Parteien hinsichtlich der Zusammensetzung des Schiedsgerichts

1. Problemstellung

Wie bereits an anderer Stelle angesprochen, ist Ausdruck der privatautonomen Unterwerfung unter die Schiedsgerichtsbarkeit auch die Einflussnahme der Parteien auf die Konstituierung des Schiedsgerichts, insbesondere die Wahl eigener Schiedsrichter.

Besteht, was gerade in der Handelsschiedsgerichtsbarkeit der Regelfall ist[263], das Schiedsgericht aus drei Schiedsrichtern, so dürfen die Parteien jeweils einen

263 So schon BT-Drs. 13/5274, 39, „*In der Praxis ist das Dreierschiedsgericht zwar vor allem*

eigenen Parteischiedsrichter benennen. Die so gewählten Parteischiedsrichter wiederum benennen den Vorsitzenden[264]. Dieses Recht auf Auswahl eines eigenen Schiedsrichters wird auch als „*prozessuales Grundrecht*"[265] bezeichnet und ist einer der maßgeblichen Faktoren für die Attraktivität des Schiedsverfahrens[266].

Allerdings ist dieses Recht nicht grenzenlos – wie insbesondere § 1034 Abs. 2 und § 1042 Abs. 3 ZPO verdeutlichen, sind bei der Zusammensetzung des Schiedsgerichts stets die Grundsätze der Gleichbehandlung der Parteien und die Gewährung rechtlichen Gehörs zu beachten, was die Chancengleichheit der Parteien im Verfahren sichern soll[267]. So ist es beispielsweise untersagt, dass eine der Parteien sämtliche Schiedsrichter benennt oder (sofern das Schiedsgericht aus mehr als drei Schiedsrichtern besteht) zugunsten einer Partei ein Übergewicht an parteiernannten Schiedsrichtern besteht.

Sind an dem Schiedsverfahren mehr als zwei Personen beteiligt, stellt sich die Frage, wie in diesen Situationen die gleichberechtigte Einflussnahme aller Beteiligten auf die Konstituierung des Schiedsgerichts gewährleistet werden kann.

---

in Verfahren der internationalen Handelsschiedsgerichtsbarkeit die häufigste Besetzung. Aber auch in nationalen Verfahren dürfte das Dreierschiedsgericht den Interessen der Parteien regelmäßig eher entsprechen als das Zweierschiedsgericht, zumal es bei der Abstimmung über den Schiedsspruch den Fall der Stimmengleichheit vermeidet".

264 Vgl. § 1035 Abs. 3 Satz 3 ZPO, *Schlosser*, Das Recht der internationalen privaten Schiedsgerichtsbarkeit, Rn. 477; *Lörcher*, Schiedsverfahren, Rn. 18; *Schack*, Internationales Zivilverfahrensrecht, Rn. 1366; *Born*, International Commercial Arbitration, Chapter 12.01 [A].

265 BGH, Urteil vom 29. März 1996 – II ZR 124/95 NJW 1996, 1755; *Schwab/Walter*, Schiedsgerichtsbarkeit, Kapitel 10, Rn. 14.

266 So auch *Born*, International Commercial Arbitration, Chapter 12.01 [A], „*Empirical findings confirm that the parties' opportunity to participate in the selection of the arbitrators remains a key attraction of international arbitration for users today.*" mit Verweis auf eine Studie aus dem Jahre 2012 der Queen Mary University of London, wonach 92 % der Praktiker eine Mitbestimmung bei der Auswahl der Schiedsrichter bevorzugen, dagegen nur 7 % die Benennung der Schiedsrichter einer neutralen Stelle präferieren, Queen Mary 2012 International Arbitration Survey: Current and Preferred Practices in the Arbitral Process, 5 f., was auch eine neuere Studie aus 2019 belegt, Queen Mary 2019 International Arbitration Survey: Driving Efficiency in International Construction Disputes; ebenso *Elsing*, SchiedsVZ 2019, 16, 23.

267 MüKoZPO/*Münch*, ZPO § 1042 Rn. 21 f.; Zöller/*Geimer*, § 1042, Rn. 2

Grundsätzlich sind die Parteien auch in solchen Verfahren in der Auswahl der Schiedsrichter frei, insbesondere bleibt das Recht einer Partei, ihren „eigenen" Parteischiedsrichter zu benennen, prinzipiell bestehen[268].

Indes würde die uneingeschränkte Fortgeltung dieses Grundsatzes dazu führen, dass gegebenenfalls eine sehr große Anzahl von Schiedsrichtern benannt werden müsste. Dies erscheint aber nicht nur wegen der zusätzlichen Kosten und der erhöhten Gefahr der Befangenheit eines/mehrerer Richter bedenklich[269]. Vor allem könnte in Fällen, in denen eine ungleiche Anzahl von Klägern und Beklagten besteht, die Bestellung je eines Schiedsrichters pro Schiedspartei die Gefahr von zufälligen Mehrheiten in der Besetzung des Schiedsgerichts mit sich bringen, mithin eines Ungleichgewichts der Verteilung der Schiedsrichter. Dabei würde nicht nur der Seite mit Überzahl an Beteiligten durch die Bestellung einer größeren Anzahl von Schiedsrichtern ein unverhältnismäßiger Einfluss auf die Zusammensetzung des Schiedsgerichts gewährt. Die ungleiche Verteilung der Schiedsrichter birgt trotz der angeblichen Unparteilichkeit und Neutralität der parteiernannten Schiedsrichter die Gefahr, dass sich *„die Schiedsrichter einiger der Parteien zu Lasten einer verbleibenden [Partei] verbünden und somit den ‚Einfluss' des von dieser ernannten Schiedsrichters ins Hintertreffen bringen"*[270]. Dieses Ergebnis wäre aber nicht mit dem Gebot des fairen Verfahrens und der Gleichbehandlung der Parteien zu vereinbaren[271].

---

268 *Schwarz/Konrad*, The Vienna Rules, 15-033; Schütze/*Theune*, Art. 20-DIS-Schiedsgerichtsordnung, Rn. 11.

269 *Schlosser*, Das Recht der internationalen privaten Schiedsgerichtsbarkeit, Rn. 659; *Hamann/Lennarz*, SchiedsVZ 2006, 289, 295; *Schwarz/Konrad*, The Vienna Rules, 15-038; MüKoZPO/*Münch*, ZPO § 1035 Rn. 75.

270 *Schlosser*, Das Recht der internationalen privaten Schiedsgerichtsbarkeit, Rn. 569; ähnlich auch BGH, Urteil vom 5. November 1970 – VII ZR 31/69, NJW 1971, 140 *„Jedenfalls wird durch die einseitige Schiedsrichterbestellung eine persönliche Beziehung zwischen dem Schiedsrichter und der ihn ernennenden Partei geschaffen, die die Überparteilichkeit des zu bildenden Schiedsgerichts durchaus ernstlich in Frage stellen kann."*; *Chiu*, J Int'l Arb 7 (2), 53, 58 f., *„In practice, some party-appointed arbitrators are undoubtedly more partisan than independent, while other arbitrators demonstrate their independence by being particularly critical of the position of the appointing party."*; *Elsing*, SchiedsVZ 2019, 16, 19; *Franzen*, Parteischiedsrichter – ein vermeidbarer Mangel der Praxis, NJW 1986, 299 ff.

271 Vgl. insbesondere die Regelung des § 1034 Abs. 2 ZPO; MüKoZPO/*Münch*, ZPO § 1035 Rn. 72 ff.; *Schlosser*, Das Recht der internationalen privaten Schiedsgerichtsbarkeit, Rn. 515 ff.; Zöller/*Geimer*, § 1029 Rn. 42, § 1034 Rn. 9 *„Die Störung dieses Gleichgewichts durch das alleinige Ernennungsrecht einer partei oder deren Befugnis*

Dementsprechend könnte man erwägen, ob es in solchen Fällen nicht sachgerecht ist, zwar jeder Partei das Recht, einen eigenen Schiedsrichter zu benennen, einzuräumen, die Stimmen der Schiedsrichter bei der Entscheidung aber nicht pro Kopf ins Gewicht fallen zu lassen, sondern jeweils zu einem bestimmten Bruchteil. So könnte weiterhin zwischen Kläger- und Beklagtenseite ein ausgewogenes Stimmenverhältnis erreicht und gleichsam das Interesse der Parteien jeweils ihren eigenen Schiedsrichter zu benennen gewahrt werden. Allerdings ist zum einen wohl wiederum die Gleichberechtigung im Hinblick auf die mitunter unterschiedliche Gewichtung der Stimmen des einzelnen Schiedsrichters in Frage zu stellen. Zum anderen ist diese Lösung als impraktikabel zu bewerten, da sie dem durch Mehrvertrags-Mehrparteienverfahren verfolgten Ziel der Zeit- und Kostenersparnis zuwiderlaufen würde. Zwar würden die Kosten für die Schiedsinstitution nur einmal anfallen, jedoch würden die Schiedsrichter wohl trotz ihres nur anteiligen Stimmrechts kein anteiliges, sondern das volle Honorar fordern. Auch das größere Risiko einer Befangenheit würde in einem solchen Fall fortbestehen und könnten das Verfahren lähmen.

Folglich stellt sich die Frage, wie bei der Beteiligung von drei oder mehr Personen an einem Schiedsverfahren das Recht zur Benennung eines eigenen Parteischiedsrichters mit anderen Interessen und grundlegenden Prinzipien des Schiedsverfahrens in Einklang zu bringen ist, insbesondere, ob dieses prozessuale Grundrecht in solchen Situationen eingeschränkt werden darf[272].

Dem beschriebenen Ungleichgewicht in der Besetzung des Schiedsgerichts könnte entgegengewirkt werden, indem die Beteiligten der Kläger- und Beklagtenseite als eine prozessuale Einheit betrachtet werden, die jeweils gemeinsam einen Parteischiedsrichter benennt. Allerdings erscheint fraglich, ob darin nicht

---

zur Ernennung einer Mehrzahl der Schiedsrichter wäre nicht nur auf einfachgesetzlicher Ebene (§§ 1035 III 3, 1042 I 1), sondern auch von Verfassung wegen zu beanstanden"; *Lew/Mistelis/Kröll*, Comparative International Commercial Arbitration, Rn. 16–12, *„In a multiparty arbitration considerable problems arise. To give every party involved the right to appoint its own arbitrator is not workable. It could lead to tribunals of an impractical size frustrating the whole purpose of the arbitration. Even more important it may be unfair to the side with fewer parties, which would have less influence on the composition of the tribunal*".

272 Die Durchführung eines Mehrvertragsverfahrens, insbesondere mit Blick auf die Problematiken bei der Benennung der Schiedsrichter wurde nicht zu Unrecht von *Born* als *„arbitration's equivalent of squaring the circle*" bezeichnet, *Bond*, Equality is Required When Naming Arbitrators, Cour de Cassation Rules, World Arbitration and Mediation Review 3 (3).

das Gebot der Gleichbehandlung der Parteien verletzt wird – schließlich darf die Einparteienseite auch weiterhin völlig frei „ihren" Schiedsrichter benennen ohne sich mit einem weiteren Beteiligten absprechen zu müssen.

2. Dutco-Entscheidung

Mit dieser Frage beschäftigten sich die Gerichte im Fall „Dutco"[273].

Gegenstand der Entscheidung war ein multilateraler Konsortialvertrag zwischen der BKMI GmbH („BKMI") und der Siemens AG („Siemens") mit der Dutco Construction Co. Ltd. („Dutco") über den Bau eines Zementwerkes. Der Konsortialvertrag enthielt eine Schiedsklausel, die vorsah, dass Streitigkeiten aus dem Vertrag vor einem aus drei nach den Bestimmungen der ICC-SchO benannten Schiedsrichtern bestehenden Schiedsgericht verhandelt werden. Als es zu Streitigkeiten kam, leitete Dutco ein gemeinsames Schiedsverfahren gegen Siemens und BKMI wegen der Verletzung jeweils individuell geschuldeter Pflichten ein. Da die ICC-Schiedsordnung zu diesem Zeitpunkt noch keine Bestimmungen bezüglich der Konstituierung des Schiedsgerichts in Fällen mit mehr als zwei Beteiligten enthielt, benannte schließlich Dutco – wie vereinbart auf Grundlage der ICC-Standardschiedsklausel – einen eigenen Schiedsrichter, wohingegen die Beklagten aufgefordert wurden, sich auf einen gemeinsamen Schiedsrichter zu einigen.

Die Beklagten kamen dieser Aufforderung unter Protest gegen die Zuständigkeit des Schiedsgerichts und unter Vorbehalt ihrer Rechte nach. Sie brachten dabei unter anderem vor, ihnen könne nicht zugemutet werden, sich auf einen gemeinsamen Schiedsrichter zu einigen, da sie widerstreitende Interessen verfolgten – vielmehr hätten zwei separate Verfahren eingeleitet werden müssen. Das Schiedsgericht war jedoch anderer Auffassung und nahm in einem Zwischenentscheid schließlich seine Zuständigkeit an.

Dieser Auffassung war auch die anschließend angerufene Cour d'Appel de Paris, wo die Beklagten mit ihrer Zuständigkeitsrüge ebenfalls keinen Erfolg hatten: Aufgrund der Tatsache, dass die Schiedsvereinbarung in einem Vertrag, der zwischen allen drei Beteiligten geschlossen wurde, enthalten war, werde eindeutig der gemeinsame Wille der Parteien, sich für Streitigkeiten aus diesem Vertrag in jedem Fall einem Schiedsgericht aus drei Schiedsrichtern zu unterwerfen, zum Ausdruck gebracht. In Anbetracht des Mehrparteiencharakters

273 *BKMI Industrieanlagen GmbH et al. v. Dutco Construction*, Cour de Cassation, Chambre civile 1, 89-18.708 89-18.72, Revue de l'Arbitrage 1992 (3), 470, siehe für eine Darstellung und Aufarbeitung des Falls *Schwartz,* J Int'l Arb 10 (3), 5 ff.

des Konsortialvertrages selbst hätten die Parteien die Möglichkeit akzeptiert, dass ein einziges Schiedsgericht, das aus drei Schiedsrichtern besteht, zur Entscheidung ihrer Streitigkeiten aus dem Vertrag befugt sei. Die Festlegung eines Dreier-Schiedsgerichts sowie der Verweis auf die ICC-Schiedsordnung, gemäß deren Bestimmung jede Partei einen Schiedsrichter benennt, sei unter den gegebenen Umständen daher so zu verstehen, dass die Parteien auch weiterhin die Entscheidung ihrer Streitigkeit durch ein Dreier-Schiedsgericht gewollt hätten und entsprechend Kläger- und Beklagtenseite jeweils einen Schiedsrichter benennen. Eine solche Auslegung der Schiedsklausel sei die einzige Möglichkeit, die wirksame Durchführung eines Schiedsverfahrens zu ermöglichen[274].

Anderer Auffassung war allerdings die Cour de Cassation, welche der Argumentation der Beklagten folgte und schließlich den Schiedsspruch aufhob. Die Entscheidung begründete das Gericht damit, dass das Recht der Beklagten auf Benennung eines eigenen Schiedsrichters eklatant und offensichtlich verletzt worden sei, da diese nicht den gleichen Einfluss auf die Bildung des Schiedsgerichts gehabt hätten wie die Klägerin. Dies sei jedoch nicht mit dem Grundsatz der Gleichbehandlung zu vereinbaren, welcher wiederum eine Frage der öffentlichen Ordnung sei. Zwar führte das Gericht aus, dass ein Verzicht auf die gleiche Behandlung möglich sei, jedoch erst nach Entstehung der Streitigkeiten, nicht aber im Voraus[275].

Ähnlich entschied 2018 das brasilianische Oberste Bundesgericht und hob einen Schiedsspruch wegen Verletzung des (brasilianischen) ordre public auf[276]. Wie auch im Fall Dutco konnten sich in der dort bestehenden Mehrparteiensituation die Schiedsbeklagten nicht auf die Bestellung eines gemeinsamen, parteibenannten Schiedsrichters einigen. Entsprechend der damals bestehenden Schiedsregeln des Center for Arbitration and Mediation of the Chamber of Commerce Brazil-Canada, deren Anwendung die Parteien vereinbart hatten,

---

274 *BKMI Industrieanlagen GmbH, Siemens AG v. DUTCO Construction Co. (Private) Limited*, Cour d'appel de Paris, Yearbook Commercial Arbitration XV, 124.

275 *BKMI Industrieanlagen GmbH et al. v. Dutco Construction*, Cour de Cassation, Chambre civile 1, 89-18.708 89-18.72, Revue de l'Arbitrage. 1992, 470, „*le principe de l'égalité des parties dans la désignation des arbitres est d'ordre public ; qu'on ne peut y renoncer qu'après la naissance du litige*" („*Whereas the principle of the parties being equal in appointing arbitrators falls under public policy; which can only be waived after a dispute has arisen.*").

276 *Paranapanema S/A vs/ BTG Pactual S/A and Santander Brasil S/A*, Brazilian Special Appeal no. 1.639.035-SP, ASA Bulletin 37 (4), 853.

benannte der Präsident der Schiedsinstitution einen gemeinsamen Schiedsrichter für die Beklagtenseite[277].

3. *Interpretation der Dutco-Entscheidung*

Auf nationaler wie internationaler Ebene wurde die Dutco-Entscheidung kontrovers diskutiert und führte schließlich zur Überarbeitung vieler nationaler Schiedsverfahrensrechte sowie institutioneller Schiedsordnungen, in welche in diesem Zuge Bestimmungen zu Mehrparteienverfahren und speziell zur Schiedsrichterbenennung in solchen Verfahren aufgenommen wurden. Die meisten dieser Regelungen sehen bezüglich der Konstituierung des Schiedsgerichts mittlerweile vor, dass sich die Mehrparteienseite auf einen gemeinsamen Schiedsrichter einigen soll; gelingt dies nicht, so wird das gesamte Schiedsgericht von einer neutralen Stelle benannt[278].

Doch führen Verfahren, in denen das Schiedsgericht nach diesen Bestimmungen konstituiert wurde, mit Blick auf die Dutco-Entscheidung zu vollstreckbaren Schiedssprüchen?

Dazu ist in einem ersten Schritt zu ermitteln, was Kerngehalt der Dutco-Entscheidung ist – ist sie dahingehend auszulegen, dass Mehrparteienverfahren nur statthaft sind, wenn jede Partei auch weiterhin ihren eigenen Schiedsrichter benennen darf, was solche Verfahren praktisch unmöglich machen würde?

Dies wäre jedoch verfehlt. Zwar bestärkt die Dutco-Entscheidung den Grundsatz, dass eine gleichberechtigte Einflussnahme der Parteien auf die Konstituierung des Schiedsgerichts stets gewahrt werden muss[279], was im Einklang mit Entscheidungen anderer Gerichte in Fällen, in welchen einer Partei ein Übergewicht bei der Benennung der Schiedsrichter eingeräumt wurde, steht[280].

---

277 Mittlerweile sehen auch die Center for Arbitration and Mediation of the Chamber of Commerce Brazil-Canada Regeln Bestimmungen zur Besetzung des Schiedsgerichts in Mehrparteiensituationen vor: können sich die Parteien nicht einigen, so benennt der Präsident des Center for Arbitration and Mediation of the Chamber of Commerce Brazil-Canada alle Mitglieder des Schiedsgerichts, vgl. Art. 4.16.

278 Vgl. nur Art. 20 DIS, Art. 12 ICC-SchO, Art. 1046 niederländische ZPO.

279 Vgl. m.w.N. *Schwarz/Konrad*, The Vienna Rules, 15-038, „*Commentators have correctly noted, however, that the Dutco decision of the French Cour de Cassation does not establish an irrevocable right for each party involved in an arbitration to appoint its 'own' arbitrator*".

280 So entschied beispielsweise der BGH in Fällen, in denen kraft Parteivereinbarung das Ernennungsrecht einer Partei auf die andere übergeht, dass eine solche Vereinbarung nicht mit dem Gleichbehandlungsgrundsatz zu vereinbaren und daher unstatthaft sei,

Allerdings sollte sie keineswegs so interpretiert werden, dass das Recht, einen eigenen Schiedsrichter zu benennen jederzeit uneingeschränkt fortgelte[281]. Vielmehr ist die Entscheidung so zu verstehen, dass dieses Recht in Ausgleich mit anderen Interessen und Prinzipien des Schiedsverfahrens gebracht und gegebenenfalls auch eingeschränkt werden kann, beziehungsweise muss, um ein faires Verfahren zu gewährleisten[282]. In jedem Fall ist stets die gleichberechtigte Einflussnahme aller Beteiligten auf die Konstituierung des Schiedsgerichts zu wahren.

Doch genügen die erwähnten Bestimmungen diesen Anforderungen? Hier scheint es sachgerecht, zwischen Personenmehrheit auf Kläger- und Beklagtenseite zu unterscheiden.

Diese Differenzierung nehmen unter anderem auch Berger und Massuras vor. Beide sehen im Hinblick auf die Konstituierung des Schiedsgerichts keine größeren Schwierigkeiten, sofern alleine auf Klägerseite mehrere Personen vorhanden sind[283]. Vielmehr sei in diesen Fällen davon auszugehen, dass den Klägern bei Einleitung des Verfahrens die dargestellte Problematik bewusst gewesen sei und diese willentlich in Kauf genommen hätten, bei gemeinsamer Klage gewisse Kompromisse, gerade auch bei der Schiedsrichterbenennung, einzugehen. So hätten die Kläger schließlich grundsätzlich die Wahl, getrennt oder gemeinsam prozessual vorzugehen[284].

Dieser Argumentation ist jedenfalls im Hinblick auf die Durchführung anfänglicher Mehrvertrags-Mehrparteienverfahren zuzustimmen. Hier besteht in der Tat ein der Beteiligten der Klägerseite aufgrund ihrer *„prozessualen Stellung innewohnender Vorteil“*[285]. Denn, wie bereits erörtert, halten sie die Einleitung des Verfahrens in ihren Händen und haben sich schließlich dazu entschieden,

---

BGH, Urteil vom 5. November 1970 – VII ZR 31/69, NJW 1971, 140; Zöller/*Geimer*, § 1034 Rn. 9.

281 So auch *Bond*, Equality is Required When Naming Arbitrators, Cour de Cassation Rules, World Arbitration and Mediation Review 3(3), *„It should not be understood as requiring that each party has the right to name its own arbitrator. Rather, the judgement calls for equality in the naming of arbitrators“*.

282 *Gaillard/Savage*, Fouchard Gaillard Goldman on International Commercial Arbitration, Rn. 783, 792; *Poudret/Besson*, Comparative Law of International Arbitration, Rn. 401 ff.; *Lachmann*, Handbuch für die Schiedsgerichtspraxis, Rn. 2818 ff.

283 *Berger*, RIW 1993, 702, 706; *Massuras*, dogmatische Strukturen der Mehrparteienschiedsgerichtsbarkeit, 305 f.

284 *Lew/Mistelis/Kröll*, Comparative International Commercial Arbitration, Rn. 16–22.

285 *Massuras*, dogmatische Strukturen der Mehrparteienschiedsgerichtsbarkeit, 305.

das Schiedsverfahren gemeinsam zu führen. Daneben ist hier auch zu berücksichtigen, dass die Kläger wohl gleiche Ziele verfolgen – warum sonst sollten sie ein gemeinsames Verfahren anstreben? Der Betrachtung der Beteiligten der Klägerseite als eine prozessuale Einheit und damit der Benennung eines gemeinsamen Schiedsrichters sollten somit keine größeren Bedenken gegenüberstehen.

Entsteht die Pluralität auf Klägerseite dagegen nicht aufgrund gemeinsamer Einleitung des Verfahrens, sondern aufgrund Konsolidierung verschiedener Verfahren, so vermag diese Argumentation nicht zu überzeugen. In diesen Fällen haben die Kläger nicht mehr die beschriebene vorteilhafte prozessuale Stellung, insbesondere, wenn die Verbindung der Verfahren in einem Stadium erfolgt, in welchem bereits in einem oder mehreren Verfahren Schiedsrichter benannt wurden. Hier haben die Kläger nicht selbst in der Hand, mit welcher Person sie nach der Konsolidierung ihre Stellung teilen – die Situation auf Kläger- und Beklagtenseite ist im Falle der Konsolidierung von Verfahren vielmehr gleich zu bewerten und soll daher gemeinsam an späterer Stelle (Seite 140 ff.) betrachtet werden.

Sind auf Beklagtenseite mehrere Personen vorhanden, so weist nicht nur die Konsolidierung von Verfahren, sondern auch die Durchführung anfänglicher Schiedsverfahren Probleme auf. Denn die Beklagten befinden sich nicht in der komfortablen Situation, das Verfahren eigenmächtig einzuleiten und selbst darüber zu entscheiden, mit anderen Personen gemeinsam vorzugehen.

Doch ist es auch in diesen Fällen sachgerecht und auch mit der Dutco-Rechtsprechung vereinbar, dass sich die Beteiligten der Beklagtenseite auf einen gemeinsamen Parteischiedsrichter einigen?

Zunächst ist zu berücksichtigen, dass die Entscheidung im Falle Dutco aus einer Zeit stammt, in der weder nationale Verfahrensrechte noch Schiedsinstitutionsordnungen Regelungen zu Mehrvertrags- und Mehrparteiensituationen und dementsprechend ebenfalls keine Bestimmungen zur Schiedsrichterbenennung in solchen Fällen beinhalteten. Es war für die Parteien nicht vorhersehbar, wie in solchen Fällen die Besetzung des Schiedsgerichts erfolgen wird.

In Folge der Dutco-Entscheidung hielten aber, wie bereits dargelegt, sowohl in nationale Zivilprozessordnungen als auch institutionelle Schiedsordnungen Regelungen zur Schiedsrichterbenennung in Mehrparteienverfahren Einzug. Haben die Parteien die Geltung einer solchen Schiedsinstitutionsordnung beziehungsweise eines solchen Verfahrensstatuts vereinbart und – wie nach den meisten dieser Bestimmungen nötig – der Durchführung eines Mehrparteienverfahrens zugestimmt, so ist für die Beteiligten (zumindest objektiv) erkennbar, wie in einem solchen Fall die Konstituierung des Schiedsgerichts erfolgen wird. Man wird daher annehmen können, dass ihnen bewusst war, bei Durchführung eines Mehrparteienverfahrens gewisse Kompromisse eingehen zu müssen. Mit all dem haben sie sich durch ihre Zustimmung zur Durchführung des Mehrparteienverfahrens einverstanden erklärt[286]. Zwar steht dies insofern im Widerspruch zur Dutco-Entscheidung, als die Zustimmung zur Durchführung eines Mehrparteienverfahrens und damit das Einverständnis bezüglich gewisser Einschränkungen bei Bestellung der Schiedsrichter, in aller Regel bei Abschluss der Schiedsvereinbarung und damit weiterhin vor Beginn der Streitigkeit erklärt wurde. Hier gilt es aber zu beachten, dass die Bestimmungen meist zwei Wege vorsehen: Die Einigung der Mehrparteienseite auf einen gemeinsamen Schiedsrichter oder die Benennung aller Schiedsrichter durch eine neutrale Stelle[287].

Im Hinblick auf die erste Alternative, die Einigung der Parteien, ist zu überlegen, ob eine Einigung durch Mehrheitsbeschluss ausreichend ist oder ob die institutionellen Bestimmungen so zu verstehen sind, dass eine solche einstimmig erfolgen muss[288]. Eine Einigung der Mehrparteienseite auf einen gemeinsamen Schiedsrichter infolge Mehrheitsbeschluss wurde bereits vom BGH in Fällen von GmbH-Beschlussmängelstreitigkeiten angenommen[289]. Diese Lösung ist zwar aus prozessökonomischer Sicht zu begrüßen, allerdings wird dadurch der überstimmten Partei völlig das Recht auf Teilhabe an der Schiedsrichterbenennung genommen und damit ihre Rechtsstellung im Vergleich zu den übrigen Beteiligten beschnitten. Zumindest im Anwendungsbereich der deutschen ZPO müsste man der überstimmten Person wohl zubilligen, den gegen ihren Willen ernannten Schiedsrichter über die Gründe des § 1036 Abs. 2 ZPO hinaus ablehnen zu können[290].

---

286 *Lew/Mistelis/Kröll*, Comparative International Commercial Arbitration, Rn. 16–18 f., *„By agreeing to arbitrate under the rules of an institution providing for a special appointment procedure in a multiparty situation this procedure becomes part of the parties' agreement.*“; *Schwab/Walter*, Schiedsgerichtsbarkeit, Kapitel 10, Rn. 14 ff.

287 Art. 20 DIS sieht zudem vor, dass in einem solchen Fall gegebenenfalls auch nur der Schiedsrichter der Mehrparteienseite von einer dritten Stelle benannt werden kann. Ob dies mit dem Gleichbehandlungsgrundsatz in Einklang steht, soll im Rahmen der genaueren Vorstellung der DIS Bestimmungen erläutert werden; daneben nimmt Art. 20 DIS-SchO eine Sonderrolle ein, indem in Fällen, in denen die Parteien nicht selbst ihre Schiedsrichter wählen, der vorsitzende Schiedsrichter nicht ebenfalls von der Institution benannt wird, sondern weiterhin von den „Parteischiedsrichtern“.

288 Art. 20.1 DIS-SchO lässt dies offen und spricht diesbezüglich lediglich von „gemeinsam“, ebenso Art. 12.6 ICC-SchO, wo es schlicht „jointly“ heißt.

289 BGH, Urteil vom 6. April 2009 – II ZR 255/08, NJW 2009, 1964.

290 Musielak/Voit/*Voit*, ZPO § 1035 Rn. 7.

Da eine Entscheidung durch Mehrheitsbeschluss folglich gerade nicht dem durch die Einführung dieser Regeln verfolgten Ziel der gleichwertigen Einflussnahme auf die Bestellung des Schiedsgerichts dient, sind die Bestimmungen vielmehr so zu verstehen, als dass eine einstimmige Einigung der Mehrparteienseite nötig ist.

Gelingt der Mehrparteienseite während der bestehenden Streitigkeit eine solche einstimmige Entscheidung, sollten sich keine größeren Bedenken ergeben. Vielmehr ist dann davon auszugehen, dass der ausgewählte Schiedsrichter dem Wunsch aller Beteiligten dieser Seite entspricht und somit ihrem Recht, gleichberechtigt auf die Besetzung des Schiedsgerichts Einfluss zu nehmen, ausreichend Rechnung getragen wurde[291]. Insbesondere im Rahmen von bipolaren Streitigkeiten, also Streitigkeiten, in welchen die Beklagten gleiche Ziele verfolgen, mithin lediglich die widerstreitenden Interessen von Kläger und Beklagten gegenüberstehen, ist eine solche Einigung trotz der bestehenden Streitsituation aufgrund der gleichlaufenden Interessen der Beteiligten der Mehrparteienseite durchaus realistisch[292].

---

291 BGH, Urteil vom 29. März 1996 – II ZR 124/95, NJW 1996, 1753; OLG Frankfurt am Main, Beschluss vom 24. November 2005 – 26 Sch 13/05, SchiedsVZ 2006, 222 *„Selbst wenn man aber von einem Mehrparteienverfahren ausgehen wollte, verstößt die Bildung eines Dreier-Schiedsgerichtes nicht zwangsläufig gegen den oben dargestellten Grundsatz der Gleichbehandlung der Parteien bei der Bildung des Schiedsgerichts. Dies ist insbesondere dann nicht der Fall, wenn die Parteien mit der Durchführung eines solchen Schiedsverfahrens einverstanden sind, wobei ein dahingehender Parteiwille, sofern er nicht ausdrücklich geäußert wurde, durch Auslegung der Schiedsvereinbarung zu ermitteln ist“*; *Westland Helicopters Ltd. v Arab Organization for Industrialization, et al.*, Interim Award, ICC Case No. 3879, Yearbook Commercial Arbitration IX, 127–133.

292 *Hanotiau*, J Int'l Arb 18 (3), 253, 344, mit Verweis auf einen nicht veröffentlichten ad-hoc Schiedsspruch, bei welchem von einem dem Beklagten vorgebracht wurde, er habe keinen ausreichenden Einfluss auf die Bestellung der Schiedsrichter gehabt, da er erst nach Konstituierung des Schiedsgerichts am Verfahren beteiligt wurde. Das Schiedsgericht betonte, dass es nur dann ein Problem geben könnte, wenn die Beteiligten der Mehrparteienseite nicht derselben Gruppe angehören oder nicht die gleichen Interessen haben. Es kam zu dem Schluss, dass sämtliche Beklagte sich gegenüber dem Kläger als Konsortium oder Partnerschaft verhalten hätten und daher als ein und dieselbe Partei anzusehen seien. Daneben stützten sie ihre Entscheidung auch darauf, dass jeder der Beklagten im Laufe des Verfahrens bewiesen habe, dass es keine echten Interessenkonflikte zwischen ihnen gebe. Zum Teil wird sogar angeführt, dass in solchen Fällen eine „Einigungspflicht“ bestehe, vgl. dazu die Übersicht in MüKoZPO/*Münch*, ZPO § 1035 Rn. 81 f. m.w.N.

Lässt sich jedoch keine Einigung erzielen, sehen, wie bereits dargelegt, die meisten der institutionellen beziehungsweise die nationalen Bestimmungen vor, dass sämtliche Schiedsrichter von einer neutralen Stelle benannt werden. Dies mag auf den ersten Blick unbillig erscheinen, schließlich wird der Einparteienseite das Recht auf Ernennung eines eigenen Schiedsrichters genommen. Wird jedoch das gesamte Schiedsgericht durch eine neutrale Stelle benannt, kann keine der Parteien auf dessen Zusammensetzung einwirken, was zwar in gewisser Weise gegensätzlich zu dem in der Schiedsgerichtsbarkeit sonst vorherrschenden Postulat der parteilichen Wahl der Schiedsrichter ist. Allerdings wird so die gleichberechtigte Behandlung der Beteiligten sichergestellt[293]. Daneben kann ein etwaig taktiertes, unlauteres Verhalten der Beteiligten unterbunden werden: Kann keine Einigung erreicht werden, so wäre das Schiedsverfahren ohne diese Bestimmung undurchführbar. Dies könnten die Beteiligten der Mehrparteienseite missbrauchen und bewusst eine Einigung auf einen gemeinsamen Schiedsrichter vermeiden, um so das angestrebte Verfahren zu torpedieren.

Der vorgestellte Ansatz bietet folglich eine interessengerechte Lösung, welche das Mitwirkungsinteresse der Parteien an der Besetzung des Schiedsgerichts einerseits mit weiteren Prinzipien der Schiedsgerichtsbarkeit andererseits in Ausgleich bringt und zur Durchführung eines effizienten Verfahrens beiträgt. Indem etwaige unlautere Taktiken zur bewussten Verhinderung eines solchen Verfahrens unterbunden und ein faires Schiedsverfahren auch in komplexen Situationen gewährleistet wird, kann nicht nur die Durchführung eines effizienten Verfahrens, sondern auch die Attraktivität Schiedsgerichtsbarkeit insgesamt gefördert werden.

Dementsprechend sollte ein nach diesen Bestimmungen geführtes Mehrvertrags-Mehrparteienverfahren auch vor dem Hintergrund der Dutco-Entscheidung einen anerkennungs- und vollstreckungsfähigen Schiedsspruch zum Ergebnis haben[294] – ob ein französisches Gericht dies in der Praxis genauso sehen würde, kann aufgrund der Rechtsprechung der Cour de Cassation nicht abschließend beantwortet werden.

---

293 OLG Frankfurt am Main, Beschluss vom 24. November 2005 – 26 Sch 13/05, SchiedsVZ 2006, 222; Zöller/*Geimer*, § 1035 Rn. 9; *Schwarz/Konrad*, The Vienna Rules, 15-043 f.; Schütze/*Theune*, Art. 20-DIS-Schiedsgerichtsordnung, Rn. 12.

294 *Hanotiau*, J Int'l Arb 18 (3), 253, 341.

4. Übertragbarkeit dieser Lösungsansätze auf die Konsolidierung von Verfahren mit unterschiedlichen Beteiligten

Auch bei der Konsolidierung von Verfahren, an welchen verschiedene Personen beteiligt sind und hierdurch eine Mehrvertrags-Mehrparteiensituation begründet wird, können sich Probleme bei der Zusammensetzung des Schiedsgerichts ergeben. Wie bereits erwähnt, ist dabei keine Unterscheidung zwischen Personenmehrheit auf Kläger- und Beklagtenseite vorzunehmen – die Problematik ist vielmehr in beiden Situationen dieselbe, da in diesem Fall die Kläger nicht die erläuterte vorteilhafte prozessuale Stellung innehaben.

Idealerweise sollte die Konsolidierung in einem möglichst frühen Verfahrensstadium, in welchem in keinem der betroffenen Verfahren bereits Schiedsrichter benannt sind, erfolgen. So können sich die Parteien nach erfolgter Verfahrensverbindung sämtlich an der Konstituierung des Schiedsgerichts beteiligen. Um die gleichberechtigte Einflussnahme zu gewährleisten, ist es auch in diesen Gestaltungen sachgerecht, auf die soeben dargestellten Überlegungen im Rahmen anfänglicher Mehrparteienverfahren zurückzugreifen. Die Beteiligten des verbundenen Verfahrens sind in Kläger- und Beklagtenseite einzuteilen, welche jeweils als prozessuale Einheit einen gemeinsamen Parteischiedsrichter benennen; ist auf einer oder beiden Seiten keine Einigung zu erreichen, wird das gesamte Tribunal von einer neutralen Stelle benannt. Einige der hier betrachteten nationalen sowie institutionellen Bestimmungen schreiben ein solches Vorgehen ausdrücklich auch für die Konsolidierung von Schiedsverfahren vor[295], wieder andere schweigen hierzu. In letztgenannten Fällen sollte aber gleichsam vorgegangen werden beziehungsweise die Bestimmungen zur Konstituierung des Schiedsgerichts bei anfänglichen Mehrparteienverfahren entsprechend Anwendung finden, da die Interessenlage der Beteiligten bezüglich gleichberechtigter Einflussnahme auf das Schiedsgericht in anfänglichen Mehrparteienverfahren wie bei der Konsolidierung bereits eingeleiteter Verfahren identisch ist.

---

295 Vgl. Art. 1046 Abs. 3 niederländische ZPO: 3: „*If the President orders consolidation in full, the parties shall in consultation with each other appoint one arbitrator or an uneven number of arbitrators and determine the procedural rules which shall apply to the consolidated proceedings. If, within the period of time prescribed by the President, the parties have not reached agreement on the above, the President shall, at the request of any of the parties, appoint the arbitrator or arbitrators and, if necessary, determine the procedural rules which shall apply to the consolidated proceedings. The President shall determine the remuneration for the work already carried out by the arbitrators whose mandate is terminated by reason of the full consolidation.*“

Gleichwohl ist nicht auszuschließen, dass die Zusammenlegung der Verfahren erst zu einem Zeitpunkt erfolgt, zu dem bereits in einem oder mehreren Verfahren Schiedsrichter benannt wurden[296]. Dies wirft die Frage auf, ob es sachgerecht ist, das verbundene Verfahren mit den bereits ernannten Schiedsrichtern fortzusetzen oder ob vielmehr eine Neu-Besetzung des Schiedsgerichts erforderlich ist.

Die betrachteten nationalen Schiedsverfahrensrechte sowie institutionellen Schiedsverfahrensordnungen treffen hierzu keine Regelungen. Grundsätzlich gilt daher, dass die Schiedsrichter des Verfahrens, auf das verbunden wird, zuständig sind, was in aller Regel das zuerst begonnene Verfahren sein wird[297]. Damit wird jedoch den Parteien des aufgegebenen Verfahrens jegliche Einflussmöglichkeit auf die Konstituierung des Schiedsgerichts genommen, wohingegen den Beteiligten des Verfahrens, auf das verbunden wird, diese Einflussnahme weiterhin in vollem Maße zugestanden wird – dürfen sie doch „ihre" Schiedsrichter behalten. Dies stellt eine Ungleichbehandlung zu Lasten der Beteiligten des aufgegebenen Verfahrens dar, welche unter anderem mit dem Grundsatz der Waffengleichheit nur schwierig zu vereinbaren scheint[298].

Haben die Parteien der Konsolidierung zugestimmt, so sollte differenziert werden: Erklären die Parteien während des Verfahrens und nach bereits erfolgter Ernennung der Schiedsrichter ihr Einverständnis zur Konsolidierung, so haben sie dadurch ebenfalls ihre Zustimmung zu den Schiedsrichtern im Verfahren, auf das verbunden wird, erteilt – freilich vorbehaltlich einer etwaigen ausdrücklichen Ablehnung der Schiedsrichter. Des Verzichts, in gleichberechtigter Weise auf die Konstituierung des Schiedsgerichts Einfluss zu nehmen, waren sich die Parteien in diesem Fall konkret bewusst. Daneben ist unwahrscheinlich, dass sich Parteien in einem anschließenden Anerkennungs- und Vollstreckungsverfahren gestützt auf die Konstituierung des Schiedsgerichts gegen den Schiedsspruch zur Wehr setzen, sofern sie zuvor ausdrücklich den Schiedsrichtern in diesem Verfahren zugestimmt haben – andernfalls würden sich die Beteiligten widersprüchlich verhalten.

Allerdings kann, wie bereits dargelegt, das Einverständnis zur Zusammenlegung von Verfahren auch vor Entstehen der Streitigkeit geäußert werden. Insbesondere kann die Zustimmung bereits in der Schiedsvereinbarung selbst

---

296 Zu der Frage des Zeitpunkts der Konsolidierung siehe unter Seite 154 ff.

297 Vgl. Art. 10 (3) ICC-Regeln oder Art. 8.2 DIS-Regeln.

298 ebenso *Born*, International Commercial Arbitration, Chapter 18.02 [D]; *Jenkins*, International Construction Arbitration Law, § 7.03[C].

enthalten sein und muss nicht während des laufenden Verfahrens noch einmal wiederholt werden. Wird das Einverständnis ausschließlich im Vorfeld der Streitigkeit erklärt, so ist fraglich, ob dies ausreichend ist. Zwar könnte man, wie auch im Rahmen anfänglicher Mehrparteienverfahren, argumentieren, dass durch die in der Schiedsvereinbarung erteilte Zustimmung zur Konsolidierung dem Verlust dieses Rechts zugestimmt wurde[299]. Indes ist die Situation hier eine andere: Während in anfänglichen Mehrvertrags-Mehrparteienverfahren durch zuvor dargestellten Lösungsweg die Gleichbehandlung der Beteiligten bezüglich der Konstituierung des Schiedsgerichts gewahrt wird, ist es möglich, dass bei der Verfahrensverbindung einigen Parteien dieses Recht unter Umständen vollständig genommen wird, wohingegen andere Beteiligte diesbezüglich keinerlei Einschränkungen im Vergleich zu klassischen bilateralen Verfahren hinnehmen müssen. Dies wäre aber, wie bereits angesprochen, nicht mit den Geboten der Waffengleichheit und des fairen Verfahrens vereinbar.

Eine Möglichkeit, die Gleichberechtigung der Beteiligten in diesen Fällen sicherzustellen, wäre, die Schiedsrichter abzuberufen und das Schiedsgericht sodann erneut nach den Bestimmungen, die im Rahmen anfänglicher Mehrparteienverfahren Anwendung finden, zu benennen. Nachteilig an diesem Ansatz wäre der Zeitverlust, der nicht nur mit der Abberufung und Neuernennung der Schiedsrichter einherginge. Da unter Umständen nicht alle oder gar keiner der so ernannten Schiedsrichter über den Inhalt sämtlicher verbundenen Verfahren in Kenntnis wären, müssten möglicherweise Verfahrensschritte wiederholt werden, damit die nun betrauten Schiedsrichter die zur Entscheidungsfindung nötigen Informationen zur Sach- und Rechtslage der verbundenen Verfahren erlangen. Zwar könnte so die gleichberechtigte Einflussnahme aller bezüglich der Konstituierung des Schiedsgerichts gewährleistet werden, im Hinblick auf den möglichen, damit zusammenhängenden Zeitverlust sollte aber genau hinterfragt werden, ob eine Verbindung von Verfahren im konkreten Fall sinnvoll erscheint. Eine ähnliche Vorgehensweise sieht Art. 15 Abs. 8 CEPANI-SchO vor. Dieser räumt dem Ernennungsausschuss oder dem Präsidenten bei der Annahme des Antrags auf Konsolidierung die Befugnis ein, jedes Mitglied des Schiedsgerichts zu ernennen, die Parteien haben aber auch die Möglichkeit, bereits ernannte Richter bestätigen zu lassen. Allerdings sieht die Regelung keine

---

299 So unter anderem *Frick*, Arbitration and Complex International Contracts, S. 236; ähnlich auch *Lachmann*, Handbuch für die Schiedsgerichtspraxis, Rn. 2835; ebenso für den ähnlich gelagerten Fall des joinders, *Lew/Mistelis/Kröll*, Comparative International Commercial Arbitration, Rn. 16–29.

Ermächtigung des Ernennungsausschusses oder des Präsidenten zur Kündigung von bereits erfolgten Ernennungen oder Bestätigungen von Schiedsrichtern vor. Gemäß einiger Stimmen in der Literatur bedeutet dies für die Praxis, dass eine Verbindung von Verfahren nicht möglich ist, wenn bereits in beiden Schiedsverfahren unterschiedliche Schiedsrichter ernannt oder bestätigt wurden, es sei denn, die Schiedsrichter treten zurück oder werden auf Antrag der Parteien ersetzt[300]. Ähnliches wird wohl für den neu eingeführten (und nicht unumstrittenen) Art. 12 Abs. 9 ICC-SchO gelten. Dieser räumt dem Schiedsgerichtshof die Befugnis ein, entgegen der Parteivereinbarung alle Mitglieder des Schiedsgerichts zu ernennen, wenn ansonsten aufgrund der fehlenden Gleichbehandlung und Fairness die Gültigkeit und Vollstreckbarkeit des Schiedsspruches wesentlich gefährdet wäre. Die Frage, ob dem Schiedsgerichtshof damit auch die Befugnis eingeräumt wird, in den dargestellten Fällen der „spät erfolgten" Konsolidierung bereits ernannte Schiedsrichter abzuberufen und das Tribunal neu zu ernennen, um so die Gleichberechtigung der Parteien zu wahren, ist wohl eher zu verneinen[301].

Probleme im Hinblick auf die gleichberechtigte Einflussnahme der Schiedsparteien treten zudem auf, sofern, wie nach einigen nationalen sowie institutionellen Schiedsverfahrensregeln vorgesehen, die Verfahrensverbindung ohne Einwilligung der Parteien hierzu vorgenommen wird. An anderer Stelle wurde bereits erörtert, dass aufgrund der privatautonomen Natur der Schiedsgerichtsbarkeit diese Bestimmungen kritisch zu betrachten und im Ergebnis trotz des vermeintlich eindeutigen Wortlauts eine irgendwie geartete Zustimmung bezüglich Mehrvertragsverfahren zu fordern ist. Die Notwendigkeit eines solchen Einverständnisses zeigt sich auch in der Besetzung des Schiedsgerichts. Würde ein solches nicht gefordert werden, würde den Parteien des aufgegebenen Verfahrens ohne deren Einverständnis die Einflussmöglichkeit auf die Besetzung des Schiedsgerichts genommen. Hierüber kann auch nicht die Pflicht, das Schiedsverfahren in effizienter Weise durchzuführen, hinweghelfen. Denn aufgrund der privatautonomen Natur der Schiedgerichtsbarkeit sind in Bezug auf

---

300 *Kondev*, Multi-Party and Multi-Contract Arbitration in the Construction Industry, 4.2.3.

301 Die Regelung zielt eher auf Fälle ab, in welchen die Befolgung der Parteivereinbarung im Hinblick auf die Schiedsrichterbenennung zu einem Ungleichgewicht führen würde, vgl. unter anderem *Leoveanu/Giosan*, The 2021 ICC Arbitration Rules: Changes to the Arbitral Tribunal's Powers sowie The ICC Note to Parties and Arbitral Tribunals on the Conduct of the Arbitration under the ICC Rules of Arbitration.

die Verfahrensförderungspflicht andere Maßstäbe anzusetzen als im Rahmen staatlicher Verfahren, in welchen die Schonung der staatlichen Ressource Justiz eine zentrale Rolle einnimmt. Dementsprechend ist bei der Vornahme verfahrensgestaltender Handlungen in Schiedsverfahren stets danach zu fragen, welche Konsequenzen die Parteien bei der Gestaltung ihrer Schiedsvereinbarung vernünftiger- und legitimerweise vorhergesehen haben beziehungsweise vorhersehen mussten[302]. Haben die Beteiligten der Konsolidierung nicht zugestimmt, war eine Abkehr vom gewöhnlich Verfahrensablauf und damit der Verlust des Rechts, an der Konstituierung des Schiedsgerichts teilzuhaben, für diese unvorhersehbar. Dies umso mehr, da, wie dargelegt, keine Bestimmung für die Schiedsrichterbenennung in Fällen der Konsolidierung – insbesondere für Fälle der Konsolidierung nach bereits erfolgter Konstituierung des Schiedsgerichts in einem/allen der zu verbindenden Verfahren – existiert. Dementsprechend verwundert es nicht, dass bislang keine ICC Verfahren ohne Zustimmung der Parteien konsolidiert wurden, sofern in den betroffenen Verfahren bereits Schiedsrichter benannt waren[303]. Dieses Ergebnis steht auch in Einklang mit der in Art. 7 Abs. 5 der ICC-SchO enthaltenen Regelung zu „joinder", wonach in Fällen, in denen bereits das Schiedsgericht ernannt ist, der Beitritt unter dem Vorbehalt steht, dass die hinzukommende Partei das bereits konstituierte Schiedsgericht akzeptiert[304].

Abschließend ist noch zu beachten, dass sich im Hinblick auf die gleichberechtigte Einflussnahme bei der Ernennung der Schiedsrichter keine größeren Probleme ergeben sollten, sofern in den konsolidierten Verfahren ohnehin identische Schiedsrichter benannt waren[305]. Haben die Parteien der jeweiligen

---

302 *Gaillard/Savage*, Fouchard Gaillard Goldman on International Commercial Arbitration, Rn. 477, *„From this broad rule that contracts must be interpreted in good faith, more specific rules of interpretation can be derived, all of which stem from the need to establish the actual intention of the parties. First, the intention of the parties must be examined in context, that is to say, by taking into account the consequences which the parties reasonably and legitimately envisaged"*.

303 Schütze/*Theune*, Art. 10-ICC-Schiedsgerichtsordnung, Rn. 14, mit Verweis auf *Born*, International Commercial Arbitration, Chapter 18.02 [C] [2] [a]; siehe zudem *Bond/Paralika/Secomb*, Concise International Arbitration, 372 ff.

304 Siehe dazu ausführlicher *Menon/Tian*, Joinder and Consolidation Provisions under 2021 ICC Arbitration Rules: Enhancing Efficiency and Flexibility for Resolving Complex Disputes.

305 Ebenso Schütze/*Reiner/Petkutei/Kern*, Art. 10 ICC-Regeln, Rn. 12; *Frick*, Arbitration and Complex International Contracts, S. 236; *Whitesell, Anne Marie/Silva-Romero, Eduardo*, ICC Special Supplement 2003, 7, 16; *Bond/Paralika/Secomb*, Concise

Verfahren sich auf dieselben Schiedsrichter geeinigt, so konnte jeder Beteiligte „seinen" favorisierten Schiedsrichter benennen, der trotz der Konsolidierung beibehalten wird. Eine Ungleichbehandlung sollte in diesem Falle nicht gegeben sein[306]. Ferner ist es auch unwahrscheinlich, dass sich die Parteien des aufgegebenen Verfahrens im Falle der Konsolidierung plötzlich von den von ihnen (ebenfalls) gewählten Schiedsrichtern abwenden wollten, was gerade im Hinblick auf die Verfahrensförderungspflicht der Parteien eher fraglich scheint.

5. *Fazit*

Die Schiedsrichterbenennung ist eine der größten Herausforderungen bei der Durchführung von Mehrvertrags-Mehrparteienfällen. Als Folge der Dutco-Entscheidung sowie der steigenden Anzahl an komplexen Verfahren in der Schiedsgerichtsbarkeit haben Regelungen hierzu in institutionelle Verfahrens- sowie nationale Zivilprozessordnungen Einzug gehalten. Diese begegnen den in diesem Zusammenhang auftretenden Problematiken, indem sie grundsätzlich die gemeinsame Benennung eines einzigen Schiedsrichters durch die Mehrparteienseite vorsehen. Kommt eine Einigung nicht zustande, so wird das gesamte Tribunal von einer neutralen dritten Stelle benannt. Dieser Ansatz stellt einen praktikablen Lösungsweg dar, der einerseits die gleichberechtigte Einflussmöglichkeit sämtlicher Beteiligter wahrt, und zugleich ein Verfahren auch dann ermöglicht, sofern es zu keiner Einigung kommt oder diese aus unlauteren Gründen bewusst unterbleibt.

Handelt es sich nicht um ein anfängliches Mehrvertrags-Mehrparteienverfahren, sondern werden separat eingeleitete Schiedsverfahren verbunden, sollten sich keine weitergehenden Probleme ergeben, sofern entweder in den Verfahren identische Schiedsrichter benannt wurden oder aber die Konsolidierung zu einem Zeitpunkt erfolgt, in welchem in keinem der betroffenen Verfahren Schiedsrichter benannt wurden. In letzerem Fall könnten dann die für anfängliche Mehrparteienverfahren geschaffenen Bestimmungen zur Besetzung des Schiedsgerichts entsprechend angewandt werden. Erfolgt die Verfahrensverbindung allerdings in einem späteren Stadium, sollten die bereits ernannten Schiedsrichter abberufen

---

International Arbitration, 372, 373 f., „*As such, if arbitrators have been appointed or confirmed in the different arbitrations prior to the consolidation in one single arbitration, the Court will be unable to consolidate the arbitrations because it will be impossible to have a single arbitral tribunal in place, unless the already appointed or confirmed arbitrators are the same for all the different arbitrations.*"

306 So auch *Lachmann*, Handbuch für die Schiedsgerichtspraxis, Rn. 2837.

und ein neues Tribunal gebildet werden, um den beschriebenen Problematiken der gleichberechtigten Einflussnahme der Parteien auf die Zusammensetzung des Schiedsgerichts entgegenzutreten. Es wäre daher wünschenswert, wenn in nationale Zivilprozessordnungen sowie institutionelle Schiedsordnungen Regelungen, die zu einer solchen Abberufung ermächtigen, in Zukunft aufgenommen werden würden.

II. Nichtöffentlichkeit und Vertraulichkeit des Verfahrens

1. *Begriffsbestimmung und Problemaufriss*

Ein wesentlicher Vorzug des Schiedsverfahrens, der ebenfalls in der Natur der Schiedsgerichtsbarkeit als auf privater Vereinbarung beruhendes Verfahren wurzelt und maßgeblich zu dessen Attraktivität gerade in der internationalen Handelswelt beiträgt, ist dessen Vertraulichkeit[307].

Dabei umfasst dieser Begriff nicht nur die Vertraulichkeit des Verfahrens im engeren Sinne, sondern zugleich auch die Nichtöffentlichkeit dessen. Obwohl diese Prinzipien eng miteinander verbunden sind, sind diese nicht gleichzusetzen[308].

Die Nichtöffentlichkeit des Verfahrens bedeutet, dass der Allgemeinheit kein Zugang zum Verfahren gewährt werden muss, aber auch, dass eine Teilnahme Dritter am Verfahren ohne entsprechende Zustimmung der Verfahrensbeteiligten (sowie des Dritten selbst) nicht möglich ist[309]. Demgegenüber verpflichtet der Grundsatz der Vertraulichkeit im engeren Sinne die Beteiligten dazu, den Prozess als solchen, seinen Inhalt, die dort erhobenen Beweise und erlangten

---

307 *Glossner/Bredow/Bühler*, Das Schiedsgericht in der Praxis, Rn. 286; *Schwab/Walter*, Schiedsgerichtsbarkeit, Kapitel 1, Rn. 8; *Kleinschmidt*, SchiedsVZ 2006, 142, 144; *Mistelis*, Arbitration International 21 (2), 211–232; wie sich aus einer umfangreichen Studie ergibt, ist für 87 % der Nutzer die Vertraulichkeit des Verfahrens von Wichtigkeit und zählt zu den wichtigsten Eigenschaften des Schiedsverfahrens, Queen Mary 2018 International Arbitration Survey: The Evolution of International Arbitration, 3, 8.

308 *Kutschera*, Handbuch der Schiedsgerichtsbarkeit, Rn. 68; *Oldenstam/Von Pachelbel*, SchiedsVZ 2006, 31, 32; *Haas/Kahlert*, Arbitration in Germany, Privacy and Confidentiality Rn. 2, siehe eingehender *Smeureanu, Ileana M.*, Confidentiality in International Commercial Arbitration, S. 3 ff.

309 *Born*, International Commercial Arbitration, Chapter 20; *Lachmann*, Handbuch für die Schiedsgerichtspraxis, Rn. 144; *Kahlert*, Vertraulichkeit im Schiedsverfahren – Eine Untersuchung nach deutschem Recht mit internationalen Bezügen, S. 11; *Oldenstam/Von Pachelbel*, SchiedsVZ 2006, 31, 32; *Collins*, Arbitration International 11 (3), 321–336.

Informationen geheim zu halten[310]. Diese Prinzipien sind sowohl auf nationaler als auch auf internationaler Ebene anerkannt. Die genaue Ausgestaltung dieser obliegt den Parteien selbst nach dem der Schiedsgerichtsbarkeit immanenten Grundsatz, wonach die Schiedsparteien den Ablauf ihres Schiedsverfahrens frei wählen können.

Während sich Probleme bezüglich der Nichtöffentlichkeit und Vertraulichkeit in Mehrvertragsverfahren mit zwei Beteiligten naturgemäß nicht ergeben, da hier die Parteien das Verfahren allein gegen den von ihnen selbst gewählten Vertragspartner führen[311], kann sich die Situation in Mehrvertragsverfahren mit drei oder mehreren Beteiligten durchaus schwieriger gestalten. Hier kann dem Geheimhaltungsinteresse einiger Beteiligter der Anspruch anderer auf Erlangung sämtlicher entscheidungsrelevanter Tatsachen, die über ihre eigenen Vertragsbeziehungen hinausgehen, gegenüberstehen. Dieser Anspruch findet seinen Ursprung in den Prinzipien der Gleichbehandlung und des rechtlichen Gehörs, in Deutschland verankert in Art. 103 Abs. 1 GG, welche nicht nur wesentliche Merkmale des Verfahrens vor staatlichen Gerichten sind, sondern auch einen „*Grundpfeiler des heutigen Schiedsgerichtsverfahrens*"[312] darstellen. Um diese Prinzipien zu wahren, müssen die Schiedsparteien aktiv, gleichberechtigt und selbstbestimmt auf die Gestaltung des Verfahrens einwirken, insbesondere zu effektiven prozessualen Angriffs- und Verteidigungsmitteln greifen können[313]. Dies ist aber nur möglich, wenn die beteiligten Personen umfassend über sämtliches Vorbringen der anderen Parteien informiert werden und Zugang zu diesem haben, weshalb der Anspruch auf rechtliches Gehör den Parteien neben dem Recht auf Äußerung und Berücksichtigung des eigenen Vorbringens auch ein Recht auf Information sichert[314].

---

310 *Oldenstam/Von Pachelbel*, SchiedsVZ 2006, 31, 32; *Born*, International Commercial Arbitration, Chapter 20.01.

311 Freilich kann es sein, dass hier im Verhältnis zu Einvertragsverfahren der Kreis der Zeugen oder Sachverständigen vergrößert werden muss. Allerdings sind diese nicht während der ganzen Schiedsverhandlung beteiligt, sondern lediglich während der Beweisaufnahme, sodass das Verfahren als solches nichtöffentlich und vertraulich bleibt; ebenso auch *Leboulanger*, J Int'l Arb 13 (4), 43, 65; *Steingruber*, Consent in International Arbitration, 10.54.

312 BGH, Urteil vom 14. Mai 1992 – III ZR 169/90, NJW 1992, 2299; für die internationale Ebene *Poudret/Besson*, Comparative Law of International Arbitration, Rn. 548 f.

313 BVerfG, Beschluss vom 7. Oktober 2003 – 1 BvR 10/99, NJW 2003, 3688; BGH, Urteil vom 19. September 1977 – VIII ZR 120/75, NJW 1978, 1114.

314 BVerfG, Beschluss vom 7. Oktober 2003 – 1 BvR 10/99, NJW 2003, 3688, „*Das Grundgesetz sichert rechtliches Gehör im gerichtlichen Verfahren durch das Verfahrensgrundrecht*

Die praktische Relevanz des soeben Dargelegten innerhalb der Schiedsgerichtsbarkeit zeigt sich auch in der andernfalls gefährdeten Anerkennung und Vollstreckung des Schiedsspruchs: Die gleichberechtigte Verteidigungsmöglichkeit und die Gewährung rechtlichen Gehörs sind Teil des ordre public im Sinne des Art. V Abs. 2 UNÜ[315]. So hat bereits das OLG Hamburg einen Schiedsspruch in einem Fall aufgehoben, in welchem Dokumente einer der Parteien nicht zur Verfügung gestellt wurden[316]. Nach Auffassung des Gerichts sei der Vollstreckungsgegner aufgrund dessen in seiner Verteidigung eingeschränkt und damit in seinem Anspruch auf rechtliches Gehör verletzt, da die Wahrung dieser Grundsätze nur durch wechselseitige Information der jeweils vorgebrachten sachlichen und rechtlichen Argumente gewährleistet werden könne.

Allerdings stellt sich die Frage, ob die Erweiterung des Personenkreises und die damit verbundene erforderliche Weitergabe entscheidungserheblicher Tatsachen an sämtliche Beteiligte nicht eine Verletzung der Prinzipien der Nichtöffentlichkeit und Vertraulichkeit des Verfahrens bedeutet, die ihrerseits ebenfalls die Gefahr der Aufhebung des Schiedsspruchs mit sich bringt.

2. *Mögliche Verletzung dieser Prinzipien in Mehrvertrags-Mehrparteienverfahren*

Sind sämtliche Beteiligte jeweils auch Partei aller streitbefangenen materiellrechtlichen Vertragsverhältnisse, so sollte sich auch in Mehrparteiensituationen kein Konflikt dieser widerstreitenden Interessen ergeben, beziehungsweise die Gefahr eines solchen sehr gering sein. In diesen Fällen ist davon auszugehen, dass die Beteiligten ohnehin in Kenntnis über den jeweiligen Vertragsinhalt, die Umstände des konkreten Vertragsschlusses und weiterer, damit zusammenhängender Faktoren sind. Damit ist zum einen gewährleistet, dass die Beteiligten sämtlich über die entscheidungsrelevanten Tatsachen informiert sind. Zum anderen ist eine Offenlegung von geheimen, schützenswerten Vertragsinhalten an Personen, die nicht bereits über diese informiert sind, praktisch ausgeschlossen. Zuletzt ist zu berücksichtigen, dass sich die Beteiligten ihre Vertragspartner selbst ausgesucht haben und damit auch, wer Kenntnis über Vertrag, Vertragsinhalt sowie weitere Umstände des Vertragsschlusses erlangt. Die Durchführung

---

des Art. 103 Absatz I GG. Garantiert ist den Parteien ein Recht auf Information, Äußerung und Berücksichtigung mit der Folge, dass sie ihr Verhalten im Prozess eigenbestimmt und situationsspezifisch gestalten können."

315 *Lachmann*, Handbuch für die Schiedsgerichtspraxis, Rn. 1358.

316 OLG Hamburg, Urteil vom 3. April 1975 – 6 U 70/74, MDR 1975, 940.

eines Mehrvertragsverfahrens zwingt die Parteien in diesem Fall folglich nicht dazu, Informationen an Personen, mit welchen sie selbst nicht kontrahieren wollten, offenzulegen.

Ähnliches sollte dem Grunde nach gelten, wenn die beteiligten Personen zwar nicht sämtlich Partei der streitbefangenen Verträge sind, sie jedoch durch eine gemeinsame Schiedsvereinbarung verbunden sind. Auch in diesem Fall haben sich die Parteien ihren (Schieds-)Vertragspartner selbst ausgesucht. Das Kontrahieren mit diesem sowie die mögliche Weitergabe sensibler Informationen während eines Schiedsverfahrens innerhalb des von der Schiedsvereinbarung erfassten Personenkreises sollte für die Beteiligten bereits bei Abschluss dieser hinreichend vorhersehbar gewesen sein.

Sind die Beteiligten jedoch nicht jeweils sämtlich Partei der zugrunde liegenden materiellen Verträge und auch nicht an eine gemeinsame Schiedsvereinbarung gebunden, gestaltet sich die Situation schwieriger. In diesen Fällen kann es in der Tat zu obenstehendem Konflikt kommen und die Beteiligten müssen zur Wahrung der Gleichberechtigung sowie des Anspruchs auf rechtliches Gehör Informationen an Personen offenlegen, mit denen sie weder auf materiellrechtlicher noch schiedsgerichtlicher Ebene durch eine kollektive Vereinbarung verbunden sind.

Hier ist zunächst zu beachten, dass das Argument einiger Autoren, die Beteiligten hätten in den Gestaltungen, in welchen Mehrparteienverfahren in Betracht kämen, ohnehin Kenntnis über die streitigen Informationen, weshalb keine Verletzung der Grundsätze der Nichtöffentlichkeit und Vertraulichkeit drohe[317], nicht zu überzeugen vermag. Zwar ist diesen Stimmen insoweit recht zu geben, als dass bei einem einheitlichen wirtschaftlichen Vorfall, der ein solches Verfahren wünschenswert erscheinen lässt, tatsächlich die an der Transaktion Beteiligten über den Sachverhalt als solchen informiert sein werden. Ob dies jedoch auch auf sensible Inhalte der Vertragsverhältnisse, zu denen einige Beteiligte nicht Partei sind, zutrifft, erscheint indes fraglich[318].

Ferner ist die Weitergabe besagter Informationen durch die Vorteile, die die Durchführung eines Mehrvertragsverfahrens mit sich bringt, nicht per se gerechtfertigt. Wird beispielsweise ein Mitbewerber durch angeordnete

---

317 *Ten Cate,* The American Review of International Arbitration 15, 133, 139; *Strong,* Journal of Transnational Law 31, 917, 933 f.

318 So auch *Nicklisch,* J Int'l Arb 11 (4), 57, 69, „*The objection that the companies involved in a large-scale project will, in any case, be familiar with the content of the various legal- and especially contractual-relationships is not a valid one.*“

Konsolidierung Beteiligter des Verfahrens und sind diesem zur sachgerechten Verteidigung wettbewerbsrelevante Betriebsinterna oder ähnliche Dokumente offenzulegen, kann dies zu massiven wirtschaftlichen Schäden einer Partei führen[319]. In solchen Fällen wäre es fälschlich zu behaupten, dass die mit Durchführung eines Mehrvertrags-Mehrparteienverfahrens erzielten Vorteile das Interesse der Parteien an Geheimhaltung sensibler Informationen überwiegen.

Allerdings können die Schiedsparteien, wie bereits angesprochen, diese Prinzipien aufgrund der privatautonomen Natur der Schiedsgerichtsbarkeit durch Vereinbarungen weitgehend frei und nach ihren Bedürfnissen bestimmen. Haben die Beteiligten, wie nach den meisten im Rahmen der Arbeit betrachteten nationalen wie institutionellen Bestimmungen erforderlich, ihr Einverständnis zur Durchführung eines Mehrvertrags-Mehrparteienverfahrens erklärt, ist davon auszugehen, dass sie hierdurch konkludent auch die Offenlegung der für das Verfahren wesentlichen Informationen an sämtliche Verfahrensbeteiligte, also auch an Personen, mit denen sie unter Umständen nicht selbst ein schuldrechtliches Verhältnis eingegangen sind, gebilligt haben. Zwar kann die Zustimmung zu Mehrvertrags-Mehrparteienverfahren vor Entstehen der Streitigkeit und somit zu einem Zeitpunkt, in welchem für die Beteiligten noch nicht hinreichend erkennbar war, welche weiteren Personen in ihr Schiedsverfahren miteinbezogen werden und an welche folglich Informationen offenzulegen sind, erfolgen. Dies bedeutet jedoch nicht, dass in diesen Fällen eine Verletzung dieser Grundsätze besteht: Wegen der erklärten Zustimmung zur Durchführung eines Mehrparteienverfahrens wird man annehmen können, dass sich die Beteiligten über die abstrakte Möglichkeit der Weitergabe von Informationen an Dritte als Konsequenz eines solchen Verfahrens bewusst waren. Denn die Erweiterung des Kreises der in das Schiedsverfahren involvierten Personen und damit derer, die zum Verfahren und zu dessen Inhalt Zugang haben, liegt in der Natur des Mehrparteienverfahrens. Vor allem aber führt die Durchführung eines Mehrparteienverfahrens nur zu einer begrenzten Erweiterung des Beteiligtenkreises. Es wird gerade nicht der Öffentlichkeit beziehungsweise Dritten, die nicht mit der streitigen Transaktion befasst sind, Zugang zum Verfahren gewährt. Auch eine Veröffentlichung von Verfahrens- oder Betriebsinterna über den so

---

319 *Lew/Mistelis/Kröll*, Comparative International Commercial Arbitration, Rn. 16–75; *Strong*, Michigan Journal of International Law 30 (4), 1025; ähnlich auch *Hanotiau*, Multi-Patry, Multi-Contract, Multi-Issue – A comparative Study, Rn. 510, der das gewichtige Interesse der Parteien an Geheimhaltung von „*know-how, marketing, pricing and profit margins*“ hervorhebt.

erweiterten Personenkreis hinaus besteht nicht. Daneben ist eine Offenlegung nur bezüglich der entscheidungserheblichen Tatsachen erforderlich und damit nicht zwingend sämtlicher schützenswerter Vertragsinhalte oder anderer sensibler Informationen. Die Durchbrechung der Grundsätze der Nichtöffentlichkeit und Vertraulichkeit ist auf das zur sachgerechten Durchführung des Mehrparteienverfahrens und der Wahrung des Anspruchs auf rechtliches Gehör sowie der Gleichberechtigung der Parteien Erforderliche beschränkt, was die Beteiligten durch ihre Zustimmung zu einem solchen Verfahren in Kauf genommen haben[320]. Etwaig getroffene Vertraulichkeitsvereinbarungen gelten im erweiterten Personenkreis fort.

Allerdings erlauben, wie mehrfach erwähnt, einige Bestimmungen (zumindest ihrem Wortlaut nach) die Konsolidierung bereits eingeleiteter Verfahren auch ohne Zustimmung der Beteiligten hierzu. Eine so vorgenommene Verfahrensverbindung ist aber nicht nur im Blick auf die privatautonome Natur des Schiedsverfahrens sowie der Bedenken bezüglich der Konstituierung des Schiedsgerichts fraglich, ein solches Vorgehen erscheint auch im Hinblick auf eine mögliche Verletzung der Prinzipien der Nichtöffentlichkeit und Vertraulichkeit zweifelhaft.

Werden Dritten Informationen ohne Einverständnis der Betroffenen offengelegt, sind einige Autoren der Ansicht, dass in diesen Fällen eine Verletzung vorgenannter Prinzipien vorliege und führen an, dass Bedenken diesbezüglich mitunter die Hauptgründe seien, die Verbindung von Verfahren mit unterschiedlichen Beteiligten ohne deren Einverständnis zu unterlassen[321]. Doch nicht nur in der Literatur werden Zweifel geäußert, ob eine angeordnete Konsolidierung mit diesen Grundsätzen vereinbar ist[322]. So haben englische Gerichte bereits die Konsolidierung von Verfahren sowie gleichzeitige Anhörungen von Beteiligten verschiedener Schiedsverfahren ohne Zustimmung der Parteien unter Verweis auf eine mögliche Verletzung der Nichtöffentlichkeit und Vertraulichkeit

---

320 Die Literatur ist sich weitgehend einig, dass Bedenken im Hinblick auf die Grundsätze der Nichtöffentlichkeit und Vertraulichkeit nicht gegeben sind, sofern sämtliche Parteien der Konsolidierung zustimmen, vgl. *Massuras,* dogmatische Strukturen der Mehrparteienschiedsgerichtsbarkeit, 135; für die Nebenintervention *Haman/Lennarz,* SchiedsVZ 2006, 289.

321 *Leboulanger,* J Int'l Arb 13 (4), 43, 65; *Park (et al.),* Arbitration International 7 (4), 389–392.

322 Generell zu Vertraulichkeitsbedenken in Bezug auf die Konsolidierung von Schiedsverfahren *Smeureanu, Ileana M.*, Confidentiality in International Commercial Arbitration, S. 136 ff.

als unzulässig erachtet[323]. Dabei betonten die Gerichte vor allem den sensiblen und vertraulichen Charakter des Schiedsverfahrens aufgrund dessen es unwahrscheinlich erscheine, dass die Parteien die Anwesenheit einer weiteren Partei am Verfahren, die nicht „ihr“ Vertragspartner ist, gewünscht hätten[324].

Entgegen dem soeben Gesagten finden sich auch Stimmen, welche die Konsolidierung von Schiedsverfahren ohne Zustimmung der Parteien als mit den Prinzipien der Nichtöffentlichkeit und Vertraulichkeit vereinbar erachten beziehungsweise nach deren Auffassung eine Verfahrensverbindung (zumindest) nicht (alleine) wegen Bedenken diesbezüglich unterbleiben sollte[325]. Dafür spräche bereits die grundsätzliche Verschiebung hin zu mehr Transparenz in Schiedsverfahren, insbesondere in Fällen, die Angelegenheiten von öffentlichem Interesse beträfen[326]. Dieses Argument ist allerdings zweifelhaft: Solange das Bestreben um Transparenz im Schiedsverfahren – unabhängig von der Anzahl der beteiligten Personen – ein solches bleibt und damit keine (zumindest teilweise) Abkehr

---

323 *Oxford Shipping Co Ltd v. Nippon Yusen Kaisha (The Eastern Saga),* High Court of Justice, Queen's Bench Division (Commercial Court), [1984] 2 Lloyd's Rep. 374; 3 All E R 835; *Hassneh Ins. Co. of Israel v. Mew* [1993] 2 Lloyd's Rep. 243 (QB) (English High Ct.); *Born*, International Commercial Arbitration, Chapter 18.01; *Veeder*, Arbitration International 2 (4), 310 ff.; *Lew/Mistelis/Kröll*, Comparative International Commercial Arbitration, Rn. 16–75; *Guarin, Marc F.*, International approaches to court-ordered consolidation of arbitral proceedings, The American Review of International Arbitration.

324 *Oxford Shipping Co Ltd v. Nippon Yusen Kaisha (The Eastern Saga),* High Court of Justice, Queen's Bench Division (Commercial Court), [1984] 2 Lloyd's Rep. 374; 3 All E R 835, „*He remarks that evidence adduced at the arbitration hearing may be of a sensitive or confidential character, such as makes it unlikely that the parties would have wished, even if they had foreseen it, that any third person should be present. He says that the parties cannot be taken to have contemplated that evidence given would be tested by anyone other than the other party to the arbitration agreement or, come to that, would be challenged by evidence adduced or arguments proffered by any third party*“.

325 So z.B. Pair, aber wohl auch Voser, die meint, die Sorge um confidentiality sollte nicht überbetont werden.

326 *Pair*, Consolidation in International Commercial Arbitration – the ICC and Swiss Rules, 115; so auch im Zusammenhang mit class arbitration *Strong*, Michigan Journal of International Law 30 (4), 1025, 1089, „*Given the shift toward increased transparency in bilateral arbitration, particularly in cases involving matters of public interest, it would be difficult to oppose class arbitration simply on the claim that the procedure violates principles of privacy or confidentiality.*“.

der in Rede stehenden Prinzipien erfolgt, kann das bloße Verlangen hiernach nicht die dargestellte Durchbrechung dieser Grundsätze rechtfertigen.

Äußerst vage ist auch das von Strong vorgebrachte Argument, wonach Schiedsparteien häufig öffentliche Pressekriege führen würden und so selbst die Gebote der Nichtöffentlichkeit und Vertraulichkeit umgingen[327]. Der in diesem Zusammenhang ebenfalls angeführte Einwand, in einem möglicherweise nachfolgenden Anerkennungs- und Vollstreckungsverfahren drohe ohnehin eine Veröffentlichung der ergehenden Entscheidung und damit die Offenlegung sensibler Informationen[328], hinkt im Ergebnis gleichsam. Denn anders als im Rahmen der angeordneten Konsolidierung nimmt hier der Vollstreckungsgegner die potenzielle Offenlegung sensibler Informationen bewusst in Kauf, um sich gegen die Vollstreckung eines (seiner Auffassung nach fehlerhaften) Schiedsspruchs zu verteidigen. Die mögliche Offenlegung von Informationen ist in diesem Fall gerechtfertigt, da mangels einer höheren Instanz innerhalb der Schiedsgerichtsbarkeit selbst nur so hinreichend Rechtsschutz gewährt werden kann.

Zuletzt ist die Situation der angeordneten Konsolidierung nicht mit den Fällen zu vergleichen, in welchen ausnahmsweise eine Durchbrechung der Prinzipien der Nichtöffentlichkeit und Vertraulichkeit anerkannt ist[329]. So müssen beispielsweise nach den Wertpapiervorschriften Geschäftsführer von Aktiengesellschaften, die in ein Schiedsverfahren involviert sind, gegebenenfalls Informationen über die im Schiedsverfahren behandelten Streitigkeiten an ihre Aktionäre und die Öffentlichkeit weitergeben[330]. Da es sich bei diesen Fällen um Ausnahmefälle, in welchen besondere, übergeordnete Gründe eine Durchbrechung dieser Grundsätze rechtfertigen, handelt, ist eine Übertragung auf andere Gestaltungen nicht möglich.

3. *Fazit*

Mehrvertragsverfahren mit drei oder mehr Beteiligten führen nicht zu einer völligen Aufhebung der Grundsätze der Nichtöffentlichkeit und Vertraulichkeit des

327 *Strong*, Journal of Transnational Law 31, 917, 934, „*Many parties who claim that they want to keep proceedings secret often engage in public press wars, leaking confidential documents and pleadings to the media in order to put pressure on their opponents or destroy their adversaries' public image.*"

328 *Daly*, University of Miami Law Review 62, 95, 125; *Pair*, Consolidation in International Commercial Arbitration – the ICC and Swiss Rules, 113.

329 So aber *Daly*, University of Miami Law Review 62, 95, 125.

330 Beispielsweise nach § 15 WpHG.

Verfahrens – der Allgemeinheit wird gerade kein Zutritt zum Schiedsverfahren gewährt, die Erweiterung des Personenkreises ist beschränkt auf die Beteiligten, etwaige Vertraulichkeitsbestimmungen gelten fort.

Indes können durch die – in Mehrparteienverfahren in der Natur der Sache liegende – vergrößerte Anzahl der Beteiligten diese Prinzipien beeinträchtigt werden, gerade wenn dadurch sensible Daten an Mitbewerber offengelegt werden müssen[331]. Dies ist aber unter Umständen nötig, um sämtlichen Beteiligten den erforderlichen Zugang zu entscheidungsrelevanten Informationen und damit zur sachgerechten Verteidigung zu ermöglichen, um so die der Schiedsgerichtsbarkeit immanenten Maximen der Gleichberechtigung sowie des rechtlichen Gehörs zu wahren. Gleichwohl kann dies die Beeinträchtigung der Nichtöffentlichkeit und Vertraulichkeit von Schiedsverfahren ebenso pauschal rechtfertigen wie die Vorteile, die sich von Mehrvertrags-Mehrparteienverfahren versprochen werden – insbesondere, da sich die Parteien unter Umständen gerade aufgrund der Nichtöffentlichkeit und Vertraulichkeit für die Durchführung eines Schiedsverfahrens entschieden haben könnten[332].

Die Parteien können allerdings aufgrund der privatautonomen Natur der Schiedsgerichtsbarkeit einer Durchbrechung dieser Grundsätze zustimmen. Erfolgt die Durchführung des Mehrvertragsverfahrens mit Einwilligung der Beteiligten, sollten die Prinzipien der Nichtöffentlichkeit und Vertraulichkeit einem solchen Verfahren nicht entgegenstehen.

Demgegenüber sprechen Bedenken im Hinblick auf den vertraulichen Charakter des Schiedsverfahrens ebenfalls eher gegen die ohnehin umstrittene Durchführung solcher Verfahren ohne ein zumindest irgendwie geartetes Einverständnis der Beteiligten hierzu.

III. Notwendigkeit der Wiederholung bestimmter Verfahrensschritte in Fällen der Konsolidierung

Obgleich eine möglichst frühe Verbindung der Verfahren wünschenswert erscheint, ist eine solche, wie an anderer Stelle dargelegt, wohl bis zur Entscheidungsreife der Sache möglich und damit in einem Stadium, in welchem in den betroffenen Verfahren nicht nur bereits das Schiedsgericht ernannt wurde, sondern gleichsam weitere Verfahrensschritte wie der Austausch von Schriftsätzen,

---

331 *Nicklisch*, J Int'l Arb 11 (4), 57, 69, „*The admission of multi-party arbitration, while not representing a general suspension of the confidentiality principle, does impair it to a substantial degree.*“

332 *Bamforth/Maidment*, ASA Bulletin 27 (1), 3, 5.

die Vorlegung bestimmter Beweismittel, wie Sachverständigengutachten, oder die Anhörung von Zeugen stattgefunden haben.

Während die Schiedsparteien in Zwei-Personen-Konstellationen sowie Mehrparteiensituationen, in welchen die Schiedsparteien der verbundenen Verfahren identisch sind, naturgemäß sämtlich mit den Erkenntnissen der jeweiligen Verfahren vertraut sind und sich in diesen Fällen diesbezüglich keine größeren Probleme ergeben sollten, gestaltet sich die Lage anders, sofern an den betreffenden Verfahren verschiedene Personen beteiligt sind. Hier werden die Parteien des einen Verfahrens regelmäßig weder über den Stand des anderen Verfahrens noch der dort erlangten Erkenntnisse informiert sein. Um dem Anspruch auf rechtliches Gehör sowie dem Gleichbehandlungsgebot Genüge zu tun, ist jedoch sämtlichen am Verfahren beteiligten Personen Zugang zu entscheidungsrelevanten Informationen zu gewähren, um den Beteiligten die gleichwertige Ausübung sämtlicher Angriffs- und Verteidigungsmittel zu ermöglichen. Dies ist insbesondere auch vor dem Hintergrund zu beachten, da ansonsten die Anerkennung und Vollstreckung des Schiedsspruchs gefährdet ist.

Erfolgt die Konsolidierung in einem Stadium, in welchem bereits Verfahrensschritte, insbesondere zur Ermittlung des Sachverhalts, vorgenommen wurden, stellt sich die Frage, wie vorgenannte Prinzipien gewahrt werden und etwaige Informationsdefizite ausgeglichen werden können.Ist dafür notwendig, dass sämtliche Handlungen der einzelnen Verfahren, die für die Entscheidung von Bedeutung sind, wiederholt werden müssen oder kann auf andere Weise ein faires, gleichberechtigtes Verfahren gewährleistet werden?

Relevant ist dies insbesondere im Hinblick auf bereits in den jeweiligen Verfahren erfolgte mündliche Verhandlungen und in diesem Zusammenhang durchgeführte Zeugenaussagen. Da eine erneute Vornahme solcher nicht nur mit zusätzlichen Kosten, sondern auch mit zusätzlichem Zeitaufwand verbunden wäre, wäre es zur Durchführung eines effizienten Verfahrens wünschenswert, wenn die Wiederholung solcher Verfahrensschritte auf andere Weise, zum Beispiel durch Übersendung und Verlesung von Protokollen, ersetzt werden könnte.

Mag dies auf den ersten Blick eine sinnvolle, Zeit und Kosten sparende Alternative darstellen, so gilt es hier jedoch eine – im Vergleich zum Ablauf der Zeugenvernehmung im deutschen Zivilprozess – Besonderheit des internationalen Schiedsverfahrens zu beachten: Während in deutschen Zivilverfahren die Parteien alle Tatsachen, deren Bestätigung sie sich durch die Zeugenaussage erhoffen, bereits in ihren Schriftsätzen vorgetragen haben und die Vernehmung des Zeugen in der mündlichen Verhandlung vor allem durch das Gericht selbst erfolgt[333], wird der Zeugenbeweis gerade in Schiedsverfahren mit Beteiligten aus Common Law Staaten nicht vornehmlich durch das Schiedsgericht selbst, sondern durch die Prozessbevollmächtigten der Parteien vorgenommen[334]. Dabei findet eine anwaltliche Zeugenvernahme nicht nur des eigenen Zeugen (direct examination), sondern auch des Zeugen der Gegenseite nach dem Vorbild des aus dem angloamerikanischen Rechtskreis bestehenden Kreuzverhörs (cross examination) statt. Sinn und Zweck der Letzteren ist, die Glaubwürdigkeit des Zeugen der Gegenseite beziehungsweise die Glaubhaftigkeit seiner Aussage zu zerrütten[335].

Aufgrund dieser Bedeutung der Zeugenvernahme durch die Parteien selbst oder durch deren Vertreter und der damit zusammenhängenden Auswirkungen auf die Gleichwertigkeit der zur Verfügung stehenden Angriffs- und Verteidigungsmittel, kann es in der Tat geboten sein, die entsprechenden Verfahrensschritte zu wiederholen, um ein faires, ausgewogenes Verfahren zu gewährleisten. Die Entscheidung hierüber sollte unter Einbeziehung der besonderen Gegebenheiten des Einzelfalls, vor allem der Bedeutung bereits vernommener Zeugen für die hinzutretende Partei, der Nationalität der Parteien und deren Verständnis einer Zeugenvernahme, sowie der Relevanz der bereits vorgenommenen Verfahrenshandlungen und der daraus entspringenden Erkenntnisse für die Entscheidung des Falles erfolgen.

Können der Anspruch auf rechtliches Gehör sowie die gleichberechtigte Einflussnahme auf die Beweisführung jedoch ohne erneute Vornahme von Verfahrenshandlungen gewahrt werden, sollte eine solche gerade im Hinblick auf etwaige zusätzliche Kosten und eine zeitliche Verzögerung unterbleiben[336]. Dies steht auch im Einklang mit dem allgemeinen Verständnis zur Wiederholung von Prozesshandlungen in Fällen der Verbindung von Verfahren vor deutschen Gerichten. Hier gelten bereits vorgenommene Prozesshandlungen und Beweisaufnahmen grundsätzlich fort. Eine bereits erfolgte Beweisaufnahme ist jedoch

---

333 Das deutsche Prozessrecht kennt zwar die Möglichkeit, den Parteien im Anschluss an die richterliche Vernehmung gestatten, Folgefragen an die Zeugen zu richten, § 197 Abs. 2 ZPO, was jedoch nicht mit dem aus dem Common law bekannten Kreuzverhör vergleichbar ist, Zöller/*Greger*, § 396 Rn. 1 ff., § 397 Rn. 1; BeckOK ZPO/*Scheuch*, ZPO § 396 Rn. 3.

334 *Mekat*, SchiedsVZ 2017, 119 f.; *Kreindler/Rider/Wilke*, Dokumentenvorlage in deutschen Schiedsverfahren effizient gestalten, 3.

335 *Mekat*, SchiedsVZ 2017, 119 f.

336 Ähnlich mit Blick auf das Schweizer Recht *Pair*, Consolidation in International Commercial Arbitration – the ICC and Swiss Rules, 215 f.

erneut durchzuführen, sofern eine durch die Verbindung hinzugetretene Partei nicht an der Beweisaufnahme teilnehmen konnte – ansonsten würde dieser Partei unrechtmäßigerweise das rechtliche Gehör versagt[337]. Gleichwohl kann aber auch in einem solchen Fall die neuerliche Beweisaufnahme unterbleiben, sofern die betroffene Partei der Beweisverwertung zustimmt[338].

Im Ergebnis hängt es somit von den konkreten Umständen des Einzelfalls ab, ob eine erneute Vornahme von Verfahrensschritten erforderlich ist. In jedem Fall sollte zur Sicherstellung eines fairen Verfahrens, insbesondere zur gleichberechtigten Einflussnahme der Beteiligten auf dieses und zur Ermittlung des wahren Sachverhalts, nicht aus Scheu vor erhöhten Kosten sowie der Verlängerung des Verfahrens von der Wiederholung bestimmter Verfahrensschritte abgesehen werden – auch wenn dies in gewisser Weise gegensätzlich zur durch Mehrvertragsverfahren ebenfalls verfolgten Zielsetzung eines zügigen und kostengünstigen Verfahrens ist.

Am Rande sei noch erwähnt, dass eine ebensolche Abwägung erfolgen sollte, sofern an den verbundenen Verfahren verschiedene Schiedsrichter beteiligt waren. Können die Schiedsrichter des verbundenen Verfahrens den Sachverhalt durch Vorlage von Protokollen ausreichend erfassen, ist eine Wiederholung bestimmter Verfahrensschritte nicht nötig. Anders aber, sofern die übermittelten Unterlagen keinen endgültigen Aufschluss über entscheidungserhebliche Tatsachen geben oder aber die Schiedsrichter hieran zweifeln.

337 Musielak/Voit/*Stadler*, ZPO § 147 Rn. 4; BeckOK ZPO/*Wendtland*, ZPO § 147 Rn. 13; MüKoZPO/*Fritsche*, § 147 Rn. 9.

338 Musielak/Voit/*Stadler*, ZPO § 147 Rn. 4; BeckOK ZPO/*Wendtland*, ZPO § 147 Rn. 13; MüKoZPO/*Fritsche*, § 147 Rn. 9.

Regelungen zu schiedsgerichtlichen Mehrvertragsverfahren

Wie bereits erwähnt, konnte man in den letzten Jahren beobachten, dass viele nationale Zivilprozess- sowie institutionelle Schiedsordnungen Bestimmungen zur Bewältigung komplexer, schiedsgerichtlicher Verfahren und somit unter anderem auch zur Durchführung von Mehrvertragsverfahren aufgenommen haben.

Doch wie gehen diese Regelungen mit den soeben herausgearbeiteten, allgemeinen Herausforderungen bei der Durchführung schiedsgerichtlicher Mehrvertragsverfahren um; bieten sie Lösungen für die aufgeworfenen Problematiken an?

Um dies herauszufinden und auch, um ein Gespür für die allgemeine Akzeptanz solcher Verfahren auf schiedsgerichtlicher wie auch auf staatlicher Ebene zu bekommen, was gerade mit Blick auf die nachfolgende Vollstreckung eines aus einem Mehrvertragsverfahren resultierenden Schiedsspruchs von erheblicher Bedeutung ist,sollen im Folgenden ausgewählte nationale Schiedsverfahrensrechte und institutionelle Verfahrensordnungen betrachtet werden.

Da an komplexen Transaktionen, aus denen typischerweise Mehrvertragsverfahren entspringen, nicht selten auch mehrere Personen beteiligt sind, soll die nachfolgende Analyse, wie auch der Rest der Arbeit, in einem gewissen Rahmen Mehrparteienverfahren erfassen.

I. Nationales Schiedsverfahrensrecht und UNCITRAL-Modellgesetz

Obgleich die Parteien häufig Bezug auf institutionelle Schiedsordnungen nehmen oder aber individuelle Vereinbarungen in Bezug auf die Gestaltung ihres Schiedsverfahrens treffen, sind die nationalen Verfahrensrechte stets zu beachten – erlangen diese doch subsidiäre Geltung und sind deren zwingenden Bestimmungen nicht durch Wahl einer Schiedsordnung oder eigener Abreden abdingbar. Existieren daher in nationalen Zivilprozessordnungen zwingende Regelungen, welche Mehrvertragsverfahren entgegenstehen, kann ein solches Verfahren in dieser Jurisdiktion nicht durchgeführt werden.

Dementsprechend ist im Folgenden zu untersuchen, ob Vorschriften ausgewählter nationaler Zivilprozessordnungen solchen Verfahren zuwiderlaufen oder ob die nationalen Verfahrensrechte der Durchführung von Mehrvertragsverfahren offen gegenüberstehen, unter Umständen bereits sogar Bestimmungen hierzu aufgenommen haben. Im Fokus der Analyse wird dabei die deutsche Zivilprozessordnung stehen.

Ein Blick soll an dieser Stelle auch auf das UNCITRAL-Modellgesetz geworfen werden, welches freilich kein nationales Schiedsgesetz ist, allerdings vielen nationalen Schiedsverfahrensrechten sowie auch institutionellen Schiedsordnungen als Vorlage dient und somit eine wichtige Grundlage der internationalen Schiedsgerichtsbarkeit darstellt[339].

I. UNCITRAL-Modellgesetz

Aufgrund der Adaption des Modellgesetzes in vielen Jurisdiktionen und damit dessen Einfluss nicht nur auf die nationalen Schiedsverfahrensrechte sondern auch auf Gerichtsentscheidungen betreffend Schiedsverfahren, ist davon auszugehen, dass, sobald das Modellgesetz Regelungen zu einer bestimmten Frage enthält, diese einen international anerkannten Standard bilden, der auch vor dem Hintergrund des UNÜ Bestand haben wird[340]. Das Vorhandensein von Bestimmungen zu Mehrvertragsverfahren im Modellgesetz würde also für eine allgemeine Befürwortung der Durchführung solcher Verfahren sprechen. Stünden die UNCITRAL-Regeln dagegen Mehrvertragsverfahren entgegen, so wäre es umgekehrt wahrscheinlich, dass solch ein Verfahren beziehungsweise ein aus einem solchen Verfahren resultierender Schiedsspruch (gerade auf internationaler Ebene) schwieriger akzeptiert, anerkannt und vollstreckt werden würde.

Zwar finden sich im UNCITRAL-Modellgesetz weder ausdrückliche Regelungen zur Zulässigkeit von Mehrvertrags- und Mehrparteienverfahren noch der Konsolidierung von Verfahren, daraus ist jedoch nicht zu schließen, das Modellgesetz stünde der Durchführung solcher Verfahren entgegen[341].

Im Gegenteil: So wurde, wie sich aus dem Bericht der zuständigen Working Group ergibt, im Hinblick auf die steigende Anzahl von Mehrpersonenverfahren der Wortlaut des 2006 überarbeiteten Modellgesetzes angepasst – Formulierungen wie „beide Parteien“ oder „eine der Parteien“ wurden durch die allgemeine

---

339 *Schwab/Walter*, Schiedsgerichtsbarkeit, Kapitel 1, Rn. 7; *Born*, International Commercial Arbitration, Chapter 1.04 [B] [1] [a]; *Buchwitz*, Schiedsverfahrensrecht, Ziff. 2.4.2; insbesondere beruht auch das deutsche Schiedsverfahrensrecht maßgeblich hierauf.

340 *Poudret/Besson*, Comparative Law of International Arbitration, Rn. 98 f.; *Caron/Caplan*, The UNCITRAL Arbitration Rules: A Commentary, S. 3 f.

341 *Born*, International Commercial Arbitration, Chapter 18.02 [A].; *Born*, International Arbitration: Cases and Materials, S. 934; *Smith*, J Int'l Arb 35 (2), 173, 175.

Formulierung „Parteien“ ersetzt[342]. Daneben wurde im Zuge einer weiteren Überarbeitung des Modellgesetzes im Jahr 2010 auch Art. 10 modifiziert, welcher nun auch Bestimmungen zur Schiedsrichterbenennung bei Beteiligung mehrerer Personen enthält, in Art. 17 Abs. 5 wurde gar eine Bestimmung zur Einbeziehung weiterer Beteiligter („Joinder“) aufgenommen.

Auch die Bereitstellung einer Regelung zur Konsolidierung von Verfahren wurde diskutiert, im Ergebnis aber abgelehnt. Dies jedoch nicht, da man die Vornahme von Verfahrensverbindungen in der Schiedsgerichtsbarkeit unterbinden wollte, sondern vor allem, da man Schwierigkeiten bei der Implementierung einer solchen Bestimmung in Bezug auf ad hoc Schiedsverfahren sah. Denn wirft man einen Blick in einige der führenden institutionellen Schiedsordnungen, so obliegt die Entscheidung über die Konsolidierung mitunter nicht dem Schiedsgericht, sondern der Institution[343]. Die grundsätzliche Nützlichkeit der Konsolidierung auf Ebene der Schiedsgerichtsbarkeit wurde gleichwohl von der Working Group festgestellt[344].

All dies zeigt, dass das Modellgesetz grundsätzlich offen für die Durchführung komplexer Schiedsverfahren und damit auch für die Einbeziehung mehrerer Verträge und Parteien in ein einziges Schiedsverfahren ist.

Da es gleichwohl an ausdrücklichen Bestimmungen zur Frage der Zulässigkeit solcher Verfahren fehlt, unterliegen Mehrvertrags- und Mehrparteienverfahren den Grundanforderungen, die das Modellgesetz für Schiedsverfahren allgemein aufstellt. Es entspricht somit der allgemeinen Auffassung, dass nach

---

342 United Nations Commission on International Trade Law – Report of the Working Group on Arbitration and Conciliation on the work of its forty-sixth session (New York, 5–9 February 2007), A/CN.9/619, Rn. 17, „*General remarks on the reference to 'parties' in the Rules the Working Group agreed on the principle to replace words such as 'both parties', 'either party', 'one of the parties' with the more generic formulation of 'parties' in the text of the Rules, where appropriate, so as to encompass multi-party arbitration.*“; *Castello*, Practitioner's Handbook on International Commercial Arbitration, Rn. 16.68.

343 United Nations Commission on International Trade Law – Report of the Working Group on Arbitration and Conciliation on the work of its forty-sixth session (New York, 5–9 February 2007), A/CN.9/619, Rn. 119.

344 United Nations Commission on International Trade Law – Report of the Working Group on Arbitration and Conciliation on the work of its forty-sixth session (New York, 5–9 February 2007), A/CN.9/619, Rn. 116 ff.; *Caron/Caplan*, The UNCITRAL Arbitration Rules: A Commentary, S. 58.

den UNCITRAL-Regeln Mehrvertragsverfahren möglich sind, sofern die Parteien dies vereinbart haben[345].

II. Deutschland

Wie das UNCITRAL-Modellgesetz, enthält auch die deutsche Zivilprozessordnung keine Regelungen zu schiedsgerichtlichen Mehrvertragsverfahren – die maßgeblichen §§ 1025 ff. ZPO schweigen hierzu ebenso wie zu der Frage der Mehrheit von Beteiligten oder der Konsolidierung von Schiedsverfahren[346].

Da das Gesetz einerseits keine Zulässigkeitsvoraussetzungen definiert, andererseits aber kein ausdrückliches Verbot von Mehrvertragsverfahren konstituiert, gilt auch mit Blick auf die deutsche ZPO der dem Schiedsverfahren stets immanente Grundsatz, wonach die Parteien das Verfahren frei und nach ihren Wünschen bestimmen können, solange nicht zwingende gesetzliche Bestimmungen oder wesentliche Verfahrensgrundsätze entgegenstehen. Letzteres gilt es im Folgenden zu überprüfen.

Betrachtet man die Vorschrift des § 1029 ZPO, die die Legaldefinition der Schiedsvereinbarung und die wesentlichen Anforderungen, welchen diese genügen muss, enthält, stellt sich die Frage, ob hierin nicht indirekt ein Verbot von Mehrvertragsverfahren zu sehen ist, beziehungsweise Einvertragsverfahren in der deutschen Schiedsgerichtsbarkeit zumindest normativ gewünscht sind.

Denn nach dieser Vorschrift muss sich die Schiedsvereinbarung auf ein „bestimmtes Rechtsverhältnis" beziehen. Interpretiert man die Norm alleine anhand ihres Wortlauts, könnte man aufgrund der Verwendung des Singulars davon ausgehen, dass nur Streitigkeiten eines einzigen Rechtsverhältnisses im Sinne eines einzigen Schuldverhältnisses ein solches „bestimmtes Rechtsverhältnis" darstellen. Nach dieser Interpretation könnten lediglich Streitigkeiten aus einem einzigen Vertrag Gegenstand eines Schiedsverfahrens sein.

---

345 So für Konsolidierung und joinder: *Born*, International Commercial Arbitration, Chapter 18.02 [A]; *Born*, International Arbitration: Cases and Materials, S. 673; *Paulsson/Petrochilos*, UNCITRAL Arbitration Rules, Section III, Art. 17 Rn. 47 ff.; *Waincymer*, Procedure and Evidence in International Arbitration, S. 565.

346 *Benedict*, SchiedsVZ 2018, 306, 307; für Mehrparteienverfahren siehe Zöller/*Geimer*, § 1029 Rn. 42; *Massuras*, dogmatische Strukturen der Mehrparteienschiedsgerichtsbarkeit, 13 f., 28, 81; anders dagegen beispielsweise die niederländische ZPO, die in Art. 1046 ausdrückliche Regelungen über die Konsolidierung von Verfahren enthält, s.u.

Eine solch strenge, alleine am Wortlaut der Norm orientierte Auslegung wäre jedoch nicht sachgerecht, insbesondere auch, da sie im Widerspruch zur gängigen Praxis der Schiedsgerichte und der deutschen nationalen Gerichte stehen würde. Diese schenken der Verwendung des Singulars keinerlei weitere Beachtung. So wurde bereits von Gerichten für zulässig und damit für „bestimmt" genug erachtet, dass sich eine einzige Schiedsabrede auf eine Vielzahl von Einzelgeschäften bezieht, die ihre Grundlage in einem gemeinsamen (Rahmen-) Vertrag haben[347]. Ein Problem wurde in dem Umstand, dass mehrere Verträge von der Schiedsvereinbarung erfasst sind, nicht gesehen. Ebenfalls wurden Vereinbarungen, welche sich auf sämtliche Streitigkeiten, die auf demselben Ereignis beruhen, als mit der Vorschrift kompatibel erachtet[348]. Somit ist, wie es Münch knapp und zutreffend auf den Punkt bringt, *„der Singular […] solange ohne Gewicht, als genügende Bestimmtheit vorliegt"*[349].

Zuletzt steht auch der Telos der Vorschrift einer Erstreckung auf mehrere Verträge nicht entgegen. Zweck der Norm ist es, der Begründung einer in Parteiherrschaft entstehenden privaten Gerichtsbarkeit einen Rahmen zu geben. Den Parteien soll durch die Beschränkung der gegenständlichen Reichweite der Schiedsabrede auf ein bestimmtes Rechtsverhältnis nochmals vor Augen geführt werden, welche Streitigkeiten sie der staatlichen Gerichtsbarkeit entziehen und stattdessen der schiedsrichterlichen Zuständigkeit unterwerfen[350]. Sind diese Streitigkeiten hinreichend genau definiert, so ist es unerheblich, ob sich diese auf einen einzigen Vertrag oder eine Vielzahl von Verträgen beziehen.

Demnach sind, im Einklang mit der üblicherweise weiten Auslegung von Schiedsabreden[351], an das Bestimmtheitserfordernis keine allzu großen

---

347 OLG München, Beschluss vom 18. Juni 2018 – 34 SchH 7/17, NJOZ 2019, 144 ff. siehe zudem BGH, Urteil vom 31. Mai 2007 – III ZR 22/06, SchiedsVZ 2007, 216 bzgl. Konzessionsvertrag.

348 So zur alten Rechtslage RG, Urteil vom 27. September 1920 – IV 2/20, RGZ 100, 76, 79.

349 MüKoZPO/*Münch*, ZPO § 1029 Rn. 86.

350 So auch LG Saarbrücken, Urteil vom 3. Dezember 2015 – 4 O 243/12, SchiedsVZ 2016, 113, welches ausführt *„Der Grund für diese Regelung liegt darin, dass die Parteien durch die Schiedsvereinbarung auf den Justizgewährungsanspruch verzichten und sich deshalb darüber klar sein müssen, hinsichtlich welcher Streitigkeiten der Weg zum staatlichen Gericht möglicherweise versperrt wird"*; Musielak/Voit/*Voit*, ZPO § 1029 Rn. 16; MüKoZPO/*Münch*, ZPO § 1029 Rn. 90.

351 BGH, Urteil vom 10. Dezember 1970 – II ZR 148/69, WM 1971, 308; BGH, Urteil vom 4. Oktober 2001 – III ZR 281/00, NJW-RR 2002, 387; *Mitsubishi Motors Corp. v. Soler Chrysler-Plymouth, Inc.*, US Supreme Court – 473 US 614 (1985); DIS-Schiedsgericht,

Anforderungen zu stellen. Gerade auch vor dem Hintergrund, dass im Anwendungsbereich des Europäischen Übereinkommens über die internationale Handelsschiedsgerichtsbarkeit, welches eine nicht unerhebliche Rechtsquelle des Schiedsverfahrensrechts darstellt, auf das Bestimmtheitserfordernis verzichtet wird[352]. Folglich ist das Rechtsverhältnis bestimmt im Sinne des § 1029 ZPO, *„wenn es zum Zeitpunkt des Abschlusses der Schiedsvereinbarung auf eine individuelle oder individualisierbare Grundlage zurückgeführt werden kann, z.B. auf einen bestimmten Vertrag oder ein bestimmtes Ereignis, das ein Rechtsverhältnis zur Folge haben kann“*[353]. Folglich muss auch die konkrete Streitigkeit selbst noch nicht bestimmt sein[354].

Unter Berücksichtigung des Vorgesagten, steht § 1029 ZPO zum einen der Erfassung mehrerer Verträge durch eine einzige Schiedsvereinbarung und damit auch der Durchführung eines Mehrvertragsverfahrens, welches auf einer einzigen, alle materiell-rechtlichen Verträge umfassenden Schiedsvereinbarung beruht, nicht entgegen.

Zum anderen ist ebenfalls nicht davon auszugehen, dass die Vorschrift Mehrvertragsverfahren, welche Streitigkeiten aus materiell-rechtlichen Verträgen, die Gegenstand verschiedener Schiedsvereinbarungen sind, erfassen, zuwiderläuft. So ist, wie bereits dargelegt, Sinn und Zweck der Norm, dass sich die Parteien darüber bewusst sind, welche Streitigkeiten sie der Schiedsgerichtsbarkeit unterwerfen. Im Hinblick auf dieses Bewusstsein kann es jedoch keinen Unterschied machen, ob Streitigkeiten verschiedener Rechtsverhältnisse von einer einzigen oder aber verschiedenen Schiedsvereinbarungen erfasst werden und ob diese in einem oder in mehreren Schiedsverfahren behandelt werden, solange die Rechtsverhältnisse selbst jeweils bestimmt sind. Daneben würde es im Gegensatz zu der bereits gelebten, offenen Handhabung stehen, wenn die Durchführung eines einzigen Verfahrens, welches Verträge aus verschiedenen Schiedsvereinbarungen umfasst, an § 1029 ZPO scheitern würde.

Da Mehrvertragsstreitigkeiten nicht selten zwischen mehr als zwei Beteiligten bestehen, stellt sich daneben die Frage, ob Bestimmungen der ZPO der

---

Zwischenschiedsspruch vom 25. Januar 2005 – DIS-SV-438/04, SchiedsVZ 2005, 167 f.; *Elsing*, FS Graf von Westphalen, 109, 120.

352 BGH, Urteil vom 20. März 1980, III ZR 151/79, NJW 1980, 2023; MüKo-ZPO/*Münch*, ZPO § 1029 Rn. 87.

353 MüKoZPO/*Münch*, ZPO § 1029 Rn. 92; ebenso *Trittmann/Hanefeld*, Arbitration in Germany, § 1029 Rn. 17.

354 MüKoZPO/*Münch*, ZPO § 1029 Rn. 88; Zöller/*Geimer*, § 1029 Rn. 28; *Lachmann*, Handbuch für die Schiedsgerichtspraxis, Rn. 373.

Durchführung von Mehrvertrags-Mehrparteienverfahren entgegenstehen. Dies insbesondere vor dem Hintergrund, dass die Regelungen des 10. Buches der ZPO grundsätzlich auf ein bilaterales Schiedsverfahren ausgelegt sind. Beispielsweise indiziert die Formulierung des § 1046 Abs. 1 Satz 1 ZPO das Vorliegen einer klassischen bilateralen Situation zwischen einem Kläger und einem Beklagten[355].

Doch lässt sich daraus schließen, dass alleine Verfahren zwischen zwei Beteiligten nach dem deutschen Schiedsverfahrensrecht möglich sind? Dies ist zu verneinen. So finden sich an anderen Stellen, an welchen früher noch von „beiden Parteien“ die Rede war[356], die also ein klassisches Zwei-Personenverhältnis beschrieben, mittlerweile neutrale Formulierungen zur Anzahl der Schiedsparteien. Insbesondere enthält sich auch die in § 1029 ZPO getroffene Legaldefinition der Schiedsvereinbarung einer Aussage darüber, wie viele Parteien am Schiedsverfahren beteiligt sein dürfen, es ist schlicht von „den Parteien“ die Rede. Aufgrund der Offenheit dieser Formulierungen, entspricht es der allgemeinen Auffassung in Rechtsprechung und Literatur, dass die Bestimmungen der ZPO der Durchführbarkeit von Mehrparteienverfahren nicht im Wege stehen[357].

Obgleich die Vorschriften im Schiedsverfahren keine Anwendung finden, ist zudem zu beachten, dass die Einbeziehung mehrerer Personen und Streitgegenstände sowie die Erstreckung der Entscheidung auf Dritte der deutschen Zivilprozessordnung nicht fremd sind, wie unter anderem die Vorschriften zur Streitgenossenschaft (§§ 59 ff.ZPO), Nebenintervention und Streitverkündung (§§ 66 ff. ZPO) oder zur objektiven Klagehäufung (§ 260 ZPO) zeigen. Warum die deutsche Zivilprozessordnung der grundsätzlichen Übertragung dieser Instrumente auf Schiedsverfahren – gewiss unter Wahrung der dort geltenden Prinzipien – entgegen stehen sollte, ist dagegen nicht ersichtlich.

Folglich steht das deutsche Schiedsverfahrensrecht, insbesondere die Vorschrift des § 1029 ZPO, Mehrvertragsverfahren sowie Mehrvertrags-Mehrparteienverfahren nicht entgegen. Allerdings sind auch hier zur

---

355 § 1046 Abs. 1 Satz 1 ZPO (Hervorhebung durch die Verfasserin): *„Innerhalb der von den Parteien vereinbarten oder vom Schiedsgericht bestimmten Frist hat der* ***Kläger*** *seinen Anspruch und die Tatsachen, auf die sich dieser Anspruch stützt, darzulegen und der* ***Beklagte*** *hierzu Stellung zu nehmen.“* (Hervorhebung durch die Verfasserin)

356 Vgl. § 1029 ZPO alte Fassung.

357 BGH, Urteil vom 6. April 2009 – II ZR 255/08, DNotZ 2009, 938; KG, Beschluss vom 21. April 2008 – 20 SCHH 4/07, NJW 2008, 2719; MüKoZPO/*Münch*, § 1029 Rn. 60 ff.; ausführlich zum alten Recht *Massuras*, dogmatische Strukturen der Mehrparteienschiedsgerichtsbarkeit, 81 ff.

Durchführung solcher Verfahren die Mindestanforderungen, die an die Durchführung von Schiedsverfahren generell zu stellen sind, zu beachten. Dies umfasst nach geltendem deutschen Recht insbesondere die einvernehmliche Einigung auf den Ausschluss der staatlichen Gerichtsbarkeit, die Vereinbarung gemeinsamer Verfahrensregelungen sowie die Achtung des Grundsatzes des fairen Verfahrens. Demzufolge sollte die Durchführung schiedsgerichtlicher Mehrvertragsverfahren im Geltungsbereich der deutschen Zivilprozessordnung keinen Hindernissen begegnen, sofern die Beteiligten dem zugestimmt haben.

Dies entspricht der bereits dargelegten, allgemeinen Auffassung zur Zulässigkeit solcher Verfahren im Rahmen des UNCITRAL-Modellgesetzes, welches der deutschen Zivilprozessordnung zur Vorlage diente.

III. Schweiz

Da die Schweiz ein beliebter Ort zur Durchführung internationaler Schiedsverfahren ist, bietet es sich an, einen Blick auf die dortige Akzeptanz bezüglich der Durchführung von Mehrvertragsverfahren zu werfen.

Schiedsverfahren in der Schweiz richten sich nach zwei verschiedenen Regelwerken – eines für nationale und eines für internationale Schiedsverfahren. Kapitel 12 des Bundesgesetzes über das Internationale Privatrecht (IPRG) enthält Regelungen zur internationalen Schiedsgerichtsbarkeit, während Teil 3 der Schweizer ZPO (ZPO-CH) sich mit der Durchführung nationaler Schiedsverfahren befasst[358].

Kapitel 12 IPRG schweigt zu Fragen der Durchführung von Mehrvertragsverfahren, wobei dies hier ebenfalls nicht bedeutet, das Gesetz stünde der Zulässigkeit solcher Verfahren entgegen – vielmehr lässt Kapitel 12 IPRG den Parteien relativ freie Hand bei der Gestaltung ihrer Verfahrensregeln[359]. Sind die wesentlichen Verfahrensgrundsätze gewahrt, können Regelungen zu Mehrvertragsverfahren getroffen werden. Somit sollten hier, wie auch im Rahmen des Modellgesetzes und der deutschen ZPO, solche Verfahren zulässig und im Einklang mit den Bestimmungen des IPRG stehen, sofern diese mit Einverständnis der Beteiligten erfolgen[360].

---

358 *Besson*, Arbitration in Switzerland: The Practitioner's Guide, Chapter 2, Rn. 5.

359 *Geisinger/Ducre*, International Arbitration in Switzerland: A Handbook for Practitioners, § 5.02.

360 Siehe zu Mehrparteienverfahren und Konsolidierung *Geisinger/Ducre*, International Arbitration in Switzerland: A Handbook for Practitioners, § 5.03.

Bezug nehmend auf nationale Schiedsverfahren enthält das Schweizer Recht mit Art. 376 ZPO-CH Bestimmungen unter anderem zur Streitgenossenschaft, der Klagehäufung sowie der Beteiligung Dritter und damit auch zur Durchführung schiedsgerichtlicher Mehrvertrags- und Mehrparteienverfahren. So können beispielsweise nach Absatz 2 der Vorschrift sachlich zusammenhängende Ansprüche zwischen den gleichen Parteien in einem einzigen Schiedsverfahren beurteilt werden, wenn sie Gegenstand übereinstimmender Schiedsvereinbarungen der Parteien sind. Eine Besonderheit der Vorschrift ist, dass auf die Zustimmung der Beteiligten zur Durchführung eines solchen Verfahrens verzichtet wird. Zwar trägt Art. 376 ZPO-CH damit dem allgemeinen Wunsch nach effizienten Verfahren und den in der Realität oftmals „stiefmütterlich behandelten" Formulierungen von Schiedsvereinbarungen Rechnung. Der Verzicht auf das Einverständnis der Beteiligten steht allerdings im Gegensatz zur privatautonomen Natur der Schiedsgerichtsbarkeit sowie der daraus resultierenden, grundsätzlichen Notwendigkeit einvernehmlicher Einigung auf die Durchführung des Verfahrens und, in Mehrparteiengestaltungen, der gleichberechtigten Einflussnahme auf die Besetzung des Schiedsgerichts. Da die Vorschrift jedoch lediglich nationale Schiedsverfahren erfasst, ist es trotz soeben Gesagtem eher unwahrscheinlich, dass ein Schweizer Gericht einen so ergangenen Schiedsspruch alleine wegen mangelnder Zustimmung aufheben würde – denn dies würde eine Entscheidung entgegen dem Schiedsverfahrensrecht seines eigenen Staates bedeuten. Dieses Ergebnis ist jedoch keineswegs auf internationale Schiedsverfahren mit Sitz in der Schweiz zu übertragen – erfolgen Verfahren nicht im Einklang mit dem von den Beteiligten Vereinbarten, so kann einem aus einem solchen Verfahren resultierenden Schiedsspruch auf Grundlage von Art. V UNÜ die Anerkennung und Vollstreckung auf internationaler Ebene versagt werden. Nicht zuletzt vor diesem Hintergrund mahnt auch Meier, dass internationale Schiedsgerichte mit Sitz in der Schweiz sich nicht von dieser Bestimmung leiten lassen und nicht auf ein entsprechendes Einverständnis der Beteiligten verzichten sollten[361].

Die Schweiz wird damit auch im Hinblick auf die zunehmende Anzahl komplexer schiedsgerichtlicher Verfahren ihrem Ruf als einer der beliebtesten Schiedsorte gerecht. Für nationale Schiedsverfahren verzichten die in der Schweizer ZPO enthaltenen, entsprechenden Bestimmungen im Lichte eines effektiven Verfahrens sogar auf das Erfordernis der Zustimmung zur Durchführung solcher Verfahren. Schiedsgerichtliche Mehrvertragsverfahren auf

361 *Meier*, Arbitration in Switzerland: The Practitioner's Guide, Chapter 18 Part I, Rn. 11.

internationaler Ebene sind nach dem einschlägigen IPRG ebenfalls möglich. Allerdings sind diese abhängig vom erklärten Einverständnis der Parteien, was gerade mit Blick auf die sonst gefährdete Aufhebung eines solchen Schiedsspruchs nach dem UNÜ zu begrüßen ist.

IV. England

Auch England stellt einen beliebten Schiedsort dar, so wurden in den letzten fünf Jahren beispielsweise 46 % der Schiedsverfahren im Bereich „*international construction arbitration*" in London geführt[362]. Doch ist dieser beliebte Standort auch offen für die Durchführung von Schiedsverfahren, die komplexe, vielschichtige Streitigkeiten zum Inhalt haben?

Regelungen zur Durchführung anfänglicher Mehrvertrags- oder Mehrparteienverfahren finden sich im englischen Arbitration Act 1996 nicht. Allerdings enthält Section 35 Bestimmungen zur Konsolidierung sowie zur gleichzeitigen Durchführung mündlicher Verfahren vor demselben Schiedsgericht[363]. Voraussetzung für die Konsolidierung sowie die gleichzeitige Durchführung mündlicher Verhandlungen ist nach Sec. 35 (1) des Arbitration Act die positive Vereinbarung der Parteien hierüber, also deren Zustimmung. Das Schiedsgericht selbst hat dagegen nicht die Befugnis, die Verbindung von Verfahren oder Zusammenlegung mündlicher Verhandlungen ohne, oder gar gegen den Willen der Parteien anzuordnen. Zwar kann diese Kompetenz auch auf das Schiedsgericht übertragen werden, nötige Voraussetzung dafür ist nach Sec. 35 (2) des Arbitration Act jedoch, dass die Beteiligten dem Schiedsgericht diese Befugnis übertragen haben. Sec. 35 des Arbitration Act bestätigt damit im Ergebnis die vor dessen Einführung bestehende Rechtsprechung der englischen Gerichte in Bezug auf Mehrparteienverfahren[364],

---

362 Queen Mary 2019 International Arbitration Survey: Driving Efficiency in International Construction Disputes, 15.

363 Zur Erläuterung: bei der Konsolidierung werden zwei getrennt eingeleitete Verfahren zu einem einzigen Verfahren verbunden; bei der gleichzeitigen Anhörung bleiben die Verfahren jeweils selbstständig, die mündlichen Verhandlungen werden allerdings gleichzeitig und vor demselben Schiedsgericht durchgeführt.

364 Beispielhaft *Oxford Shipping Co Ltd v. Nippon Yusen Kaisha (The Eastern Saga),* High Court of Justice, Queen's Bench Division (Commercial Court), [1984] 2 Lloyd's Rep. 374; 3 All E R 835, „*It seems to me that, as is graven upon the heart of any commercial lawyer, arbitrators in the position of these arbitrators enjoy no power to order concurrent hearings, or anything of that nature, without the consent of the parties. The concept of*

die solche Verfahren ebenfalls von der Zustimmung der Parteien abhängig machten[365].

Obwohl die Einführung der Vorschrift unter Hervorhebung der Vorrangstellung der Privatautonomie in der Schiedsgerichtsbarkeit die Durchführung komplexer Verfahren fördert, wird an der Regelung teilweise Kritik geübt: Der Vorschrift komme lediglich deklaratorischer Charakter zu, die Parteien hätten sich auch unabhängig vom Bestehen dieser auf eine solche Verfahrensgestaltung einigen können[366]; daneben sei Sec. 35 inhaltlich zu allgemein gefasst und könne daher nur schwerlich als Orientierungshilfe dienen[367]. Die schärfste Kritik wird wohl von Cohen geübt, der für die Einführung einer Regelung, die eine standardmäßige Konsolidierung erlaubt, plädiert[368]. Zwar wurden, wie bereits erörtert, in der Entwurfsphase des Arbitration Act in der Tat verschiedene Vorschläge zu diesem Thema diskutiert, insbesondere auch die Einführung von Bestimmungen, die dem Schiedsgericht oder einer anderen zuständigen Stelle die Befugnis geben sollten, Konsolidierungen oder gleichzeitige Anhörungen ohne das Einverständnis der Beteiligten anzuordnen[369]. Allerdings wurde sich bewusst gegen die Einführung solcher Bestimmungen entschieden, da ein solcher Ansatz nicht mit der privatautonomen Natur der Schiedsgerichtsbarkeit zu vereinbaren sei[370], was im Ergebnis gerade im Hinblick auf die nachfolgende Anerkennung und Vollstreckung eines aus einem solchen Verfahren ergangenen Schiedsspruchs auf internationaler Ebene sinnvoll ist. Aufgrund der gerade hierdurch aufgezeigten Achtung der hervorgehobenen Stellung der Parteiautonomie ist davon auszugehen, dass auch die Durchführung anfänglicher

---

private arbitrations derives simply from the fact that the parties have agreed to submit to arbitration particular disputes arising between them and only between them.“; zusammenfassende Darstellung der Stellung der englischen Gerichte vor Einführung des Arbitration Act 1996 in *Veeder*, Arbitration International 2 (4), 310 ff.

365 *Kondev*, Multi-Party and Multi-Contract Arbitration in the Construction Industry, 5.2.

366 *Kondev*, Multi-Party and Multi-Contract Arbitration in the Construction Industry, 5.2.

367 *Kondev*, Multi-Party and Multi-Contract Arbitration in the Construction Industry, 5.2, mit Verweis auf *Athanasakis/ Morgan*, Asian Dispute Review, Volume 10 2008, Issue 1, S. 17, 19.

368 *Cohen*, Arbitration International 23 (3), 461, 463 f., mit Verweis auf entsprechende Regelungen zur Konsolidierung in den Niederlanden und den USA.

369 Departmental Advisory Committee on Arbitration Law 1996, Report on the Arbitration Bill, Arbitration International 13 (3), 275.

370 Departmental Advisory Committee on Arbitration Law 1996, Arbitration International 13 (3), 275.

Mehrvertrags- und Mehrparteienverfahren zulässig ist, solange diese in Einvernehmen mit den Beteiligten durchgeführt werden[371].

Im Ergebnis zeigen die im Arbitration Act enthaltenen Bestimmungen zur Konsolidierung schiedsgerichtlicher Verfahren sowie zu gleichzeitigen Anhörungen die Bemühungen des englischen Gesetzgebers, auch für komplexe Schiedsverfahren einen attraktiven Schiedsort zu bieten und gleichzeitig die Privatautonomie zu wahren. Die im Arbitration Act enthaltenen Bestimmungen bestätigen damit abermals die allgemeine Offenheit nationaler Verfahrensordnungen bezüglich schiedsgerichtlicher Mehrvertragsverfahren.

V. USA

Zuletzt soll ein Blick in die Vereinigten Staaten geworfen werden, wo sich neben dem bereits erwähnten FAA als Bundesgesetz auch auf Ebene der Bundesstaaten eigene Schiedsverfahrensgesetze finden.

Da jedoch die Darstellung sämtlicher bundesstaatlicher Gesetze den Rahmen dieser Arbeit sprengen würde, soll der Schwerpunkt der nachfolgenden Analyse auf dem FAA liegen und nur ausgewählte Bundesgesetze, in die Bestimmungen zu Mehrvertragsverfahren Einzug gehalten haben, betrachtet werden, um einen umfassenderen Überblick über den US-amerikanischen Standpunkt hinsichtlich solcher Verfahren zu erreichen.

Der FAA findet, wie sich aus Sec. 1 und Sec. 2 FAA ergibt, sowohl auf internationale als auch nationale (nicht innerbundesstaatliche) Sachverhalte bezüglich maritimer und handelsrechtlicher Transaktionen Anwendung und unterwirft damit die meisten Schiedsverfahren in den USA einem einzigen Standard[372]. Wie an anderer Stelle bereits dargelegt, enthält der FAA selbst keine Regelungen zu Mehrvertrags-, und Mehrparteienschiedsverfahren oder zu der Konsolidierung von Verfahren.

Dieses Schweigen hat einige Gerichte dazu veranlasst, die Konsolidierung von Verfahren auch ohne Zustimmung der Beteiligten zuzulassen, was jedoch im Ergebnis abzulehnen ist. Vielmehr ist davon auszugehen, dass unter dem

---

371 Ebenso, insbesondere für consolidation *Vlavianos/Pappas*, Global Arbitration Review – The Guide to Energy Arbitrations, 243 ff. sowie *Harris/Planterose/Tecks*, The Arbitration Act 1996, Rn. 35D.

372 *Steinbrück*, Die Unterstützung ausländischer Schiedsverfahren durch staatliche Gerichte, S. 161 ff.; *Kondev*, Multi-Party and Multi-Contract Arbitration in the Construction Industry, 5.10.1.1.1; *Shore/Chen*, International Arbitration in the United States – Introduction, 3, 5 ff.

FAA Mehrvertragsverfahren sowie Verfahrensverbindungen grundsätzlich nur zulässig sind, sofern dies dem Willen der Beteiligten entspricht. Diese Herangehensweise stimmt auch mit dem in der Schiedsgerichtsbarkeit vorherrschenden Prinzip der Privatautonomie überein, welches auch dem FAA zugrunde liegt, wie insbesondere Sec. 4 FAA zeigt: Weigert sich eine Schiedspartei, das Verfahren gemäß den zwischen den Parteien beschlossenen Bestimmungen durchzuführen, so ermöglicht die Vorschrift der anderen Partei bei jedem Bezirksgericht einen Antrag auf Erlass eines Beschlusses zu stellen, der die Parteien anweist, das Schiedsverfahren „gemäß den Bestimmungen ihrer Vereinbarung" („*in the manner provided for*") fortzusetzen.

Bei der Gestaltung ihrer Schiedsvereinbarung sind die Schiedsparteien dagegen weitgehend frei – die Grenze bilden nach Sec. 2 FAA bestehende Gesetze sowie Billigkeitsgründe. Daher sind Parteivereinbarungen über Mehrvertragsverfahren als nach dem FAA zulässig anzusehen, sofern dadurch nicht gegen gesetzliche Bestimmungen verstoßen oder diese Vereinbarung zu unbilligen Ergebnissen führen würde. Dies stimmt mit der Rechtsprechung der amerikanischen Gerichte überein, die die Freiheit der Parteien, das Verfahren nach den von ihnen vereinbarten Schiedsregeln zu führen, betonen[373]. Erfolgen Mehrvertragsverfahren mit Zustimmung der Beteiligten, so sollte dies dementsprechend mit dem FAA vereinbar sein[374].

Anders als im FAA finden sich in einigen der bundesstaatlichen Gesetze Bestimmungen zu Mehrvertragsverfahren, insbesondere zur Konsolidierung von Schiedsverfahren. Wer hier allerdings auf eine einheitliche Linie hofft, wird enttäuscht.

Während nach einigen dieser Bestimmungen, beispielsweise dem Texas Civil Practice and Remedies Code oder dem California Code of Civil Procedure, eine Verfahrensverbindung nur zulässig ist, sofern dies der Vereinbarung der Beteiligten entspricht[375], erlauben andere bundesstaatliche Vorschriften die Verbindung von Schiedsverfahren auch bei Fehlen des entsprechenden parteilichen Einverständnisses hierzu[376]. Chapter 251, Sec. 2A des General Laws of Massachusetts

373 *Born*, International Commercial Arbitration, Chapter 1.04 [B] [1] [e] [4] m.w.N.

374 So für Mehrparteienverfahren und Konsolidierung auch *Kondev*, Multi-Party and Multi-Contract Arbitration in the Construction Industry, 5.10.1.1.

375 Sec. 172.173 des Texas Civil Practice and Remedies Code oder Sec. 1279.272 des California Code of Civil Procedure; *Kondev*, Multi-Party and Multi-Contract Arbitration in the Construction Industry, 5.10.1.2.

376 Unter anderem Sec. 2A: 23A3 Alternative Procedure for Dispute Resolution Act New Jersey oder Chapter 251 , Sec. 2A des General Laws of Massachusetts.

geht sogar noch einen Schritt weiter. Hiernach kann das zuständige Gericht eine Verfahrensverbindung sogar anordnen, wenn die Parteien die Konsolidierung in ihren Schiedsvereinbarungen ausdrücklich ausgeschlossen haben[377]. Dieser Ansatz ist jedoch, wie bereits zuvor für gesetzliche Bestimmungen im Allgemeinen dargelegt (siehe Seite 59 ff.), im Hinblick auf den einvernehmlichen, parteibestimmten Charakter der Schiedsgerichtsbarkeit sehr umstritten und sollte daher keinesfalls auf internationale Schiedsverfahren übertragen werden[378].

Im Ergebnis stehen damit auch die US-amerikanischen Schiedsgesetze der Durchführung von Mehrvertragsverfahren nicht entgegen. Dabei wird die Zulässigkeit solcher Verfahren mehrheitlich an das Einverständnis der Beteiligten geknüpft, was sich mit den in den bereits betrachteten Verfahrensordnungen enthaltenen Bestimmungen deckt. Die in einigen bundesstaatlichen Gesetzen enthaltenen Bestimmungen zur zustimmungslosen Konsolidierung sind zwar mit Blick auf die privatautonome Natur zweifelhaft zu beurteilen, sie bestärken gleichwohl die Offenheit für Mehrvertragsverfahren innerhalb der USA.

VI. Fazit

Obgleich nicht alle nationalen Zivilprozessordnungen Regelungen zu schiedsgerichtlichen Mehrvertragsverfahren beinhalten und solche bisher auch nicht in das UNCITRAL-Modellgesetz als wichtige Rechtsquelle der Schiedsgerichtsbarkeit aufgenommen wurden, ist dieses Schweigen keineswegs so zu interpretieren, als stünden die nationalen Verfahrensrechte beziehungsweise das Modellgesetz solchen Verfahren entgegen.

Im Gegenteil: Aufgrund der Fülle an möglichen Gestaltungen, in welchen nicht nur Mehrvertragsverfahren, sondern komplexe Schiedsverfahren allgemein auftreten können, wurde zum Teil bewusst auf die Implementierung solcher Bestimmungen verzichtet und die Behandlung dieser komplexen Sachverhalte in die Hände der Beteiligten gelegt[379].

---

377 Vgl. Chapter 251 , Sec. 2A General Laws of Massachusetts a.E., „*No provision in any arbitration agreement shall bar or prevent action by the court under this section.*“

378 *Kondev*, Multi-Party and Multi-Contract Arbitration in the Construction Industry, 5.10.1.2.

379 Vgl. nur bzgl. Aufnahme von Konsolidierungsregeln in das UNCITRAL-Modellgesetz, United Nations Commission on International Trade Law – Report of the Working Group on Arbitration and Conciliation on the work of its forty-sixth session (New York, 5–9 February 2007), A/CN.9/619, Rn. 116 ff.

Aus der vorangegangenen Analyse kann daher geschlossen werden, dass die Durchführung von Mehrvertragsverfahren im Allgemeinen nationalen Schiedsverfahrensgesetzen nicht widerspricht, sofern diese Verfahren auf der Zustimmung der Beteiligten hierzu beruhen und grundlegende Prinzipien der Schiedsgerichtsbarkeit sowie allgemeine, fundamentale Rechtsgrundsätze wie die Gleichberechtigung der Beteiligten gleichermaßen gewahrt weden.

Demgegenüber ist der von einigen Zivilprozessordnungen verfolgte Lösungsweg, die Zulässigkeit eines schiedsgerichtlichen Mehrvertragsverfahrens im Sinne der Effizienzsteigerung unabhängig von der Zustimmung der Beteiligten zu erlauben, eher kritisch zu beurteilen. Hier stellt sich einerseits die grundsätzliche Frageinwieweit nationale Verfahrensrechte und damit auch die staatliche Autorität in die Führung eines privaten Schiedsverfahrens eingreifen sollten. Mit Blick auf den privatautonomen Charakter der Schiedsgerichtsbarkeit und dem damit verbundenen bewussten Ausschlusses der staatlichen Gerichte sollte sich deren Einfluss vielmehr auf die Überwachung rechtlicher Grundprinzipien beschränken. Andererseits besteht zudem die Möglichkeit, dass durch einen zu weitreichenden Eingriff der Staatsgewalt in Schiedsverfahren die Attraktivität eines Schiedsortes negativ beeinträchtigt wird, da gerade auch die freibestimmte Wahl der Verfahrensregeln dem Schiedsverfahren immanent ist.

J. Institutionelle Regelungen

Durch die selbstbestimmte Wahl einer institutionellen Schiedsordnung können unter Umständen mühsame und langwierige Verhandlungen über selbstgeschaffene Verfahrensregeln vermieden und gleichzeitig auch besondere Umstände des jeweiligen Sachverhalts sowie Wünsche der Beteiligten berücksichtigt werden. Daher verwundert es nicht, dass die Schiedsparteien in ihren Vereinbarungen häufig Bezug auf die Verfahrensordnung einer Schiedsinstitution nehmen, anstelle umfassende eigene Vereinbarungen zur Gestaltung des Schiedsverfahrens zu treffen.

Während viele institutionelle Schiedsordnungen zunächst keine Regelungen zu Mehrvertrags- oder Mehrparteienverfahren enthielten, wurde der Trend komplexer Streitigkeiten, die aus einem Geflecht von Verträgen herrühren und zwischen mehr als zwei Personen bestehen, in den letzten Jahren von vielen Schiedsinstitutionen erkannt. Dementsprechend haben mittlerweile viele der führenden Institutionen in ihre Verfahrensordnungen entsprechende Regelungen hierzu aufgenommen, um der wachsenden Komplexität von Schiedsverfahren zu begegnen und auch in diesen Situationen einen effizienten Streitbeilegungsmechanismus zu gewährleisten.

Aufgrund der dargelegten Bedeutung institutioneller Schiedsordnungen für die Gestaltung schiedsgerichtlicher Verfahren sollen im Folgenden bestimmte dieser Verfahrensordnungen und deren Bestimmungen zu Mehrvertragsverfahren betrachtet werden. Dabei soll insbesondere auch untersucht werden, wie diese mit den herausgearbeiteten, im Zusammenhang mit komplexen Schiedsverfahren auftretenden Herausforderungen umgehen und welche Lösungswege diese hierfür anbieten.

I. DIS – Schiedsgerichtsordnung

Am 1. März 2018 trat die umfangreiche Neufassung der Schiedsgerichtsordnung der Deutschen Institution für Schiedsgerichtsbarkeit e.V. (DIS) in Kraft.

Um dem stetig steigenden Komplexitätsgrad wirtschaftsrechtlicher Streitigkeiten und damit der zunehmenden Bedeutung von Mehrvertrags- und Mehrparteienverfahren Rechnung zu tragen, hielten im Zuge der Neuerungen auch in die DIS verschiedene Regelungen hierzu Einzug.

Art. 17 DIS-SchO befasst sich mit der Durchführung anfänglicher Mehrvertragsverfahren. Die Regelung erlaubt, dass Ansprüche, die sich aus oder im Zusammenhang mit mehr als einem Vertrag ergeben, in einem einzigen Schiedsverfahren behandelt werden können. Werden die Verträge auf Grundlage mehrerer Schiedsvereinbarungen geltend gemacht, ist eine gemeinsame Verhandlung aller Ansprüche nur möglich, sofern die verschiedenen Schiedsvereinbarungen miteinander vereinbar sind – Auslegungsregeln hierfür bietet Art. 17 DIS-SchO indes nicht an[380].

Die Durchführung solcher Verfahren ist daneben an die Zustimmung der Beteiligten geknüpft, was die privatautonome Natur der Schiedsgerichtsbarkeit widerspiegelt. Das Einverständnis muss dabei aber keinesfalls ausdrücklich erklärt werden, sondern kann sich auch aus den Umständen ergeben, wie Art. 17 DIS-SchO selbst klarstellt[381]. Damit trägt die Bestimmung dem Umstand Rechnung, dass die Parteien nicht selten keine ausdrückliche Vereinbarung über die Durchführung eines solchen Verfahrens getroffen haben werden. Ist streitig, ob eine solche Zustimmung vorliegt, entscheidet hierüber das Schiedsgericht in Ausübung seiner Kompetenz-Kompetenz sowie seines pflichtgemäßen

---

380 Vgl. aber Übersicht in *Heckel/Sessler*, The DIS Arbitration Rules, Art. 17, Rn. 22 ff.

381 Art. 17 Abs. 1 Satz 2 DIS-SchO, „*Ist streitig, ob sämtliche Parteien dies vereinbart haben, insbesondere wenn keine ausdrückliche Vereinbarung eines Mehrvertragsverfahrens vorliegt, entscheidet hierüber das Schiedsgericht.*“; *Heckel/Sessler*, The DIS Arbitration Rules, Art. 17, Rn. 10.

Ermessens unter Beachtung der jeweiligen Umstände des Einzelfalls und nach Anhörung der Parteien, Art. 21 Abs. 2 und Abs. 3 DIS-SchO.

Auslegungshilfen zur Frage, ob eine (konkludente) Vereinbarung der Parteien vorliegt, oder inhaltliche Regelungen zur Ausführung des Ermessens finden sich allerdings nicht, was jedoch nicht zwingend einen „Nachteil" darstellt: Mögen solche zwar sicherlich zu einer einheitlichen Anwendung der Schiedsgerichtsordnung beitragen, können sie aber auch dazu führen, dass die Schiedsrichter durch sie beeinflusst werden und bei Vorliegen bestimmter Umstände vorschnell auf ein bestimmtes Ergebnis schließen. Somit stärkt die DIS durch Verzicht auf solche Auslegungshilfen einerseits die Macht der Schiedsrichter, hält diese andererseits aber gleichsam dazu an, für jeden Einzelfall den wahren Parteiwillen genau zu erforschen[382].

In die überarbeitete DIS-SchO wurden aber nicht nur Bestimmungen zu Mehrvertragsverfahren, sondern auch zu Schiedsverfahren zwischen mehr als zwei Beteiligten aufgenommen. Grundvoraussetzung eines Mehrparteienverfahrens ist ebenfalls die entsprechende Zustimmung der Beteiligten, die – entsprechend der Bestimmung zu Mehrvertragsverfahren – ebenfalls konkludent erklärt werden kann[383].

Um in Mehrparteiensituationen die bereits skizzierten Probleme im Hinblick auf die Konstituierung des Schiedsgerichts zu vermeiden und eine möglichst gleichberechtigte Einflussnahme der Parteien auf die Zusammensetzung dieses zu gewährleisten, enthält Art. 20 DIS-SchO entsprechende Regelungen hierzu. Im Grundsatz entspricht die Vorschrift dem bereits an anderer Stelle zur Schiedsrichterbenennung in Mehrparteienfällen Dargelegten (siehe Seite 128 ff.): Die Beteiligten der Mehrparteienseite werden als eine prozessuale Einheit betrachtet, die gemeinsam einen Parteischiedsrichter benennt; kann eine Einigung nicht erzielt werden, kann der DIS-Ernennungsausschuss nach Anhörung der Beteiligten die Parteischiedsrichter beider Seiten benennen. Zu beachten ist, dass – anders als nach vielen anderen institutionellen Bestimmungen, in welchen das komplette Tribunal von einer dritten Stelle benannt wird – Art. 20 DIS-SchO vorsieht, dass der Vorsitzende Schiedsrichter nicht ebenfalls

382 So auch *Benedict*, SchiedsVZ 2018, 306, 310, der von *„empowerment of arbitrators"* spricht.

383 *Das Gupta* schlägt in SchiedsVZ-Beilage 2018, 44, 60 vor, dass sich dies beispielsweise aus der Unterzeichnung aller Beteiligter auf einer gemeinsamen Urkunde ergeben kann.

vom DIS-Ernennungsausschuss benannt wird, sondern weiterhin durch die „Parteischiedsrichter“[384].

Art. 20.3 (i) DIS-SchO sieht demgegenüber noch einen weiteren Lösungsansatz vor. Gelingt es der Mehrparteienseite nicht, sich auf einen gemeinsamen Schiedsrichter zu einigen, kann der DIS-Ernennungsausschuss anstelle des ganzen Tribunals lediglich den Schiedsrichter dieser Seite benennen. Zwar mag dieser Ansatz gerade in Gestaltungen, in welchen die Mehrparteienseite eine Einigung aus taktischen Gründen unterlässt, um eine Neubestellung des gesamten Schiedsgerichts zu erreichen, beispielsweise um den ihr unliebsamen Parteischiedsrichter der Gegenseite „loszuwerden“, sachgerecht erscheinen[385]. Ob ein staatliches Gericht dies jedoch ebenso beurteilen und diese Bestimmung als mit dem Grundsatz der Gleichberechtigung der Parteien vereinbar erachten würde, ist insbesondere im Lichte der Dutco-Entscheidung fraglich – darf die Gegenseite ihren Schiedsrichter doch weiterhin selbst bestimmen[386].

Neben der Durchführung anfänglicher Mehrvertrags- und Mehrparteienverfahren befasst sich die DIS-SchO in Art. 8 auch mit der Zusammenlegung bereits eingeleiteter Schiedsverfahren. Hiernach können mehrere Schiedsverfahren auf Antrag einer Partei zu einem einzigen Verfahren verbunden werden, sofern die Beteiligten dem zustimmen[387]. Einen bestimmten Zeitpunkt, bis zu welchem die Verfahrensverbindung vorgenommen werden muss, schreibt die DIS nicht vor. Stattdessen ist davon auszugehen, dass das Schiedsgericht getrennt eingeleitete Verfahren in Ausübung seiner Kompetenz-Kompetenz auch in einem späten Stadium noch zusammenführen kann, sofern dies dem Willen der Beteiligten entspricht[388]. Die Verbindung erfolgt dabei, vorbehaltlich anderslautender Parteivereinbarung, auf das zuerst begonnene Schiedsverfahren. Wurde in diesem bereits ein Schiedsgericht konstituiert, so entscheidet dieses über die Gesamtstreitigkeit. Bestimmungen, wonach, gerade in Fällen der Beteiligung verschiedener Personen innerhalb der verbundenen Verfahren, bereits ernannte Schiedsrichter abberufen werden und ein neues Tribunal benannt wird, um so dem Gebot der gleichberechtigten Einflussnahme auf die Bestellung des Schiedsgerichts genüge zu tun, finden sich demgegenüber nicht. Dabei ist jedoch ohnehin fraglich, ob

384 *Heckel/Sessler*, The DIS Arbitration Rules, Art. 20, Rn. 59.

385 Schütze/*Theune*, Art. 20-DIS-Schiedsgerichtsordnung, Rn. 12.

386 Solche Bedenken äußern auch *Heckel/Sessler*, The DIS Arbitration Rules, Art. 20, Rn. 37 ff.

387 Schütze/*Theune*, Art. 8-DIS-Schiedsgerichtsordnung, Rn. 1.

388 *Benedict*, SchiedsVZ 2018, 306, 310.

eine solche Bestimmung überhaupt erforderlich ist oder ob nicht bereits in dem erklärten Einverständnis der Beteiligten zur Konsolidierung als solcher eine Bestätigung der bereits bestellten Schiedsrichter zu sehen ist.

Zusammenfassend gibt die DIS ihren Verwendern mit den im Zuge der letzten Überarbeitung eingeführten Regelungen zu Mehrvertrags- und Mehrparteienverfahren somit nun auch in komplexen Streitigkeiten ein in sich stimmiges Regelwerk an die Hand, das die an anderer Stelle dargestellten Herausforderungen bei Durchführung solcher Verfahren erkennt und Lösungen hierfür anbietet. Angeknüpft wird dabei an die Zustimmung der Beteiligten, was aufgrund der privatautonomen Natur der Schiedsgerichtsbarkeit und gerade auch mit Blick auf die nachfolgende Vollstreckung eines so ergangenen Schiedsspruchs zu begrüßen ist.

II. ICC – Schiedsgerichtsordnung

Als eine der ersten Schiedsinstitutionen nahm die ICC Bestimmungen zu Mehrvertrags- und Mehrparteienverfahren sowie zur Konsolidierung von Verfahren in ihr Regelwerk auf. Sie dient daher sowohl bei Gestaltung solcher Bestimmungen als auch der Auslegung dieser anderen Schiedsordnungen als Vorbild.

Bestimmungen über die Durchführung anfänglicher Mehrvertrags- und Mehrparteienverfahren finden sich in der zuletzt 2021 überarbeiteten Schiedsordnung in Art. 8 und 9 ICC-SchO. Diese Vorschriften sind stets im Kontext zu Art. 23 Abs. 4 und Art. 6 Abs. 4 bis Abs. 7 ICC-SchO zu lesen, die sich mit der Frage der Zulässigkeit von Mehrvertrags- und Mehrparteienverfahren befassen und zugleich Beschränkungen für die Durchführung solcher Verfahren enthalten.

Wie sich aus Art. 6 Abs. 3 ICC-SchO ergibt, entscheidet das Schiedsgericht nach freiem Ermessen grundsätzlich selbst über seine Zuständigkeit, was dem Gedanken der Kompetenz-Kompetenz entspricht. Etwas anderes gilt jedoch, sofern der Generalsekretär die Angelegenheit zur prima-facie Entscheidung an den Schiedsgerichtshof verweist, was bei besonders komplizierten und unklaren Fällen, wie sie gerade auch in Mehrvertragsverfahren auftreten können, anzunehmen ist. Art. 6 Abs. 4 (ii) ICC-SchO legt Prüfungskriterien für eine solche prima facie Entscheidung fest: Entstehen Streitigkeiten im Hinblick auf die Zulässigkeit des Mehrvertragsverfahrens, muss der Schiedsgerichtshof prima facie sowohl davon überzeugt sein, dass die Schiedsvereinbarungen kompatibel sind, als auch, dass alle Parteien „vereinbart haben könnten", ihre Ansprüche in einem einzigen Schiedsverfahren beurteilen zu lassen[389]. Damit macht die ICC die Durchführung von Mehrvertragsverfahren ebenfalls von dem

389 *Fry/Greenberg/Mazza*, The Secretariat's Guide to ICC Arbitration 2012, 3–242.

Einverständnis der Beteiligten hierzu abhängig. Gleiches gilt für die Durchführung von Mehrparteienverfahren.

In Bezug auf Letztere hat die ICC-SchO als Konsequenz der Dutco-Entscheidung mit Art. 12 Abs. 6 bis Abs. 8 ICC-SchO Regelungen aufgenommen, um der in solchen Situationen auftretenden Problematik im Hinblick auf die Zusammensetzung des Schiedsgerichts zu begegnen. Auch diese Bestimmungen sehen vor, dass die Beteiligten der Mehrparteienseite gemeinschaftlich einen Parteischiedsrichter benennen; gelingt eine Einigung nicht, so wird das gesamte Tribunal, mithin auch der Parteischiedsrichter der Gegenseite, durch den Schiedsgerichtshof benannt, wodurch die Gleichbehandlung der Parteien gewährleistet wird[390]. Die Gleichbehandlung wird weiterhin gefördert durch den im Zuge der letzten Überarbeitung in 2021 neu eingefügten Art. Abs. 9 ICC-SchO, wonach ungeachtet einer Vereinbarung der Parteien über die Zusammensetzung des Schiedsgerichts der Gerichtshof in Ausnahmefällen jedes Mitglied des Schiedsgerichts ernennen kann, um eine Ungleichbehandlung und Ungerechtigkeit zu vermeiden[391].

Art. 10 ICC-SchO befasst sich mit der Verbindung bereits getrennt eingeleiteter Schiedsverfahren. Dabei verzichtet die Vorschrift sowohl auf Beschränkungen bezüglich der Anzahl der Beteiligten als auch der der Streitigkeit zugrunde liegenden Verträge oder Schiedsvereinbarungen. Eine zeitliche Begrenzung, bis zu welchem Zeitpunkt die Zusammenlegung der Verfahren spätestens erfolgt sein muss, findet sich ebenfalls nicht.

Die Vorschrift nennt drei Varianten, in welchen eine Konsolidierung von Schiedsverfahren in Betracht kommt. Nach Art. 10 (a) ICC-SchO ist eine solche möglich, sofern alle Parteien dies vereinbart haben, was die privatautonome Grundlage der Schiedsgerichtsbarkeit widerspiegelt. Die zweite Variante gemäß Unterabsatz (b) der Regelung erklärt die Verbindung von Verfahren für zulässig, sofern die Ansprüche der betreffenden Verfahren aufgrund derselben Schiedsvereinbarung beziehungsweise Schiedsvereinbarungen geltend gemacht werden und zwar unabhängig davon, ob die Parteien der verschiedenen Verfahren identisch sind[392]. Als dritte und letzte Variante erlaubt schließlich Art. 10 (c) ICC-SchO eine Konsolidierung, sofern (i) die Schiedsverfahren dieselben Parteien betreffen, (ii) die Streitigkeiten sich aus oder im Zusammenhang mit derselben

---

390 *Fry/Greenberg/Mazza*, The Secretariat's Guide to ICC Arbitration 2012, 3–471 ff.

391 Siehe dazu auch *Leoveanu/Giosan*, The 2021 ICC Arbitration Rules: Changes to the Arbitral Tribunal's Powers.

392 *Fry/Greenberg/Mazza*, The Secretariat's Guide to ICC Arbitration 2012, 3–355.

Rechtsbeziehung ergeben und (iii) die verschiedenen Schiedsvereinbarungen miteinander kompatibel sind. Teilweise verzichtet die ICC-SchO damit auf die Zustimmung der Beteiligten zur Konsolidierung von Verfahren. Dies steht, wie bereits dargelegt, in gewissem Widerspruch zur privatautonomen Natur der Schiedsgerichtsbarkeit und ist gerade in Fällen, in welchen die in Rede stehenden Streitigkeiten von mehr als einer Schiedsvereinbarung erfasst oder an den verbundenen Verfahren verschiedene Personen beteiligt sind, auch unter Vertraulichkeitsgesichtspunkten sowie bezüglich der Besetzung des Schiedsgerichts bedenklich. Daher hat der Gerichtshof, dem die Entscheidung über die Konsolidierung obliegt, diese Punkte bei seiner Ermessensentscheidung sorgfältig zu berücksichtigen, sonst droht mitunter die Aufhebung eines so ergangenen Schiedsspruchs[393]. In seiner Entscheidung sollte der Gerichtshof daher neben der Verflechtung der Verträge sowie der Anzahl, der Beziehung und der etwaigen Identität der beteiligten Personen auch einbeziehen, wie weit die zu verbindenden Verfahren vorangeschritten sind, insbesondere, ob ein oder mehrere Schiedsrichter in einem Schiedsverfahren bereits bestätigt oder ernannt worden sind.

Im Ergebnis wird die ICC-SchO ihrer Vorreiterstellung als eine der führenden institutionellen Schiedsordnungen gerecht. Sie gibt den Verwendern auch in komplexen Sachverhalten Bestimmungen, die die Durchführung effizienter Schiedsverfahren gewährleisten, an die Hand und trägt damit zur Förderung der Attraktivität der Schiedsgerichtsbarkeit bei.

III. LCIA – Schiedsgerichtsordnung

Auch die Verfahrensordnung des London Court of International Arbitration stellt eine beliebte Schiedsordnung dar[394] und soll daher ebenfalls Teil der vorgenommenen Analyse sein.

Zwar finden sich auch in der 2020 zuletzt überarbeiteten Verfahrensordnung keine Bestimmungen zur Durchführung anfänglicher Mehrvertrags- oder Mehrparteienverfahren, jedoch enthält Art. 22 A LCIA-SchO Regelungen zur Konsolidierung bereits eingeleiteter Schiedsverfahren.

---

393 Dies wird schon durch den Wortlaut „*kann*“ bzw. im Englischen „*may*“ deutlich; ebenso *Fry/Greenberg/Mazza*, The Secretariat's Guide to ICC Arbitration 2012, 3–358.

394 Im Bereich international construction arbitration war die LCIA-SchO hinter der ICC-SchO die am zweithäufigsten gewählte Institutionsordnung, Queen Mary 2019 International Arbitration Survey: Driving Efficiency in International Construction Disputes, 15.

Hiernach ist eine Konsolidierung unabhängig von der Anzahl der zu verbindenden Verfahren und Anzahl wie Identität der beteiligten Personen möglich, sofern alle Beteiligten dem zugestimmt haben. Anders als die bereits betrachteten in der DIS und der ICC-SchO enthaltenen Regeln, wonach auch das konkludent erklärte Einverständnis der Parteien ausreichend ist, verlangt Art. 22 A LCIA-SchO, dass die Zustimmung schriftlich erklärt wird. Zwar ist dies einerseits zu begrüßen, da so langwierige Ermittlungen des wahren Parteiwillens vermieden werden können und vor allem recht unproblematisch sichergestellt werden kann, dass die Konsolidierung zweifelsfrei im Einklang mit dem von den Parteien Vereinbarten erfolgt. Andererseits wird hierdurch ein Formerfordernis statuiert.

Die zweite in der LCIA-SchO vorgesehene Variante zur Verfahrensverbindung rückt dagegen von dem Erfordernis der Zustimmung ab. Stattdessen kann das Schiedsgericht beziehungsweise, sofern dieses noch nicht ernannt wurde, der Schiedsgerichtshof die Konsolidierung von Schiedsverfahren, die auf Grundlage derselben Schiedsvereinbarung oder mehrerer kompatibler Schiedsvereinbarungen eingeleitet wurden und sich aus derselben Transaktion oder einer Reihe zusammenhängender Geschäftsbeziehungen ergeben, anordnen. Anders als die vorige Bestimmung, die dies nur bei Parteiidentität erlaubt, räumt Art. 22 A LCIA-SchO dem Schiedsgericht beziehungsweise dem Schiedsgerichtshof diese Befugnis auch ein, wenn es sich bei den Parteien der zu verbindenden Schiedsverfahren nicht um dieselben handelt. Allerdings bestehen gerade in Fällen, in welchen an den verbundenen Verfahren unterschiedliche Personen beteiligt sind und die Konsolidierung ohne deren Einverständnis erfolgt, Probleme in Bezug auf die gleichberechtigte Einflussnahme der Beteiligten bei der Besetzung des Schiedsgerichts. Dies wurde auch von der LCIA erkannt: Wurden in einem oder allen der betroffenen Verfahren bereits Schiedsrichter benannt, so ist in diesen Gestaltungen eine Konsolidierung nicht möglich, es sei denn, in sämtlichen Verfahren wurden identische Schiedsrichter bestimmt. Trotz dieser Regelung lässt sich nicht abschließend beurteilen, ob der Verzicht auf das Einverständnis im Ergebnis mit der privatautonomen Natur der Schiedsgerichtsbarkeit zu vereinbaren ist und ein so geführtes Verfahren zu einem auf internationaler Ebene vollstreckbaren Schiedsspruch führt.

Zuletzt stellt sich die Frage, ob die LCIA-SchO ebenfalls offen für die Durchführung anfänglicher Mehrvertrags- und Mehrparteienverfahren sind. Denn hierzu finden sich, wie eingangs erwähnt, keine Regelungen in der LCIA-SchO.

Für die Zulässigkeit anfänglicher Mehrvertrags- und Mehrparteienverfahren sprechen die soeben betrachteten Vorschriften zur Konsolidierung, die zeigen, dass die Behandlung mehrerer Verträge und Personen innerhalb eines Verfahrens nach der LCIA-SchO grundsätzlich erlaubt ist. Der Zulässigkeit anfänglicher Mehrvertragsverfahren, jedenfalls für den Fall, dass die zugrunde liegenden Verträge von mehr als einer Schiedsvereinbarung erfasst sind, könnte jedoch die Entscheidung des englischen High Courts entgegenstehen[395]. In besagtem Fall schlossen die Parteien zwei Verträge ab, von denen jeder eine LCIA-Schiedsklausel enthielt. Als der Beklagte seinen Verpflichtungen nicht nachkam, beantragte der Kläger die Einleitung eines einzigen Schiedsverfahrens, machte jedoch Ansprüche aus beiden Verträgen geltend. Der Beklagte argumentierte in der Folge, dass nach der damals gültigen LCIA-SchO 2014 in einem Antrag auf Einleitung eines Schiedsverfahrens der konkrete Streitfall und die konkret zugrunde liegende Schiedsvereinbarung angegeben werden müssten. Im vorliegenden Fall hätte sich der Antrag im Streitfall jedoch auf Streitigkeiten bezogen, die zwei separaten Schiedsklauseln unterfielen. Aus diesem Grund sei der Antrag ungültig. Das Gericht schloss sich schließlich dieser Argumentation an. Für eine solche Auffassung spräche schon der Wortlaut des Art. 1 LCIA-SchO 2014, welcher sich auf „die Schiedsvereinbarung“ und „den Streitfall“ beziehe.

Die Entscheidung legt, gerade da in der LCIA-SchO 2014 keine Bestimmungen zu Mehrvertragsverfahren enthalten waren, nahe, dass nicht nur die Einleitung mehrerer Schiedsverfahren im Rahmen eines Antrags unzulässig ist, sondern die LCIA-SchO – abgesehen von der Konsolidierung von Verfahren – generell der Geltendmachung von Streitigkeiten aus verschiedenen Verträgen innerhalb eines Verfahrens entgegensteht[396].

An der der Entscheidung zugrunde liegenden formalistischen und ineffizienten Auffassung wurde zu Recht Kritik geübt[397]. Im Zuge der letzten Überarbeitung der Schiedsordnung wurde schließlich mit Art. 1 Abs. 2 LCIA-SchO eine Bestimmung eingeführt, die es einem Kläger, der mehrere Schiedsverfahren nach der LCIA-SchO geführte Schiedsverfahren einleiten möchte, erlaubt, einen einzigen kombinierten Antrag auf Einleitung all dieser Schiedsverfahren zu stellen.

395 A v B [2017] EWHC 3417, High Court of Justice, Queen's Bench Division (Commercial Court).

396 *Wheal/Seacom/Wallin,* in einer Publikation von White & Case zu A v B [2017] EWHC 3417, High Court of Justice, Queen's Bench Division (Commercial Court), *„Separate Requests essectial in multi-contract LCIA arbitrations*, ähnlich *Parker/Reeves,* ebenfalls in einer Publikation zu vorgenanntem Fall.

397 Siehe auch *Parker/Reeves*, Publikation von Herbert Smith Freehills zu A v B [2017] EWHC 3417, High Court of Justice, Queen's Bench Division (Commercial Court).

Wie bereits angesprochen, enthält die LCIA-SchO zwar weiterhin keine Regelung zur Zulässigkeit anfänglicher Mehrparteienverfahren. Da mit Art. 8 LCIA-SchO allerdings eine Bestimmung existiert, die die Schiedsrichterbenennung im Falle der Beteiligung mehrerer Personen vorsieht, ist davon auszugehen, dass Mehrparteienverfahren nach der LCIA-SchO grundsätzlich möglich sind, sofern die Parteien dies vereinbart haben. Art. 8 Abs. 1 LCIA-SchO gewährleistet die gleichberechtigte Einflussnahme der Beteiligten auf die Besetzung des Schiedsgerichts, indem die Vorschrift bei Beteiligung von mehr als zwei Personen die Besetzung des gesamten Tribunals in die Hände des Schiedsgerichtshofs legt, es sei denn, die Beteiligten haben schriftlich die Aufteilung in Kläger- und Beklagtenseite vereinbart. Absatz 2 bestimmt weiter, dass die Schiedsvereinbarung in Mehrparteiensituationen als eine schriftliche Vereinbarung der Parteien über die Bestellung des Schiedsgerichts durch den LCIA-Schiedsgerichtshof zu behandeln ist.

Zusammenfassend ist davon auszugehen, dass die LCIA-SchO, obgleich diese lediglich Zulässigkeitsbestimmungen bezüglich der Konsolidierung von Verfahren enthält, ebenfalls offen für die Durchführung anfänglicher Mehrvertrags- sowie Mehrparteienverfahren ist, wobei es einer entsprechenden Zustimmung der Beteiligten hierzu bedarf.

IV. CEPANI – Schiedsgerichtsordnung

Als letzte institutionelle Schiedsordnung soll im Rahmen dieser Arbeit die CEPANI-SchO betrachtet werden, welche ebenfalls im Jahre 2020 überarbeitet wurde. Wie auch in der vorherigen Fassung, finden sich auch in der überarbeiteten Version der Schiedsordnung Bestimmungen zur Durchführung anfänglicher Mehrvertrags- und Mehrparteienverfahren sowie zur Konsolidierung.

Art. 10 CEPANI-SchO befasst sich mit der Zulässigkeit anfänglicher Mehrvertragsverfahren. Anders als die Vorgängerbestimmung, die die Vereinbarung der Parteien zur Durchführung eines solchen Verfahrens voraussetzte, verzichtet die Neufassung auf dieses Erfordernis. Vielmehr obliegt die Entscheidung, ob Ansprüche aus oder im Zusammenhang mit mehr als einem Vertrag – unabhängig davon, ob diese Verträge einer oder mehreren Schiedsvereinbarungen unterliegen – in einem einzigen Schiedsverfahren geltend gemacht werden können, dem Schiedsgericht. Bei seiner Entscheidung hat das Schiedsgericht alle Umstände zu berücksichtigen, die es für relevant erachtet. Dabei wird es sicherlich auch die wirtschaftliche Verbundenheit der Verträge sowie das mögliche Vorliegen eines zumindest konkludenten erklärten Willens der Beteiligten bezüglich der Durchführung von Mehrvertragsverfahren berücksichtigen. Da

Art. 10 CEPANI-SchO auf Art. 7 Abs. 3 CEPANI-SchO verweist, der wiederum auf die Antwort des Beklagten abstellt, ist davon auszugehen, dass das Schiedsgericht bei seiner Entscheidung auch den Vortrag des Beklagten berücksichtigen wird. Mangels entsprechender Auslegungshilfen wird man indes die ersten Entscheidungen abwarten müssen, um zu beurteilen, wie mit der Bestimmung umgegangen wird und Mehrvertragsverfahren tatsächlich ohne das Einverständnis aller Beteiligten durchgeführt werden können.

Eine Regelung zu Mehrparteienverfahren findet sich in Art. 9 CEPANI-SchO. Ein solches Verfahren ist auch weiterhin von der entsprechenden Zustimmung der Beteiligten abhängig; das der Schiedsgerichtsbarkeit zugrunde liegende Konsensprinzip gilt hier weiter fort. Die Besetzung des Schiedsgerichts in Mehrparteienverfahren richtet sich nach Art. 15 Abs. 2 CEPANI-SchO. Danach wird die Mehrparteienseite als eine einheitliche prozessuale Einheit betrachtet, welche gemeinsam einen Schiedsrichter benennt. Scheitert eine Einigung, benennt der Ernennungsausschuss oder der Präsident schließlich – vorbehaltlich abweichender Parteivereinbarung – das gesamte Schiedsgericht.

Wie bereits erwähnt, enthält die CEPANI-SchO auch Bestimmungen zur Konsolidierung bereits eingeleiteter Verfahren. Dabei ist die Zustimmung sämtlicher Parteien keine zwingende Voraussetzung für die Verfahrensverbindung. Gleichwohl soll bei Vorliegen einer solchen gemäß Art. 13 Abs. 2 CEPANI-SchO dem Antrag auf Konsolidierung stattgegeben und die Verfahren konsolidiert werden. Liegt kein Einverständnis vor, so kann gemäß Art. 13 Abs. 2 CEPANI-SchO dennoch entweder der Ernennungsausschuss oder der Präsident die Konsolidierung anordnen. Die Vorschrift enthält Anhaltspunkte, welche Umstände die zuständige Stelle unter anderem bei dieser Entscheidung berücksichtigen sollte. Dazu zählt unter anderem, ob die Parteien die Konsolidierung in der Schiedsvereinbarung ausgeschlossen haben, die in den einzelnen Schiedsverfahren erhobenen Ansprüche aufgrund derselben Schiedsvereinbarung geltend gemacht wurden, die zu verbindenden Verfahren dieselben Parteien betreffen oder die Streitigkeiten aus demselben Rechtsverhältnis stammen. Ferner soll auch der Verfahrensstand, insbesondere, ob in den Schiedsverfahren bereits ein oder mehrere Schiedsrichter ernannt oder bestätigt wurden und diese gegebenenfalls identisch sind, berücksichtigt werden. Dies erscheint auch nötig, um den dargelegten Herausforderungen entgegenzutreten und die Gleichbehandlung der Parteien zu wahren.

Da die Konsolidierung nach der CEPANI-SchO auch bei Verschiedenheit der an den Verfahren Beteiligten möglich ist, können die bereits mehrfach erwähnten Schwierigkeiten bei der Bildung des Schiedsgerichts auftreten. Um dem Abhilfe zu schaffen, sieht Art. 15 Abs. 8 CEPANI-SchO vor, dass der Ernennungsausschuss oder der Präsident bei der Annahme des Antrags auf Konsolidierung vorbehaltlich anderslautenden Antrags der Beteiligten zur Bestätigung bereits ernannter Schiedsrichter, jedes Mitglied des Gerichts ernennt. Allerdings enthält die Regelung keine Ermächtigung des Ernennungsausschusses beziehungsweise des Präsidenten zur Kündigung von bereits erfolgten Ernennungen oder Bestätigungen. Nach Ansicht einiger Autoren zur Vorgängerbestimmung aus 2013 bedeutet dies für die Praxis, dass eine Verbindung von Verfahren nicht möglich ist, wenn bereits in beiden Schiedsverfahren unterschiedliche Schiedsrichter ernannt oder bestätigt wurden, es sei denn, die Schiedsrichter treten zurück oder werden auf Antrag der Parteien ersetzt[398]. Da auch die Fassung aus 2020 keine solche Ermächtigung enthält, wird Entsprechendes auch hier gelten.

Somit liefert auch die CEPANI-SchO ein fortschrittliches System zur Behandlung komplexer Streitigkeiten auf Ebene der Schiedsgerichtsbarkeit, welches die in diesem Zusammenhang auftretenden Problemstellungen größtenteils erkennt und Lösungen anbietet.

V. Fazit

Viele der führenden institutionellen Schiedsordnungen, so auch die hier betrachteten, enthalten Bestimmungen zur Konsolidierung von Verfahren, zudem meist auch zur Durchführung anfänglicher Mehrvertrags- und Mehrparteienverfahren.

Die Regelungen knüpfen dabei vornehmlich an die Zustimmung der Beteiligten an, was im Hinblick auf die privatautonome Natur der Schiedsgerichtsbarkeit zu begrüßen ist. Dennoch lassen einige der Bestimmungen die Durchführung solcher Verfahren auch ohne das Einverständnis der Beteiligten zu. Obgleich in diesen Fällen der zuständigen Stelle Auslegungshilfen für die Entscheidung hierüber an die Hand gegeben werden, welche die Interessen der Parteien möglichst weitgehend wahren sollen, ist fraglich, ob ein aus einem solchen Verfahren resultierender Schiedsspruch auf internationaler Ebene der Anerkennung und Vollstreckung fähig ist.

Neben Regelungen über die Zulässigkeit von Mehrvertragsverfahren selbst haben die betrachteten Regelwerke zudem die Notwendigkeit etwaig erforderlicher Verfahrensanpassungen erkannt. Dies zeigt sich insbesondere im Hinblick auf die in diesen enthaltenen Bestimmungen in Bezug auf die Ernennung der Schiedsrichter in Fällen, in welchen mehr als zwei Personen am Verfahren

---

398 *Kondev*, Multi-Party and Multi-Contract Arbitration in the Construction Industry, 4.2.3.

beteiligt sind und welche die gleichberechtigte Einflussnahme sämtlicher Beteiligte in solchen Gestaltungen sicherstellen sollen. Allerdings finden sich meist keine Bestimmungen zur Frage der Konstituierung des Schiedsgerichts in Fällen, in welchen die Konsolidierung in einem Stadium erfolgt, in welchem in einem oder mehreren der betroffenen Verfahren bereits Schiedsrichter benannt wurden. Wurden in den verbundenen Verfahren identische Schiedsrichter bestimmt oder haben die Beteiligten die ernannten Schiedsrichter im Zuge des Konsolidierungsprozesses bestätigt, so sollten sich keine weitreichenderen Probleme bezüglich der gleichberechtigten Einflussnahme auf die Konstituierung des Schiedsgerichts ergeben. Fehlt es jedoch an einem solchen Einverständnis während des Verfahrens, so wird weitgehend offengelassen, wie die Beteiligten in einem solchen Fall gleichwertig auf die Besetzung des Schiedsgerichts einwirken können und ein faires Verfahren gewahrt werden kann. Es wäre daher wünschenswert, wenn die Schiedsordnungen Lösungen für diesen Punkt anbieten könnten.

Insgesamt unterstützen die institutionellen Schiedsordnungen die Durchführung komplexer schiedsgerichtlicher Verfahren durch Aufnahme von entsprechenden Bestimmungen zu anfänglichen Mehrvertrags- und Mehrparteienverfahren sowie der Konsolidierung. Durch diese wird nicht nur die Durchführung effizienter Verfahren mit konsistenten Ergebnissen, sondern die Attraktivität der Schiedsgerichtsbarkeit als bevorzugter Streitbeilegungsmechanismus in großen, vielschichtigen Wirtschaftsstreitigkeiten gefördert.

Gerichtliche Überprüfbarkeit der Entscheidung über die Durchführung von Mehrvertragsverfahren

Nachdem nun Herausforderungen schiedsgerichtlicher Mehrvertragsverfahren sowie nationale sowie institutionelle Bestimmungen und deren Umgang mit den dargestellten Problematiken betrachtet wurden, stellt sich nun die Frage, wie die Durchführung eines solchen Verfahrens von staatlichen Gerichten überprüft werden kann.

Durch die Vereinbarung zur Führung eines Schiedsverfahrens wird die ordentliche Gerichtsbarkeit grundsätzlich ausgeschlossen, ist es doch gerade Sinn und Zweck der Schiedsgerichtsbarkeit entgegen Art. 92 GG Rechtsstreitigkeiten nicht durch staatliche Gerichte, sondern durch ein privates Schiedsgericht entscheiden zu lassen[399].

Gleichwohl ist die gerichtliche Nachprüfbarkeit schiedsgerichtlicher Entscheidungen verfassungsrechtlich geboten. Lässt der Staat private Schiedsgerichte zu, so hat er dafür Sorge zu tragen, dass die „*Grundforderungen eingehalten werden, die an ein Rechtsprechungsorgan […] zu stellen sind*“[400], dies nicht zuletzt, da der deutsche Gesetzgeber gemäß § 1055 ZPO dem Schiedsspruch die Wirkung eines rechtskräftigen Urteils beimisst. Dementsprechend folgt das Erfordernis der gerichtlichen Überprüfung aus der in Art. 19 Abs. 4 GG normierten Rechtsweggarantie. Die Vorschrift gewährt jedem, der durch die öffentliche Gewalt in seinen Rechen verletzt ist, die Eröffnung des Rechtswegs, woraus die herrschende Lehre auch einen sekundären Kontrollanspruch gegen erstinstanzliche Gerichtsentscheidungen herleitet[401]. Da aber das schiedsgerichtliche Verfahren grundsätzlich nur aus einer Instanz besteht, ist Konsequenz des Art. 19 Abs. 4 GG, dass eine Überprüfung der schiedsgerichtlichen Entscheidung durch ein staatliches Gericht als „zweite Instanz“ geboten ist[402].

---

399 BGH, Urteil vom 3. Juli 1975 – III ZR 78/73, NJW 1976, 109; *Schütze/Thümmel*, Schiedsgericht und Schiedsverfahren, § 5, Rn. 6 ff.; Zöller/*Geimer*, Vor. § 1025 Rn. 1 ff.

400 Zöller/*Geimer*, § 1059 Rn. 32.

401 *Schütze*, SchiedsVZ 2009, 241, 242 m.w.N.

402 *Hammer*, Überprüfung von Schiedsverfahren, Rn. 1 ff.; *Schütze*, SchiedsVZ 2009, 241, 242.

Ferner ergibt sich die Gebotenheit der Überprüfung schiedsgerichtlicher Entscheidungen durch staatliche Gerichte aus Art. 6 EMRK. Hiernach hat jede Person das Recht darauf, dass Streitigkeiten in Bezug auf zivilrechtliche Ansprüche und Verpflichtungen vor einem unabhängigen und unparteiischen, auf Gesetz beruhenden Gericht in einem fairen Verfahren verhandelt werden Der Staat muss folglich auch gewährleisten, dass Entscheidungen aus Verfahren, in welchen das Gebot der Fairness verletzt wurde, korrigiert oder aufgehoben werden können[403].

Im Folgenden soll betrachtet werden, wie sich eine Partei, welche sich aufgrund der Durchführung des Mehrvertragsverfahrens in ihren Rechten verletzt fühlt, hiergegen zur Wehr setzen kann und wie erfolgversprechend ein solches Vorgehen erscheint.

K. Direkte Überprüfbarkeit der Entscheidung über die Durchführung von Mehrvertragsverfahren

I. Gesonderte Überprüfbarkeit schiedsgerichtlicher Entscheidungen

Wie soeben dargelegt, ist die Überprüfbarkeit schiedsgerichtlicher Entscheidungen verfassungsrechtlich geboten.

Doch unterliegt die Entscheidung des Schiedsgerichts (beziehungsweise der sonstigen zuständigen Stelle) zur Durchführung eines Mehrvertragsverfahrens überhaupt der gesonderten Kontrolle staatlicher Gerichte oder kann diese Entscheidung nicht lediglich indirekt im Rahmen des anschließenden Vollstreckungsverfahrens überprüft werden? Dies würde wiederum bedeuten, dass die Schiedsparteien nicht bereits während des laufenden Schiedsverfahrens die Entscheidung, ein Mehrvertragsverfahren durchzuführen, angreifen könnten, sondern den Abschluss des Verfahrens abwarten und gegen den aus diesem resultierenden Schiedsspruch vorgehen müssten.

Nicht alle schiedsgerichtlichen Entscheidungen sind vor Abschluss des Schiedsverfahrens gesondert überprüfbar. Dies gilt insbesondere für reine Verfahrensverfügungen wie die Terminierung, die Festsetzung von Schriftsatzfristen oder die Zulassung von Beweismitteln[404]. Stellt das staatliche Gericht innerhalb des Verfahrens zur Vollstreckbarerklärung fest, dass beispielsweise die durch das Schiedsgericht festgelegten Schriftsatzfristen zu kurz bemessen

---

403 *Schütze/Thümmel*, Schiedsgericht und Schiedsverfahren, § 16.

404 *Schütze*, SchiedsVZ 2009, 241, 242 f.

wurden, könnte es darin die Verletzung rechtlichen Gehörs sehen und dementsprechend die Vollstreckbarerklärung versagen beziehungsweise den Schiedsspruch aufheben[405].

Unmittelbar nachprüfbar ist dagegen die Entscheidung des Schiedsgerichts über seine Zuständigkeit. Zwar hat das Schiedsgericht nach § 1040 Abs. 1 ZPO die Befugnis, über seine eigene Zuständigkeit selbst zu entscheiden, dennoch obliegt die endgültige Entscheidung über die schiedsgerichtliche Zuständigkeit nicht diesem selbst, sondern dem staatlichen Gericht[406]. Nimmt das Schiedsgericht seine Zuständigkeit durch Zwischenentscheid an, kann hiergegen innerhalb eines Monats nach Bekanntgabe eine gerichtliche Entscheidung beantragt werden, § 1040 Abs. 3 ZPO. Zuständig für diese Entscheidung ist nach § 1062 Abs. 1 Nr. 2 ZPO das jeweilige Oberlandesgericht. Kommt dieses zu dem Ergebnis, das Schiedsgericht habe zu Unrecht seine Zuständigkeit angenommen, weist es die Schiedsklage durch Endschiedsspruch als unzulässig ab.

Doch stellt die Entscheidung über die Durchführung eines Mehrvertragsverfahrens eine reine Verfahrensverfügung dar oder ist diese als gesondert nachprüfbare Zuständigkeitsentscheidung einzuordnen?

Im Hinblick auf die Entscheidung über die Einbeziehung zusätzlicher Parteien zum Schiedsverfahren sowie die Entscheidung zur Verbindung von Schiedsverfahren ist dies umstritten. Einige Autoren sprechen sich dafür aus, eine solche Entscheidung als Verfahrensverfügung mit rein administrativem Charakter anzusehen[407]. Die Entscheidung hierüber wäre dann nicht gesondert angreifbar, sondern nur gemeinsam mit dem in der Hauptsache ergangenen Endschiedsspruch. Dies sei indes gerechtfertigt, da die Möglichkeit, sich gesondert gegen diese Entscheidung zur Wehr zu setzen, das Schiedsverfahren *„nur behindern [würde], weil das Schiedsgericht kaum weiterarbeiten könnte, bevor es nicht Klarheit über die Zahl und Art der Beteiligten hat“*[408].

---

405 *Raeschke – Kessler/Bühler*, ZIP 1987, 1157 ff.; *Schütze/Thümmel*, Schiedsgericht und Schiedsverfahren, § 16, Rn. 28 ff.

406 BGH, Urteil vom 13. Januar 2005 – III ZR 265/03, SchiedsVZ 2005, 96 ff.; BT-Drs. 13/5274, 44.

407 *Schlosser*, FS Geimer, 947, 963; *Swee En*, Consolidation of Arbitral Proceedings and its Ramifications on a Party's Right to Challenge the Jurisdiction of the Tribunal and the Arbitral Award.

408 So *Schlosser*, FS Geimer, 947, 963 im Hinblick auf die Parteierweiterung; auch Geimer zieht die Möglichkeit einer Verfahrensverzögerung in Betracht, *Geimer*, Die Beteiligung Dritter an Schiedsverfahren, 71, 81.

Diese Argumentation ist allerdings abzulehnen – Entscheidungen über Parteierweiterungen und Konsolidierungen sind richtigerweise als Zuständigkeitsentscheidungen einzuordnen[409]. Im Hinblick auf die Konsolidierung spricht für ein solches Verständnis bereits, dass eine Zusammenlegung von Verfahren nur möglich ist, sofern das Schiedsgericht für alle Ansprüche auch tatsächlich zuständig ist. Die Entscheidung über die Konsolidierung ist demzufolge immer eine Entscheidung über die Zuständigkeit des Schiedsgerichts im Rahmen seiner Kompetenz-Kompetenz. Dies gilt auch in Fällen, in denen die Entscheidung der Konsolidierung nicht vom Schiedsgericht selbst, sondern von einer sonstigen Stelle, wie beispielsweise nach der ICC-SchO dem Schiedsgerichtshof, vorgenommen wird. Auch spricht für eine Einordnung als Zuständigkeitsentscheidung und damit die Möglichkeit einer selbstständigen Überprüfung, dass die Entscheidung über die Konsolidierung von großem Gewicht für den gesamten Fortgang des Schiedsverfahrens ist und gerade bei Einbeziehung zusätzlicher Parteien *„eine Fehlentscheidung[…] für die Parteien irreparablen Schaden bringen kann“*[410]. Es besteht daher ein Bedürfnis, dass die Parteien bereits während des Verfahrens diese Entscheidung von dritter Seite überprüfen lassen können.

Doch nicht nur die Konsolidierung von Verfahren ist als Zuständigkeitsentscheidung einzuordnen. Gleiches gilt für die Entscheidung über die Durchführung anfänglicher Mehrvertragsverfahren. Diese ist als eine eigenständige Entscheidung des Gerichts, im Hinblick auf alle in diesem Verfahren geltend gemachten Ansprüche zuständig zu sein, zu qualifizieren und stellt gerade nicht eine „bloße Erklärung“ des Schiedsgerichts, ein Mehrvertragsverfahren für zulässig zu erachten, dar. Dieser Ansatz wird auch durch Regelungen in den Schiedsinstitutionsordnungen bekräftigt. So sieht beispielsweise Art. 17 DIS-SchO vor, dass bei Streit über die Vereinbarkeit der Schiedsklauseln oder über das Vorliegen einer Vereinbarung zur Durchführung von Mehrvertragsverfahren das Schiedsgericht entscheidet, wobei dies in Ausübung seiner

---

409 *Benedict,* SchiedsVZ 2018, 306, 310; *Voser,* 50 Years of the New York Convention: ICCA International Arbitration Conference, 343, 352; *Strong,* Michigan Journal of International Law 30 (4), 1025, 1026, *„these jurisdictional questions“*; *Lew/Mistelis/Kröll,* Comparative International Commercial Arbitration, notes 16–61.

410 In Bezug auf die Einbeziehung zusätzlicher Parteien: *Geimer,* Die Beteiligung Dritter an Schiedsverfahren, 71, 80. Dies muss aber für die Verbindung von Verfahren gleichsam gelten, insbesondere vor dem Hintergrund, dass bei Personenverschiedenheit der Beteiligten in den jeweiligen Verfahren eine ähnliche Situation wie bei der nachträglichen Einbeziehung von Personen auftreten und nun „Dritte“ am Verfahren teilnehmen.

Kompetenz-Kompetenz erfolgt[411]. Ähnliches gilt für Mehrvertragsverfahren nach der ICC-SchO. Zwar entscheidet dort nach Art. 6 ICC-SchO zunächst der Schiedsgerichtshof aufgrund einer prima-facie Entscheidung. Die Frage der Vereinbarkeit der Schiedsklauseln und deren Verhältnis zueinander stellt sich aber auch auf Ebene der Entscheidung des Schiedsgerichts über seine Zuständigkeit über alle Ansprüche[412].

Daher ist der Ansatz, die Entscheidung über die Durchführung von Mehrvertragsverfahren generell als Zuständigkeitsentscheidung zu qualifizieren, sachgerecht. Aufgrund des Gewichts der Zuständigkeitsentscheidung für den Fortgang des Verfahrens ist es nötig, dass die Parteien bei Zweifeln über die Richtigkeit der Entscheidung diese sogleich überprüfen lassen können und nicht den Ausgang des Verfahrens abwarten müssen.

Allerdings stellt sich nun die Frage, welche Möglichkeiten die deutsche Zivilprozessordnung bietet, um eine solche Entscheidung gesondert und während des laufenden Verfahrens nachprüfen zu können.

II. Angriffsmöglichkeiten nach der ZPO

Wie soeben herausgearbeitet, stellen Entscheidungen über die Durchführung eines Mehrvertragsverfahrens richtigerweise Zuständigkeitsentscheidungen des Schiedsgerichts dar.

Ein Beteiligter könnte daher eine entsprechende Entscheidung unter Berufung, das Schiedsgericht sei nicht für alle der in Rede stehenden Verträge zuständig, angreifen. Dies erscheint insbesondere in Fällen wahrscheinlich, in welchen die Parteien die Durchführung von Mehrvertragsverfahren nicht ausdrücklich vereinbart haben und die materiell-rechtlichen Verträge Gegenstand verschiedener Schiedsvereinbarungen sind.

Die deutsche Zivilprozessordnung bietet bei Zweifeln über die Richtigkeit der schiedsgerichtlichen Zuständigkeitsentscheidung die Möglichkeit, einen Antrag beim örtlich zuständigen Oberlandesgericht auf Feststellung der Unzulässigkeit des schiedsrichterlichen Verfahrens nach § 1032 Abs. 2 ZPO zu stellen. Zeitlich gesehen muss dieser Antrag in einem sehr frühen Verfahrensstadium, nämlich bereits vor Konstituierung des Schiedsgerichts gestellt werden. Nach wohl vorherrschender Ansicht ist das Schiedsgericht an den rechtskräftigen Beschluss des

411 *Benedict*, SchiedsVZ 2018, 306, 308; ebenso für die Durchführung anfänglicher Mehrparteienverfahren *Lew/Mistelis/Kröll*, Comparative International Commercial Arbitration, Rn. 16–10.

412 Schütze/*Reiner/Petkutei/Kern*, Art. 9 ICC-Regeln, Rn. 3.

Oberlandesgerichts gebunden[413], der Fortführung des Schiedsverfahrens und dem dem Erlass eines Schiedsspruchs dteht das Verfahren vor dem Oberlandesgericht gleichwohl nicht nicht entgegen, § 1032 Abs. 3 ZPO.

Daneben kann die Zuständigkeitsentscheidung auch im Wege der Zuständigkeitsrüge nach § 1040 Abs. 2 ZPO beanstandet werden. Über die Rüge entscheidet zunächst das Schiedsgericht selbst im Rahmen seiner Kompetenz-Kompetenz. Nimmt dieses seine Zuständigkeit an, so ergeht in der Regel ein Zwischenentscheid, welcher innerhalb eines Monats nach schriftlicher Mitteilung vor dem zuständigen Oberlandesgericht angegriffen werden und somit „extern" von einem staatlichen Gericht überprüft werden kann. Schließt sich das Oberlandesgericht der Auffassung des Schiedsgerichts an und bestätigt dessen Zuständigkeit, hat diese Entscheidung Bindungswirkung für ein späteres Aufhebungs- oder Vollstreckbarerklärungsverfahren[414]. Hält es die Rüge dagegen für begründet und stellt die Unzuständigkeit des Schiedsgerichts fest, ist diese Entscheidung ebenfalls bindend[415].

Entscheidet das Schiedsgericht über seine Zuständigkeit dagegen erst im Schiedsspruch selbst, erlässt also keinen Zwischenentscheid, kann die vermeintliche Unzuständigkeit nicht gesondert nach § 1040 Abs. 3 ZPO beanstandet werden, sondern muss im Vollstreckbarerklärungsverfahren des Schiedsspruchs geltend gemacht werden[416].

III. Fazit

Die Überprüfung der Entscheidung über die Durchführung von Mehrvertragsverfahren sowie die Konsolidierung von Verfahren ist als Zuständigkeitsentscheidung des Schiedsgerichts bereits während des laufenden Schiedsverfahrens möglich. Dies ist im Hinblick auf das Gewicht dieser Entscheidung für den Fortgang des Verfahrens auch sinnvoll.

---

413 *Huber*, SchiedsVZ 2003, 73, 74, m.w.N.; *Lachmann*, Handbuch für die Schiedsgerichtspraxis, Rn. 685; *Gharibian/Pieper*, BB 2018 (8), 387.

414 Musielak/Voit/*Voit*, ZPO § 1040 Rn. 12.

415 *Hammer*, Überprüfung von Schiedsverfahren, Rn. 476.

416 *Huber*, SchiedsVZ 2003, 73, 75; BeckOK ZPO/*Wolf/Eslami*, ZPO § 1040 Rn. 30; *Hammer*, Überprüfung von Schiedsverfahren, Rn. 476; a.A. aber Musielak/Voit/*Voit*, ZPO § 1032 Rn. 11, der stattdessen ausnahmsweise einen Antrag nach § 1032 Abs. 2 ZPO in einem solchen Fall auch nach Konstituierung des Schiedsgerichts für zulässig erachtet, um Rechtsschutzlücken zu vermeiden.

Zu berücksichtigen ist jedoch, dass sich diese Überprüfung, zumindest nach dem hier betrachteten deutschen Recht, auf die Zuständigkeit des Schiedsgerichts bezüglich der Streitgegenstände beschränkt.

Dagegen können weitere, im Rahmen von Mehrvertragsverfahren auftretende Problematiken wie beispielsweise im Hinblick auf die gleichberechtigte Einflussnahme bei der Bestellung der Schiedsrichter in Mehrvertrags-Mehrparteienverfahren oder die Konformität des Verfahrens mit dem von den Parteien Vereinbarten während des laufenden Schiedsverfahrens nicht gesondert überprüft werden – diese sind vielmehr nur gemeinsam mit dem aus einem solchen Verfahren ergangenen Schiedsspruchs angreifbar und mithin im Anerkennungs- und Vollstreckungsverfahren vorzubringen.

L. Anerkennung und Vollstreckung von Mehrvertragsschiedssprüchen

Gerade aufgrund der im Rahmen dieser Arbeit dargelegten Problematiken bei der Durchführung von Mehrvertragsverfahren stellt sich die Frage, ob ein aus einem solchen Verfahren resultierender Schiedsspruch schlussendlich vollstreckt werden kann. Nur dann wäre die Durchführung solcher Verfahren auch im Ergebnis sinnvoll und nützlich.

Mit dieser Frage befasst sich der folgende Abschnitt, welcher die Anerkennung und Vollstreckung von aus Mehrvertragsverfahren resultierenden in- und ausländischen Schiedssprüchen in Deutschland genauer beleuchten wird.

Soll aus einem Schiedsspruch die Zwangsvollstreckung betrieben werden, so ist dieser zunächst von einem staatlichen Gericht für vollstreckbar zu erklären. Ausländische Schiedssprüche bedürfen darüber hinaus auch der Anerkennung[417]. Die Anerkennung und Vollstreckung dieser richtet sich in Deutschland gemäß § 1061 Abs. 1 ZPO grundsätzlich nach dem bereits mehrfach erwähnten New Yorker Übereinkommen von 1958 (UNÜ). Dieses internationale Übereinkommen, welches mittlerweile von über 150 Staaten unterzeichnet wurde, ist eines der wichtigsten, die internationale Schiedsgerichtsbarkeit betreffenden Abkommen[418]. Dementsprechend beeinflussen dessen Bestimmungen auch die nationalen Schiedsgesetze und deren Auslegung.

---

417 Da inländische Schiedssprüche gemäß § 1055 ZPO einem rechtskräftigen Urteil gleichgestellt sind, bedarf es hier lediglich der Vollstreckbarerklärung, BT-Drs. 13/5274, 61.

418 Allgemein anerkannt, vgl. nur *Joubin-Bret*, 60 Years of the New York Convention: Key Issues and Future Challenges, xlvii; *Kröll*, SchiedsVZ 2009, 40, 41.

Da auch in Deutschland die Regelungen für die Vollstreckung inländischer Schiedssprüche größtenteils auf dem UNÜ beruhen, soll im Folgenden vornehmlich eine genauere Betrachtung des UNÜ erfolgen, in Bezug auf die Aufhebung inländischer Schiedssprüche soll lediglich ein kurzer Überblick erfolgen und ein Vergleich zur Gefahr der Aufhebung ausländischer Schiedssprüche gezogen werden, um Wiederholungen zu vermeiden.

I. Anerkennung und Vollstreckung ausländischer Schiedssprüche in Deutschland

Wird die Anerkennung und Vollstreckung in einem anderen Land als dem, in dem der Schiedsspruch ergangen ist, angestrebt, so kommen, wie bereits erwähnt, in aller Regel die Bestimmungen des UNÜ zur Anwendung – so auch in Deutschland.

Zwar enthält das Übereinkommen keine Vorschrift, welche explizit die Anerkennung und Vollstreckung von Schiedssprüchen, die aus einem Mehrvertragsverfahren resultieren, verbietet. Gleichwohl ist nicht auszuschließen, dass die in Art. V UNÜ aufgezählten Versagungsgründe unter verschiedenen Gesichtspunkten der Anerkennung und Vollstreckung solcher Schiedssprüche entgegenstehen. Dabei wird im Zuge dieses Verfahrens nicht unmittelbar die Entscheidung über die Durchführung von Mehrvertragsverfahren als solche überprüft[419]. Gegenstand der Prüfung ist vielmehr der aus einem solchen Verfahren resultierende Schiedsspruch. Verfahrensfehler werden im Rahmen des Anerkennungs- und Vollstreckbarerklärungsverfahrens nur berücksichtigt, sofern diese auch Auswirkungen auf den Schiedsspruch selbst haben.

Bevor die Versagungsgründe, die vom Vollstreckungsgegner im Rahmen eines möglichen, dem Mehrvertragsverfahren nachfolgenden Aufhebungsverfahrens vorgebracht werden könnten, erläutert und deren Gefahrpotenzial im Hinblick auf eine mögliche Aufhebung des Schiedsspruchs bewertet werden, sollen zunächst Prinzipien und Zielsetzungen des Übereinkommens sowie die Möglichkeit der Präklusion und des Verzichts betrachtet werden, um eine umfassende Analyse zu ermöglichen.

Für die vorliegende Analyse wird unterstellt, dass sämtliche Parteien am Schiedsverfahren teilgenommen haben.

---

419 *Buchwitz*, Schiedsverfahrensrecht, Ziff. 11.3.1.

1. *Prinzipien und Zielsetzung des New Yorker Übereinkommens*

Obwohl das Übereinkommen Versagungsgründe enthält, verfolgt es keineswegs das Ziel, die Anerkennung und Vollstreckung von Schiedssprüchen einzuschränken. Ganz im Gegenteil: Ziel der Konvention ist es, die allgemeine Akzeptanz von Schiedsentscheidungen auf internationaler Ebene zu fördern[420].

Durch die abschließend aufgezählten Versagungsgründe wird ein international einheitlicher Rahmen für die Anerkennung und Vollstreckung von Schiedssprüchen geschaffen – aus darüber hinausgehenden Gründen darf im Anwendungsbereich des Übereinkommens die Anerkennung und Vollstreckung eines Schiedsspruchs nicht versagt werden[421]. Neben der erschöpfenden Aufzählung der Versagungsgründe wird die beschriebene Zielsetzung des Übereinkommens weiterhin dadurch gefördert, dass staatliche Gerichte auf nationaler wie internationaler Ebene einen einheitlichen restriktiven Auslegungsmaßstab praktizieren, um so einen möglichst weitgehenden Gleichlauf zwischen Schiedsspruch und nachfolgender Anerkennung und Vollstreckung zu erreichen[422].

---

420 Allgemeine Meinung, vgl. nur *China Minmetals Materials Imp. and Exp. Co., Ltd. v. Chi Mei Corp.*, US Court of Appeals for the Third Circuit – 334 F.3d 274 (3d Cir. 2003); *Glencore Grain Rotterdam B.V. v. Shivnath Rai Harnarain Co.*, US Court of Appeals for the Ninth Circuit – 284 F.3d 1114, 1120 (9th Cir. 2000), *„The Convention and its implementing legislation have a pro-enforcement bias, a policy long-recognized by the Supreme Court"*; BGH, Urteil vom 18. Januar1990 – III ZR 269/88, NJW 1990, 2199; ICCA's Guide to the Interpretation of the 1958 New York Convention: a Handbook for Judges, 2011, V; *Borris/Hennecke*, New York Convention, Art. V, Rn. 4 f.; *Born*, International Commercial Arbitration, Chapter 26.03 [B] [3]; *Harris*, J Int'l Arb 24 (1), 9 f.; MüKoZPO/*Adolphsen*, UNÜ Art. V Rn. 3; *Schwab/Walter*, Schiedsgerichtsbarkeit, Kapitel 56, Rn. 3; insbesondere für Deutschland *Lüer*, J Int'l Arb 7 (1), 127, 138.

421 *Encyclopaedia Universalis S.A. (Luxembourg) v. Encyclopaedia Britannica, Inc. (US)*, US Court of Appeals for the Second Circuit – 403 F.3d 85 (2nd Cir. 2005), *„court is strictly limited to the seven defenses under the New York Convention when considering whether to confirm a foreign award"*; *Blackaby/Partasides/Redfern*, Redfern and Hunter on International Arbitration, Rn. 11.56; *Lew/Mistelis/Kröll*, Comparative International Commercial Arbitration, Rn. 26–65.

422 *China Minmetals Materials Imp. and Exp. Co., Ltd. v. Chi Mei Corp.*, US Court of Appeals for the Third Circuit – 334 F.3d 274 (3nd Cir. 2003), *„Consistently with the policy favoring enforcement of foreign arbitration awards, courts strictly have limited defenses to enforcement to the defenses set forth in Article V of the Convention, and generally have construed those exceptions narrowly"*; *Adamas Management & Services Inc. (British Virgin Islands) v. Aurado Energy Inc. (Canada)*, New Brunswick Court of

Dieser restriktive Ansatz bei der Anwendung der Versagungsgründe zeigt sich auch darin, dass der Antrag auf Aufhebung des Schiedsspruchs nur erfolgreich ist, sofern der vermeintliche Verstoß kausal für den in Rede stehenden Schiedsspruch war, sich in diesem niedergeschlagen hat[423]. Die Kausalität sowie die vorgebrachte Einwendung selbst sind vom Vollstreckungsgegner zu beweisen[424], was nicht nur für die nach Art. V Abs. 1 UNÜ auf Rüge beachtlichen Versagungsgründe gilt, sondern auch für die nach Art. V Abs. 2 UNÜ vom Gericht von Amts wegen zu beachtenden[425]. Liegt mithin ein Verfahrensfehler vor, hat dieser aber keinerlei Einfluss auf den Schiedsspruch, kann dies die Versagung der Anerkennung nicht rechtfertigen. Doch selbst für den Fall, dass der vorgebrachte Verfahrensfehler Einfluss auf den ergangenen Schiedsspruch hat, ist das Gericht nicht dazu verpflichtet, diesen aufzuheben – dem Gericht wird vielmehr ein Ermessen eingeräumt[426].

All dies bekräftigt die pro-schiedsverfahrensrechtliche Zielsetzung der Konvention und erstrebte Förderung der Akzeptanz von Schiedssprüchen auf internationaler Ebene, die es bei der nachfolgenden Untersuchung stets zu beachten gilt.

Queen's Bench, Trial Division, Judicial District of Saint John, Docket No. S/M/57/04, Yearbook Commercial Arbitration XXX, 479; *Poudret/Besson*, Comparative Law of International Arbitration, Rn. 902; *Blackaby/Partasides/Redfern*, Redfern and Hunter on International Arbitration, Rn. 11.60; *Lew/Mistelis/Kröll*, Comparative International Commercial Arbitration, Rn. 26–66; *Kühn*, SchiedsVZ 2009, 53, 60.

423 *Borris/Hennecke*, New York Convention, Art. V, Rn. 39; Zöller/*Geimer*, § 1061 Rn. 28 ff., Anh. § 1061, Art. V, Rn. 5; *Ferrari/Rosenfeld*, Due Process as a Limit to Discretion in International Commercial Arbitration, § 8.02[B].

424 OLG Brandenburg, Beschluss vom 24. Juli 2015 – 11 Sch 2/13, SchiedsVZ 2016, 49; *Borris/Hennecke*, New York Convention, Art. V, Rn. 39.

425 OLG Celle, Beschluss vom 20. November 2003 – 8 Sch 02/03; MüKoZPO/*Adolphsen*, UNÜ Art. V, Rn. 3; *Kröll*, SchiedsVZ 2005, 149; *Borris/Hennecke*, New York Convention, Art. V, Rn. 41 ff.

426 Vgl. der deutsche Wortlaut des Art. V UNÜ, „darf versagt werden". Zwar spricht der englische Wortlaut von „may be refused", woraus man schließen könnte, dass ein Schiedsspruch bei erfolgreichem Vorbringen eines Versagungsgrundes zwingend aufzuheben ist. Dies ist gleichwohl nicht der Fall, vgl. MüKoZPO/*Adolphsen*, UNÜ Art. V, Rn. 3; *Poudret/Besson*, Comparative Law of International Arbitration, Rn. 902; *Blackaby/Partasides/Redfern*, Redfern and Hunter on International Arbitration, Rn. 11.58, m.w.N.

2. *Präklusion und Verzicht*

Wie bereits erwähnt ist es, um die Gefahr der Aufhebung eines Schiedsspruchs nach dem New Yorker Übereinkommen abschließend beurteilen zu können, ferner nötig danach zu fragen, inwieweit auf die Versagungsgründe verzichtet werden kann und/oder ob der Vollstreckungsgegner mit seinem Vorbringen aufgrund seines Verhaltens im Vorfeld des Aufhebungsverfahrens unter Umständen präkludiert sein kann.

Zunächst ist zu überlegen, ob dem Vollstreckungsgegner ein Berufen auf die Versagungsgründe nicht aufgrund erklärten Verzichts verwehrt sein kann. Im Hinblick auf Mehrvertragsverfahren stellt sich in diesem Zusammenhang die Frage, ob der Vollstreckungsgegner nicht bereits durch Verweis auf eine Schiedsinstitution oder nationale Zivilprozessordnung, die Mehrvertragsverfahren für zulässig erachtet, konkludent im Voraus auf die Geltendmachung von Aufhebungsgründen, die in der Durchführung von Mehrvertragsverfahren wurzeln, verzichtet hat[427]. Es ist jedoch höchst umstritten, ob auf die Versagungsgründe des Art. V UNÜ überhaupt im Voraus verzichtet werden kann[428]. So entspricht es der vorherrschenden Meinung im deutschen Recht, dass weder ein Vorabverzicht auf das Aufhebungsverfahren selbst noch auf die Aufhebungsgründe des § 1059 Abs. 2 Nr. 1 ZPO[429] oder die Versagungsgründe des Art. V UNÜ möglich ist[430].

Eine weitergehende Diskussion über die Möglichkeit eines solchen Vorabverzichts ist im Rahmen dieser Arbeit indes nicht erforderlich. Denn auch die Stimmen, die sich für die Möglichkeit eines ex ante Verzichts aussprechen, schließen einen „pauschalen Vorabverzicht" aus – vielmehr muss genau bezeichnet werden, auf welchen Aufhebungs- beziehungsweise Versagungsgrund verzichtet werden soll[431]. Dies ist sachgerecht, da der Schritt, auf ein bestimmtes Recht

427 *Pair*, Consolidation in International Commercial Arbitration – the ICC and Swiss Rules, 181, m.w.N.

428 *Nacimiento,* Recognition and Enforcement of Foreign Arbitral Awards: A Global Commentary on the New York Convention, S. 216 ff., G; *Borris/Hennecke,* New York Convention, Art. V, Rn. 69 ff.

429 BGH, Urteil vom 26. September 1985 – III ZR 16/84, NJW 1986, 1436; OLG Frankfurt, Urteil vom 21. Dezember 1983 – 21 U 2/83, NJW 1984, 2768; Musielak/Voit/*Voit*, ZPO § 1059 Rn. 39; *Schwab/Walter,* Schiedsgerichtsbarkeit, Kapitel 24, Rn. 53 f.; differenzierter Zöller/*Geimer,* § 1059 Rn. 81.

430 *Hammer,* Überprüfung von Schiedsverfahren, Rn. 831.

431 Zöller/*Geimer,* § 1059 Rn. 81.

bereits im Voraus verzichten zu wollen, äußerst weitreichend ist und der Parteiwille in diesem Fall besonders vorsichtig zu erforschen und genau danach zu fragen ist, ob wirklich ein Verzicht gewollt war[432].

Fraglich ist jedoch, ob der Vollstreckungsgegner nicht mit seinem Vorbringen präkludiert sein könnte. Im Gegensatz zu anderen Übereinkommen[433] enthält das UNÜ keine ausdrücklichen Präklusionsregeln. Allerdings sind auch dem UNÜ fundamentale Rechtsgrundsätze, insbesondere das Verbot des widersprüchlichen Verhaltens (venire contra factum proprium) sowie das Prinzip von Treu und Glauben immanent[434]. Aufgrund dessen ist allgemein anerkannt, dass trotz des Fehlens expliziter Bestimmungen hierzu eine Partei mit ihrem Vorbringen auch im Anwendungsbereich des UNÜ präkludiert sein kann, wenn sich diese in Bezug auf den geltend gemachten Verfahrensfehler widersprüchlich verhält, der vorgebrachte Einwand mithin gegensätzlich zu dem Verhalten während des Schiedsverfahrens ist[435].

Neben der Widersprüchlichkeit muss das Verhalten der Partei ferner rechtsmissbräuchlich sein. Dies ist der Fall, wenn der Vollstreckungsgegner durch sein Verhalten einen Vertrauenstatbestand dergestalt geschaffen hat, dass die andere Partei mit einem späteren Vorbringen verfahrensrechtlicher Unregelmäßigkeiten nicht rechnen musste[436] oder aber andere besondere Umstände die Rechtsausübung als treuwidrig erscheinen lassen[437].

---

432 So für die internationale Ebene: *Borris/Hennecke*, New York Convention, Art. V, Rn. 69, 71, „*the effects of waiver – by which a party foregoes the protection afforded by Article V in relation to ist most fundamental rights – are so far-reaching that a party agreeing on such waiver should be fully aware of ist factual and legal situation*", die zudem weiter anführen, dass Schiedsklauseln häufig Mitternachtsklauseln sind, sodass sich die Parteien hierbei erst recht nicht der Tragweite eines Verzichts bewusst gewesen wären.

433 Vgl. Art. 5 Abs. 1 Satz 2 des Europäischen Übereinkommens über die Internationale Handelsschiedsgerichtsbarkeit vom 21.04.1961.

434 BGH, Beschluss vom 17. April 2008 – III ZB 97/06, NJW-RR 2008, 1083; *Borris/Hennecke*, New York Convention, Art. V, Rn. 47, 61; Zöller/*Geimer*, § 1061 Rn. 34 ff.; UNCITRAL Secretariat Guide on the Convention on the Recognition and Enforcement of Foreign Arbitral Awards, 150 f.; ICCA's Guide to the Interpretation of the 1958 New York Convention: a Handbook for Judges, 2011, 81 ff.; *Mallmann*, SchiedsVZ 2004, 152, 157; MüKoZPO/*Adolphsen*, UNÜ Art. V, Rn. 6, 22; *Kröll*, Arbitration in Germany, § 1061, Rn. 53.

435 *Borris/Hennecke*, New York Convention, Art. V, Rn. 46.

436 *Borris/Hennecke*, New York Convention, Art. V, Rn. 50.

437 BGH, Beschluss vom 17. April 2008 – III ZB 97/06, NJW-RR 2008, 1083; generell zur Frage der Missbräuchlichkeit des widersprüchlichen Verhaltens BGH, Urteil vom 05.

So ist beispielsweise anerkannt, dass sich der Vollstreckungsgegner im Exequaturverfahren nicht auf die etwaige Unzuständigkeit des Schiedsgerichts berufen kann, sofern er sich zuvor rügelos auf das Schiedsverfahren eingelassen hat – durch die rügelose Einlassung durfte die andere Partei auf die unbestrittene Zuständigkeit des Schiedsgerichts vertrauen. Bringt der Vollstreckungsgegner im Anerkennungsverfahren nun die Unzuständigkeit des Schiedsgerichts vor, verstößt ein solches Verhalten gegen den Grundsatz von Treu und Glauben, der Vollstreckungsgegner ist folglich mit seinem Vorbringen präkludiert[438]. Dieser Ansatz gilt nicht nur im Hinblick auf die Unzuständigkeit des Schiedsgerichts, sondern ist richtigerweise auf sämtliche Mängel zu erstrecken, welche der Vollstreckungsgegner im Zuge des Schiedsverfahrens unterlassen hat, geltend zu machen[439]. Dieses Verständnis ist auch auf die Durchführung von Mehrvertragsverfahren zu übertragen: Widersetzt sich der spätere Vollstreckungsgegner im Schiedsverfahren selbst nicht der Durchführung eines solchen Verfahrens, sondern wirkt im Gegenteil aktiv an nötigen Verfahrensanpassungen mit, zum Beispiel, indem er sich in Mehrvertrags-Mehrparteiensituationen widerspruchslos mit einem weiteren Beteiligten auf einen gemeinsamen Parteischiedsrichter einigt, sollte auch hier davon ausgegangen werden, dass durch diese Handlung ein Vertrauenstatbestand geschaffen wird und der Schiedsspruch unter Berufung auf Durchführung des Mehrvertragsverfahrens im anschließenden Anerkennungs- und Vollstreckungsverfahren nicht mehr angegriffen werden kann. Insbesondere auch, da solch eine aktive Mitwirkung gar ein Mehr im Vergleich zur rügelosen Einlassung darstellt – der Beteiligte hat sich nicht nur durch Unterlassen der Rüge mit dem vorgefundenen Verfahrensstand einverstanden erklärt, er hat durch sein Mitwirken diesen Zustand erst aktiv herbeigeführt. Kann ein Vertrauenstatbestand durch rügelose Einlassung geschaffen werden,

---

Juni 1997 – X ZR 73/9. NJW 1997, 3377; BGH, Urteil vom 9. Mai 1960 – III ZR 32/59, NJW 1960, 1522.

438 BGH, Beschluss vom 27. März 2003 – III ZB 83/02, SchiedsVZ 2003, 134 (allerdings zur alten Rechtslage); OLG München, Beschluss vom 19. November 2012 – 34 Sch 7/11, SchiedsVZ 2013, 64; OLG Koblenz, Beschluss vom 28. Juli 2005 – 2 Sch 4/05, SchiedsVZ 2005, 260, 261; BeckOK ZPO/*Wilske/Markert*, ZPO § 1061 Rn. 59; MüKoZPO/*Adolphsen*, UNÜ Art. V, Rn. 9; *Otto*, IPRax 2012 (3), 223 ff.; *Müller/Keilmann*, SchiedsVZ 2007, 113, 119.

439 *Borris/Hennecke*, New York Convention, Art. V, Rn. 61, „*Provided that the requirements of preclusion due to estoppel or good faith are fulfilled, the party resisting enforcement is comprehensively precluded from relying on any defects it failed to object to in course of the arbitral proceedings.*"; ähnlich MüKoZPO/*Adolphsen*, UNÜ Art. V Rn. 9.

muss dies folglich erst recht in Fällen der Zustimmung beziehungsweise aktiven Gestaltung des Verfahrens gelten. Das Vorbringen angeblicher Unregelmäßigkeiten, die mit der Durchführung des Mehrvertragsverfahrens zusammenhängen und welche auf aktiver Handlung beruhen, beziehungsweise Maßnahmen, denen zuvor konkret zugestimmt wurde, im Exequaturverfahren wäre nicht nur widersprüchlich, sondern auch missbräuchlich.

Eine Grenze ist allerdings im Rahmen von ordre-public Verstößen zu ziehen. Liegt ein Verstoß gegen die öffentliche Ordnung vor, durch welchen die Interessen der Allgemeinheit und gerade nicht die Position des einzelnen Verfahrensteilnehmers verletzt wird, scheidet eine Präklusion aus[440] – ein Parteiverhalten kann nicht einen Verfahrensfehler, welcher die Interessen der Allgemeinheit betrifft, überwinden[441].

3. *Unwirksame Schiedsvereinbarung*

Zunächst könnte Art. V Abs. 1 lit. a) UNÜ der Durchführung eines Mehrvertragsverfahrens entgegenstehen. Hiernach ist die Anerkennung und Vollstreckung des Schiedsspruches zu versagen, sofern der Vollstreckungsgegner den Beweis erbringt, dass keine wirksame Vereinbarung im Sinne des Art. II UNÜ vorliegt.

Voraussetzung einer wirksamen Vereinbarung im Sinne des Übereinkommens ist die Schriftlichkeit der Vereinbarung. Darunter ist zu verstehen, dass die Schiedsvereinbarung beziehungsweise der Vertrag, in welchem diese enthalten ist, von den Parteien unterzeichnet wurde oder aber in Briefen oder Telegrammen enthalten ist, die sie gewechselt haben.

Im Zusammenhang von Mehrparteienverfahren wird in Gestaltungen, in welchen die Schiedsvereinbarung auf Dritte erstreckt (beispielsweise im Wege der groups of companies doctrine) und dadurch zusätzliche Parteien zum Schiedsverfahren hinzugezogen werden, regelmäßig die Versagung der Anerkennung und Vollstreckung auf Grundlage des Art. V Abs. 1 lit. a) UNÜ erörtert[442].

---

440 *Borris/Hennecke,* New York Convention, Art. V, Rn. 58; Musielak/Voit/*Voit*, ZPO § 1061 Rn. 20.

441 *Steger,* Die Präklusion von Versagungsgründen bei der Vollstreckung ausländischer Schiedssprüche, 153.

442 Siehe hierzu *Kondev*, Multi-Party and Multi-Contract Arbitration in the Construction Industry, 2.4.4; *Voser*, 50 Years of the New York Convention: ICCA International Arbitration Conference, 343, 352.

Abgesehen von der soeben erwähnten Erstreckung von Schiedsvereinbarungen auf Dritte durch Ausweitung derselben (was gerade nicht Teil dieser Arbeit ist) zögern jedoch auch in Bezug auf Mehrvertrags- und Mehrparteienverfahren, Schiedsinstitutionen und -gerichte bisweilen unter Berufung auf die Vorschrift, ein solches Verfahren einzuleiten, sofern es keine Schiedsvereinbarung gibt, die alle Beteiligten sowie Verträge bindet[443]. Dieser Ansatz beruht wohl nicht zuletzt auf einer Empfehlung der UNCITRAL aus 2006 zu Art. II Abs. 2 UNÜ, wonach die dortige Auflistung der Erfordernisse für eine wirksame Schiedsvereinbarung nicht als abschließend anzusehen ist[444].

Allerdings ist zunehmend eine Abkehr hiervon zu betrachten – nicht zuletzt, da viele der institutionellen Bestimmungen die Durchführung solcher Verfahren nicht mehr von dem Vorliegen einer gemeinsamen, alle Streitigkeiten erfassenden Schiedsvereinbarung abhängig machen. Die Notwendigkeit einer solchen allumfassenden Schiedsvereinbarung unter Berufung auf Art. II Abs. 2 UNÜ würde dem aber nicht nur widersprechen, sondern stünde insbesondere auch nicht im Einklang mit der bereits erwähnten restriktiven Anwendung der Versagungsgründe.

Legt man entsprechend soeben Gesagtem auch in Mehrvertragsverfahren alleine das Erfordernis der Schriftlichkeit der Schiedsvereinbarungen zugrunde, so sollte die Gefahr der Aufhebung eines Schiedsspruchs gestützt auf Art. V Abs. 1 lit. a) UNÜ im Vergleich zu Einvertragsverfahren nicht übermäßig erhöht sein. Zwar ist die Anzahl der in Rede stehenden Verträge insgesamt höher, die Durchführung eines Mehrvertragsverfahrens konkret führt aber zu keiner spezifischen Problemstellung im Rahmen dieser Vorschrift.

4. *Verstoß gegen ordnungsgemäßes Verfahren*

Der Vollstreckungsgegner könnte ferner vorbringen, er sei von der Bestellung des Schiedsgerichts nicht gehörig in Kenntnis gesetzt worden und sich gestützt

443 *Kondev*, Multi-Party and Multi-Contract Arbitration in the Construction Industry, 2.4.4.

444 UNCITRAL, Recommendation 2006, A/6/17, „*Considering that, in interpreting the Convention, regard is to be had to the need to promote recognition and enforcement of arbitral awards, 1. Recommends that article II, paragraph 2, of the Convention on the Recognition and Enforcement of Foreign Arbitral Awards, done in New York, 10 June 1958, be applied recognizing that the circumstances described therein are not exhaustive*“, siehe auch *Kondev*, Multi-Party and Multi-Contract Arbitration in the Construction Industry, 2.4.4.

auf Art. V Abs. 1 lit. b) UNÜ der Anerkennung- und Vollstreckung des Mehrvertragsschiedsspruches versuchen zu widersetzen. Dazu müsste der Vollstreckungsgegner den Beweis erbringen, von der Bestellung des Schiedsrichters oder von dem schiedsrichterlichen Verfahren selbst nicht gehörig informiert oder aus einem anderen Grund daran gehindert worden zu sein, seine Angriffs- oder Verteidigungsmittel geltend machen zu können.

In anfänglichen Mehrvertragsverfahren sollten sich, unabhängig von der Anzahl der Beteiligten, keine spezifischen, auf der Durchführung des Mehrvertragsverfahrens als solchem beruhenden Probleme im Hinblick auf Art. V Abs. 1 lit. b) UNÜ ergeben. Gerade auch, da die betrachteten nationalen sowie institutionellen Verfahrensgesetze mit Blick auf die Beteiligung mehrerer Parteien Bestimmungen eingeführt haben, um in diesen Fällen die gleichberechtigte Einflussnahme der Beteiligten bei der Besetzung des Schiedsgerichts zu gewährleisten sowie alle Parteien hierüber und über das Verfahren insgesamt in Kenntnis zu setzen.

In Bezug auf die Konsolidierung scheint das erfolgreiche Vorbringen dieses Versagungsgrundes jedenfalls in Situationen, in welchen an den zu verbindenden Verfahren verschiedene Personen beteiligt sind, nicht völlig fernliegend[445]. Wie bereits erwähnt, kann eine Verbindung von Verfahren noch erfolgen, wenn bereits in einem oder sämtlichen der betroffenen Verfahren Schiedsrichter benannt sind. Da in der Regel das Schiedsgericht des Verfahrens, auf welches verbunden wird, bestehen bleibt, können die Beteiligten des aufgegebenen Verfahrens in solchen Fällen nicht auf die Besetzung des Schiedsgerichts einwirken.

Haben die Parteien gleichwohl der Konsolidierung des Verfahrens zugestimmt, ist zu erwägen, ob diese nicht mit ihrem Vorbringen präkludiert sind – denn in dieser Zustimmung ist zugleich das Einverständnis zu bestimmten, mit der Konsolidierung verbundenen Verfahrensanpassungen zu sehen. Bringt der Vollstreckungsgegner im Exequaturverfahren nun vor, er habe aufgrund einer solchen Anpassung eine Rechtsverletzung erlitten, so steht dies in gewissem Widerspruch zu dem erteilten Einverständnis zur Verfahrensverbindung.

Eine Präklusion ist jedenfalls in Fällen anzunehmen, in welchen die Beteiligten ihre Zustimmung unmittelbar vor der Verbindung der Verfahren im laufenden Verfahren (wiederholt) erklärt beziehungsweise zum Ausdruck gebracht haben, die bereits benannten Schiedsrichter den Beteiligten bekannt und somit von diesen gebilligt wurden. Wurde dagegen lediglich weit im Voraus des

---

445 Ebenso *Kondev*, Multi-Party and Multi-Contract Arbitration in the Construction Industry, 2.4.4.

Schiedsverfahrens eine solche Zustimmung erteilt, die im laufenden Verfahren nicht wiederholt wurde, oder wurde sich gar gegen die Verbindung der Verfahren zur Wehr gesetzt, ist dagegen zweifelhaft, ob der Vollstreckungsgegner mit seinem Vorbringen tatsächlich präkludiert ist. In einem solchen Fall stellt sich die allgemeine Frage, wie weit der Kreis präkludierten Verhaltens zu ziehen ist, insbesondere, ob Erklärungen im Vorfeld des eigentlichen Verfahrens miteinzubeziehen sind. Eine sichere Prognose, wie Gerichte in diesen Situationen entscheiden würden, lässt sich nicht treffen.

So gibt es einerseits, wie bereits erwähnt, Literaturstimmen, die allein im bloßen Verweis auf eine Schiedsordnung beziehungsweise in der Wahl einer nationalen Zivilprozessordnung, die die Konsolidierung von Verfahren erlaubt, eine Präklusion solcher Umstände, die mit der Verfahrensverbindung in Zusammenhang stehen, annehmen[446]. Demgegenüber sollte aber gerade auch im Lichte der Dutco-Rechtsprechung beachtet werden, dass sich die Beteiligten bei frühzeitiger Erteilung der Zustimmung zur Konsolidierung nicht aller Umstände dieser bewusst waren. Daher erscheint es äußerst zweifelhaft, ob ein deutsches Gericht in einem solchen Fall alleine gestützt auf eine vor dem Schiedsverfahren erteilte Zustimmung ein widersprüchliches und rechtsmissbräuchliches Verhalten annehmen würde. Jedenfalls sofern der Vollstreckungsgegner im Schiedsverfahren zum Ausdruck bringt, nicht mit der Verfahrensverbindung einverstanden zu sein, erscheint dies ausgeschlossen.

Wurden in den zu konsolidierenden Verfahren bereits Schriftsätze gewechselt und/oder Beweismittel bewertet, können sich mit Blick auf Art. V Abs. 1 lit. b) UNÜ noch weitere Problematiken ergeben. Sind an den konsolidierten Verfahren verschiedene Personen beteiligt, könnten einige der Beteiligten nicht vollumfassend über Verfahrensstand sowie etwaige bereits erhobene Beweise des anderen Verfahrens informiert sein. Besteht ein uneinheitlicher Wissensstand der Beteiligten, könnten einige Parteien in ihren Angriffs- und Verteidigungschancen eingeschränkt sein. Um einen Verstoß gegen Art. V Abs. 1 lit. b) UNÜ zu vermeiden, hat das Schiedsgericht während

446 *Zuberbühler/Müller/Habegger*, Swiss Rules of International Arbitration, Art. 4 Rn. 38; *Chiu*, J Int'l Arb 7 (2), 53, 72 f.; *Born*, International Commercial Arbitration, Chapter 18.02 [A]; *Pryles/Waincymer*, 50 Years of the New York Convention: ICCA International Arbitration Conference, 437, 469, „*However, in our view, where the ability to consolidate arises under arbitral rules or a lex arbitri chosen by the parties, it is difficult to see that party autonomy is infringed by applying a provision agreed to by the parties, directly or indirectly.*“

des Verfahrens dafür Sorge zu tragen, dass sämtliche Beteiligte ausreichend über die Vorkommnisse der jeweiligen anderen Verfahren in Kenntnis gesetzt wurden und über alle entscheidungsrelevanten Umstände informiert sind. Daher sollte das Schiedsgericht trotz möglicher Zeitverzögerung nicht davor zurückschrecken, gegebenenfalls Teile bereits erfolgter mündlicher Verhandlungen oder Beweisaufnahmen zu wiederholen. Insofern kommt freilich den Parteien selbst die Aufgabe zu, bei offensichtlichem Kenntnisrückstand darauf hinzuwirken, dass ihnen die nötigen Informationen zugeleitet werden und ihnen somit bestmögliche Angriffs- und Verteidigungsmöglichkeiten zur Verfügung stehen.

Abschließend lässt sich damit festhalten, dass gerade die Konsolidierung von Verfahren mit verschiedenen Beteiligten zwar durchaus Bedenken im Hinblick auf Art. V Abs. 1 lit. b) UNÜ begegnen kann. Generell sollte die Gefahr der Aufhebung eines aus einem Mehrvertragsverfahren ergangenen Schiedsspruchs auf Grundlage dieser Vorschrift jedoch nicht als übermäßig hoch bewertet werden. So sehen die institutionellen sowie nationalen Bestimmungen zu Mehrvertragsverfahren verschiedene Regelungen und Verfahrensanpassungen vor, wodurch einer solchen Gefahr proaktiv entgegengewirkt wird.

Daneben wird die Vorschrift insgesamt eher restriktiv ausgelegt, was sich im Rahmen des deutschen Rechts unter anderem daran zeigt, dass deutsche Gerichte einen Verstoß gegen die Vorschrift nur als beachtlich erachten, sofern die bereits erwähnte Kausalität gegeben ist, sich der Verstoß mithin auf den Schiedsspruch ausgewirkt hat[447]. In den USA kommt die Vorschrift gar nur zur Anwendung, sofern die beschwerdeführende Partei hierdurch einen erheblichen Nachteil erlitten hat[448]. Ob dies als Folge der Durchführung eines Mehrvertragsverfahrens tatsächlich der Fall sein wird, ist freilich fraglich und wird im jeweiligen Einzelfall gesondert zu entscheiden sein.

---

447 OLG Schleswig, 26. April 1999 – 16 SchH 01/99, „*Die Antragsgegnerin legt nicht dar, daß es auf die Aussage sämtlicher von ihr benannten Zeugen angekommen wäre, daß oder inwieweit der Schiedsspruch auf diesem (unterstellten) Verfahrensfehler beruhen könnte, zu welchen entscheidungserheblichen Fragen sich also die Nichterschöpfung der angebotenen Beweise zu ihren Lasten ausgewirkt haben soll.*“; *Andrés/Armer/Kranenberg*, Recognition and Enforcement of Foreign Arbitral Awards: A Global Commentary on the New York Convention, S. 252; losgelöst von den Regelungen des UNÜ, zur Aufhebung von Schiedssprüchen bei Verstoß gegen ordnungsgemäßes Verfahren und Kausalitätserfordernis i.R.d. § 1041 Abs. 1 Ziff. 4 ZPO a.F. BGH, Urteil vom 8. Oktober 1959 – VII ZR 87/58; NJW 1959, 2214.

448 *Andrés/Armer/Kranenberg*, Recognition and Enforcement of Foreign Arbitral Awards: A Global Commentary on the New York Convention, S. 252.

5. *Kompetenzüberschreitung durch das Schiedsgericht*

Wie auch Art. V Abs. 1 lit. a) UNÜ befasst sich Art. V Abs. 1 lit. c) UNÜ mit der Überschreitung der Zuständigkeit des Schiedsgerichts.

Der Unterschied der Vorschriften liegt darin, dass in Fällen des Art. V Abs. 1 lit. a) UNÜ bereits die Schiedsvereinbarung als solche nicht wirksam/nicht existent ist, wohingegen im Anwendungsbereich des Art. V Abs. 1 lit. c) UNÜ zwar eine wirksame Schiedsvereinbarung vorliegt, diese jedoch nicht die im Schiedsspruch behandelten Streitigkeiten erfasst[449]. Letztgenannte Vorschrift umfasst nicht nur den Fall, dass der Schiedsspruch Entscheidungen enthält, die die Grenze der Schiedsabrede überschreiten („Entscheidungskompetenz"), sondern auch, dass der Streitgegenstand nicht von der Schiedsabrede umfasst ist („Zuständigkeitskompetenz")[450]. Liegt eine solche Kompetenzüberschreitung vor, kann die Anerkennung und Vollstreckung des Schiedsspruchs versagt werden.

Wurden Streitigkeiten, die Gegenstand verschiedener, jeweils bilateraler Schiedsvereinbarungen sind, in einem gemeinsamen Verfahren behandelt, so könnte der Vollstreckungsgegner vorbringen, der Schiedsspruch enthalte Entscheidungen über Angelegenheiten, die über den Rahmen des von der einzelnen Schiedsabrede erfassten Umfangs hinausgehen oder, im Falle von Mehrpersonenstreitigkeiten, die Einbeziehung weiterer Beteiligter sei nicht von der Kompetenz des Schiedsgerichts umfasst[451].

So lehnte beispielsweise der Federal Arbitrazh Court of the Russian Federation einen Antrag auf Anerkennung und Vollstreckung eines Schiedsspruchs, der aus einem Mehrvertrags-Mehrparteienverfahren resultierte, unter Bezugnahme auf Art. V Abs. 1 lit. c) UNÜ ab[452]. In dem zugrunde liegenden Fall erwuchsen aus mehreren Verträgen zwischen den jeweiligen Vertragspartnern Streitigkeiten. Nachdem zunächst zwei separate Schiedsverfahren eingeleitet

---

449 MüKoZPO/*Adolphsen*, UNÜ Art. V Rn. 37 f.; *Kröll*, Arbitration in Germany, § 1061, Rn. 101 ff.

450 MüKoZPO/*Adolphsen*, UNÜ Art. V Rn. 37 f.; *Lachmann*, Handbuch für die Schiedsgerichtspraxis, Rn. 2608.

451 Siehe dazu für den inhaltsgleichen § 1059 Abs. 2 Nr. 1 c) ZPO zu Mehrparteienverfahren, BGH, Beschluss vom 16. April 2015 – I ZB3/14, NJW 2015, 3235 f.; *Benedict*, SchiedsVZ 2018, 306, 307.

452 *O & Y Investments Ltd. (Cyprus) v. OAO Bummash (Russian Federation)*, Federal Arbitrazh Court, Northwestern District, F09-2110/05-S6, Yearbook Commercial Arbitration XXXIII, 687.

wurden, wurden diese in einem späteren Stadium auf Grundlage von Art. 1046 der niederländischen Zivilprozessordnung verbunden. Eine Zustimmung der Beteiligten zur Konsolidierung der Verfahren lag nicht vor. Das russische Gericht verweigerte schließlich die Anerkennung und Vollstreckung mit der Begründung, dass der Schiedsspruch Entscheidungen über Angelegenheiten enthielt, die über den Anwendungsbereich der jeweiligen bilateralen Schiedsvereinbarungen hinausgingen. Jeder der Verträge begründe zwar durch die in ihm enthaltene Schiedsklausel die schiedsgerichtliche Zuständigkeit, allerdings nur zwischen den jeweiligen Beteiligten und nur für die jeweilige Streitigkeit. Durch den vorliegenden Schiedsspruch würden aber Verpflichtungen zwischen Parteien, die nicht gegenseitig ein Schiedsverfahren vereinbart hatten, begründet, was nicht im Einklang mit Art. V Abs. 1 lit. c) UNÜ stünde.

Wie diese Entscheidung zeigt, ist die Gefahr der Aufhebung eines aus einem Mehrvertragsverfahren resultierenden Schiedsspruchs aufgrund Kompetenzüberschreitung nicht von der Hand zu weisen und betrifft gerade in Situationen, in welchen an den zugrunde liegenden Schiedsvereinbarungen verschiedene Personen beteiligt sind, neben der Frage der sachlichen Reichweite der jeweiligen Schiedsvereinbarung auch Fragen zur subjektiven Reichweite dieser[453].

Allerdings gilt es in diesem Zusammenhang gleichwohl zu beachten, dass die Frage der Reichweite der Schiedsvereinbarung regelmäßig bereits von dem Schiedsgericht im Vorfeld beziehungsweise während des Schiedsverfahrens eingehend behandelt und sorgfältig untersucht wird. Daher ist, entgegen der dargelegten Entscheidung des Federal Arbitrazh Court of the Russian Federation, in den meisten Fällen eher davon auszugehen, dass sich das nationale Gericht der Entscheidung des Schiedsgerichts hinsichtlich der Reichweite der Schiedsvereinbarung anschließen wird. Insbesondere, da das UNÜ gerade auch das Ziel verfolgt, einen möglichst großen Gleichlauf zwischen Schiedsverfahren und staatlichem Verfahren herzustellen, was sich auch in der restriktiven Auslegung des Art. V Abs. 1 lit. c) UNÜ widerspiegelt[454].

---

453 Vgl. dazu das anschauliche Beispiel bei *Kondev*, Multi-Party and Multi-Contract Arbitration in the Construction Industry, 2.4.4 zu größeren Bauprojekten mehrere Unternehmer beteiligt sind; ebenfalls kommt dies bspw. bei joint ventures in Betracht.

454 *Kersa Holding Company Luxembourg v. Infancourtage, Famajuk Investment and Isny*, Cour Superieure de Justice, 24 November 1993, Yearbook Commercial Arbitration XXI, 617; UNCITRAL Secretariat Guide on the Convention on the Recognition and Enforcement of Foreign Arbitral Awards, 185, „*However, courts have consistently held that article V (1)(c) must be construed narrowly, and as such, does not permit under any circumstances that an enforcing court review the merits of a dispute, as this*

Erfolgte die Durchführung des Mehrvertragsverfahrens, wie nach den meisten institutionellen wie nationalen Bestimmungen vorgesehen, ohnehin mit der Zustimmung der Beteiligten und haben diese im Schiedsverfahren die vermeintliche Kompetenzüberschreitung des Schiedsgerichts nicht gerügt, ist darüber hinaus zu überlegen, ob der Vollstreckungsgegner nicht mit seinem Vorbringen präkludiert ist. Denn liegt eine entsprechende Zustimmung in Bezug auf die Durchführung von Mehrvertragsverfahren vor, wird hierdurch gerade erreicht, dass Streitigkeiten außerhalb der Reichweite der jeweiligen Schiedsvereinbarung in einem Verfahren behandelt werden können.

Somit kann zwar nicht völlig ausgeschlossen werden, dass ein Beteiligter versuchen wird, sich auf Grundlage des Art. V Abs. 1 lit. c) UNÜ der Anerkennung und Vollstreckung eines aus einem Mehrvertragsverfahren resultierenden Schiedsspruchs zu widersetzen. Man wird aber davon ausgehen können, dass sich das Gericht des Vollstreckungsstaats der Auffassung des Schiedsgerichts anschließen wird, sofern die Durchführung des Mehrvertragsverfahrens mit der Zustimmung der Beteiligten erfolgte und diese nicht bereits im Schiedsverfahren selbst eine vermeintliche Kompetenzüberschreitung des Schiedsgerichts gerügt haben.

6. *Fehler bei der Bildung des Schiedsgerichts oder im Schiedsverfahren*

Zudem könnte der Vollstreckungsgegner gestützt auf Art. V Abs. 1 lit. d) UNÜ versuchen, die Anerkennung und Vollstreckung eines aus einem Mehrvertragsverfahren resultierenden Schiedsspruchs zu verhindern.

Nach dieser Vorschrift kann ein Schiedsspruch aufgehoben werden, sofern der Vollstreckungsgegner den Beweis erbringt, dass das schiedsgerichtliche Verfahren oder die Bildung des Schiedsgerichts nicht der Vereinbarung der Parteien beziehungsweise, sofern eine solche nicht vorliegt, dem Recht des Landes, in welchem das Schiedsverfahren stattfand, entsprochen habe.

In Bezug auf Mehrvertragsverfahren könnte vorgebracht werden, dass die Beteiligten keine Vereinbarung über die Durchführung eines solchen Verfahrens

---

would run contrary to the spirit and purpose of the Convention.", m.w.N.; *Leboulanger,* J Int'l Arb 13 (4), 43, 106, *Poudret/Besson,* Comparative Law of International Arbitration, Rn. 913, m.w.N.; *Port/Bowers/Noll,* Recognition and Enforcement of Foreign Arbitral Awards: A Global Commentary on the New York Convention, S. 259 f.; *Paulsson,* The 1958 New York Convention in Action, S. 188.

getroffen haben und daher die Behandlung von Streitigkeiten aus verschiedenen Verträgen innerhalb eines einzigen Schiedsverfahrens nicht dem von den Parteien Vereinbarten entsprach. In Mehrvertrags-Mehrparteiensituationen könnte der Vollstreckungsgegner darüber hinaus mit Blick auf die bereits dargelegten, erforderlichen Anpassungen bei der Besetzung des Schiedsgerichts anführen, die Bildung des Schiedsgerichts oder die Weitergabe von Informationen habe nicht der Parteiabrede entsprochen.

Haben die Beteiligten ausdrücklich der Durchführung eines Mehrvertragsverfahrens zugestimmt, wird es gleichwohl unwahrscheinlich sein, dass einer der Beteiligten im späteren Anerkennungs- und Vollstreckungsverfahren vorbringen wird, die Durchführung des Mehrvertragsverfahrens weiche von dem von den Parteien Vereinbarten ab.

Wird dennoch versucht, sich mit diesem Argument der Anerkennung zu widersetzen, ist zu prüfen, ob der Vollstreckungsgegner nicht präkludiert ist. Insbesondere sofern im Schiedsverfahren die Zustimmung zu Mehrvertragsverfahren erklärt oder aber ein bereits in der Schiedsvereinbarung erklärtes Einverständnis bekräftigt wurde, würde sich der Vollstreckungsgegner widersprüchlich verhalten, wenn er im Exequaturverfahren vorbringen würde, dass ein solches Verfahren nicht der parteiseitigen Vereinbarung entspräche. Da hierdurch auch Vertrauen der anderen Partei in die Konformität des Mehrvertragsvertragsverfahrens mit der Schiedsvereinbarung begründet wird, wäre ein solchen Verhalten wohl regelmäßig auch als rechtsmissbräuchlich zu qualifizieren.

Gleiches wird im Rahmen von Mehrvertrags-Mehrparteienverfahren, welche mit Zustimmung der Beteiligten erfolgen, gelten. Wie bereits erwähnt, ist zur Wahrung der gleichberechtigten Einflussnahme eine Anpassung im Bestellungsprozess gegenüber dem klassischen bilateralen Verfahren vorzunehmen. Enthielt die Schiedsvereinbarung eine Bestimmung, wonach jede Schiedspartei einen eigenen Schiedsrichter benennen darf, wird in Verfahren mit verschiedenen Beteiligten hiervon abgewichen. Da aber die meisten institutionellen Verfahrensordnungen sowie nationale Schiedsverfahrensgesetze Bestimmungen zur Besetzung des Schiedsgerichts in diesen Fällen aufgenommen haben, ist davon auszugehen, dass diese durch die Inbezugnahme Teil der Parteivereinbarung werden. Dies bestimmt beispielsweise Art. 8 LCIA-SchO ausdrücklich. Die erforderliche Abweichung von dem üblichen Bestellungsprozess des Schiedsgerichts in bilateralen Verfahren ist in diesen Fällen für die Beteiligten aufgrund der Bestimmungen in den nationalen sowie institutionellen Regelungen hinreichend vorhersehbar. Es ist davon auszugehen, dass durch Zustimmung zum Mehrvertrags-Mehrparteienverfahren sowie durch die Verweisung auf eine entsprechende instiutionelle Schieds- beziehungsweise nationale Zivilprozessordnung diese Teil der parteiseitigen Vereinbarung wurden. Unter diesem Gesichtspunkt sollte daher keine Aufhebung eines so ergangenen Schiedsspruchs drohen[455].

Ähnliches wird grundsätzlich für den Fall der Konsolidierung von Verfahren gelten. Nicht gänzlich unproblematisch erscheint hier jedoch der Fall, wenn Verfahren mit verschiedenen Beteiligten verbunden werden, in welchen bereits die Schiedsrichter benannt wurden. Wie bereits dargelegt, sehen die meisten nationalen sowie institutionellen Bestimmungen keine Regelungen zur Besetzung des Schiedsgerichts in diesen Fällen vor, sodass hier dem Grunde nach das Schiedsgericht des Verfahrens, auf welches verbunden wird, bestehen bleibt. Allerdings ist dies nicht nur im Hinblick auf die gleichberechtigte Einflussnahme der Beteiligten auf die Besetzung des Schiedsgerichts zweifelhaft, es stellt sich darüber hinaus auch die Frage, ob ein solches Vorgehen der von den Parteien vereinbarten Besetzung des Schiedsgerichts entspricht. Wird unmittelbar vor der Verfahrensverbindung die Zustimmung hierzu nochmals wiederholt, so ist davon auszugehen, dass die Beteiligten sich gleichzeitig mit den bereits ernannten Schiedsrichtern einverstanden erklären und damit auch einer etwaigen Abweichung gegenüber der ursprünglich vereinbarten Konstituierung des Schiedsgerichts zustimmen. So wird eine während des laufenden Schiedsverfahrens einverständlich erklärte Abweichung von Verfahrensgestaltungen gegenüber der ursprünglichen Parteivereinbarung als allgemein zulässig erachtet, ohne dass dies zu einer Aufhebung des Schiedsspruches nach Art. V Abs. 1 lit. d) UNÜ führen würde[456]. Denn die Möglichkeit, auch noch während des Verfahrens auf dessen Gestaltung durch einvernehmliches Handeln Einfluss zu nehmen, ist Ausdruck und Konsequenz der privatautonomen Grundlage des Schiedsverfahrens.

Erfolgt allerdings die Zustimmung alleine im Vorfeld des Verfahrens, erscheint eine erfolgreiche Berufung auf Art. V Abs. 1 lit. d) UNÜ im Hinblick auf mangelnde Regelungen zur Besetzung des Schiedsgerichts im Einzelfall möglich – freilich sind hier weitere Faktoren, wie insbesondere das Verhalten der Beteiligten während des Schiedsverfahrens selbst miteinzubeziehen.

Wie mehrfach erwähnt, kann das Einverständnis der Parteien sowohl zur Durchführung anfänglicher Mehrvertragsverfahren als auch zur Konsolidierung

455 OLG Frankfurt am Main, Beschluss vom 24. November 2005 – 26 Sch 13/05, SchiedsVZ 2006, 222.

456 OLG Dresden, Urteil vom 20. Februar 2001 – 11 SchH 02/00, in dem Fall ging es um die vereinbarten Anforderungen an Schiedsrichter, welche nachträglich verändert werden können. Dies kann sogar stillschweigend geschehen.

von Verfahren konkludent erklärt werden. Allerdings geht damit in den meisten Fällen auch eine gewisse Unsicherheit bezüglich der Eindeutigkeit einer solchen Zustimmung einher, weshalb sich die Frage stellt, wie nationale Gerichte das Vorbringen nach Art. V Abs. 1 lit. d) UNÜ beurteilen werden, wenn die Durchführung des Mehrvertragsverfahrens unter Annahme einer konkludent erklärten Zustimmung erfolgte.

Zunächst ist in solchen Gestaltungen ebenfalls zu berücksichtigen, dass sich das Schiedsgericht beziehungsweise die zuständige Stelle bereits während des Schiedsverfahrens umfassend mit der Ermittlung des Parteiwillens befasst haben wird. Wird nach eingehender Erforschung der Umstände des Einzelfalls ein solches konkludent erklärtes Einverständnis während des Schiedsverfahrens festgestellt, so kann zwar nicht gänzlich ausgeschlossen werden, dass staatliche Gerichte im Anerkennungs- und Vollstreckungsverfahren zu einem anderen Ergebnis kommen werden. Aufgrund der eingehenden Analyse des wahren Parteiwillens und insbesondere im Hinblick auf die schiedsfreundliche Auslegung und Anwendung des UNÜ, ist es dennoch eher unwahrscheinlich, dass die nationalen Gerichte sich der im Schiedsverfahren getroffenen Entscheidung entgegenstellen werden. So auch in der bereits an anderer Stelle zitierten Entscheidung im Fall Pertamina. Hier lag zwar kein ausdrückliches Einverständnis der Beteiligten vor. Allerdings kam das Schiedsgericht aufgrund der wirtschaftlichen Verbindung der Verträge sowie der aus der Konsolidierung resultierenden Vorteile zu dem Entschluss, dass die Verbindung der Verfahren der Vereinbarung der Parteien entsprach. Das staatliche Gericht schloss sich im nachfolgenden Exequaturverfahren der Auffassung des Schiedsgerichts an und betonte dabei insbesondere auch die vollstreckungsorientierte Ausrichtung des New Yorker Übereinkommens[457].

Daneben ist freilich auch im Falle der konkludent erklärten Zustimmung stets der Einwand der Präklusion zu betrachten, sofern sich der Vollstreckungsgegner

---

457 *Karaha Bodas Co. (Cayman Islands) v. Perusahaan Pertambangan Minyak Dan Gas Bumi Negara (Indonesia),* US Court of Appeals for the Fifth Circuit – 364 F.3d 274 (5th Cir. 2004), „*Courts are reluctant to set aside arbitral awards under the New York Convention based on procedural violations, reflected in cases holding that the Convention embodies a pro enforcement bias. The Tribunal emphasized in its Preliminary Award that although the claims would be consolidated, 'the position of each party has to be considered independently when discussing the substance of the case, on the basis of their respective legal and contractual situations.' The record reflects that the Tribunal kept this promise. There is no prejudice arising from the consolidation that would justify a refusal to enforce the Award.*"

nicht bereits im Schiedsverfahren selbst gegen die Durchführung eines Mehrvertragsverfahrens gewendet hat. Liegt eine irgendwie geäußerte Zustimmung der Parteien vor, sollte die Durchführung eines Mehrvertragsverfahrens dementsprechend regelmäßig keine erhöhte Gefahr der Aufhebung des Schiedsspruchs auf Grundlage des Art. V Abs. 1 lit. d) UNÜ begründen[458].

Allerdings finden sich in einigen nationalen Zivilprozessordnungen Bestimmungen, welche die Konsolidierung von Verfahren auch ohne Einverständnis der Beteiligten erlauben. Hier wurde, wie bereits an anderer Stelle dargelegt, verschiedentlich diskutiert, ob nicht eine Aufhebung des Schiedsspruchs nach Art. V Abs. 1 lit. d) UNÜ droht, da der Parteivereinbarung im Hinblick auf die Verbindung von Verfahren Vorrang vor der anwendbaren lex arbitri zukommt. So äußert beispielsweise Jarvin Zweifel, ob eine aufgrund des anwendbaren Verfahrensrechts ohne Einverständnis der Beteiligten angeordnete Konsolidierung in Mehrparteiensituationen insbesondere in Bezug auf die Konstituierung des Schiedsgerichts dem von den Parteien Vereinbarten entspricht[459]. In diese Richtung geht eine Entscheidung des Corte di Appello di Firenze. Das Gericht befasste sich zwar nicht mit der Frage der gerichtlich angeordneten Konsolidierung, sondern mit der von der Parteivereinbarung abweichenden, jedoch im Einklang mit den Bestimmungen der lex arbitri stehenden Besetzung des Schiedsgerichts. Die Argumentation des Gerichts lässt sich aber wegen der vergleichbaren Sachlage auf die Fälle der aufgrund nationaler Verfahrensrechte gerichtlich angeordneten Konsolidierung übertragen. Im erwähnten Fall unterließen es die parteibenannten Schiedsrichter, gestützt auf Art. 9 Abs. 1 English Arbitration Act 1950 und in Abweichung von der Parteivereinbarung, die ein Dreier Schiedsgericht vorsah, einen dritten, vorsitzenden Schiedsrichter zu benennen. Art. 9 Abs. 1 English Arbitration Act 1950 bestimmte dazu Folgendes:

> *Where an arbitration agreement provides that the Agreements reference shall be to three arbitrators, one to be appointed by each party and the third to be appointed by the two appointed by the parties, the agreement shall have effect as if it provided for the appointment of an umpire, and not for the appointment of a third arbitrator, by the two arbitrators appointed by the parties.*

Der Corte di Appello di Firenze hob den so ergangenen Schiedsspruch mit der Begründung auf, das Verfahren habe nicht im Einklang mit dem von den

458 Ebenso *Born*, International Commercial Arbitration, Chapter 18.02 [A].
459 *Jarvin*, Arbitration International 3 (3), 254, 255.

Beteiligten Vereinbarten stattgefunden[460] und räumte folglich der Parteivereinbarung den Vorrang gegenüber dem Verfahrensrecht am Sitz des Schiedsgerichts ein, was mit der privatautonomen Natur der Schiedsgerichtsbarkeit korrespondiert.

Auch in Ziffern 5.3 ff. der Guidelines des Chartered Institute of Arbitrators zum New Yorker Übereinkommen wird die Möglichkeit der Aufhebung eines Schiedsspruchs, der aus einem auf gerichtlicher Konsolidierung angeordneten Verfahren herrührt, auf Grundlage des Art. V Abs. 1 lit. d) UNÜ diskutiert und vor diesem Hintergrund die Durchführung gemeinsamer Anhörungen gegenüber der Verfahrensverbindung bevorzugt[461].

Andere Autoren erkennen wiederum keine Probleme bei der gerichtlich angeordneten Konsolidierung von Verfahren im Hinblick auf Art. V Abs. 1 lit. d) UNÜ. So ist unter anderem van den Berg der Auffassung, dass das geltende Verfahrensrecht die Vertragsfreiheit der Parteien in bestimmten Fällen einschränken und diese Bestimmungen die Vereinbarung der Parteien bezüglich der Verfahrensführung sowie auch der Wahl der Schiedsrichter ändern kann. Eine nach der geltenden lex arbitri erfolgte Konsolidierung sei daher auch bei fehlender Zustimmung der Beteiligten zur Verfahrensverbindung mit dem New Yorker Übereinkommen vereinbar[462].

---

460 *Rederi Aktiebolaget Sally v. S.r.l. Termarea,* Corte Di Appello Di Firenze, 13 April 1978, Yearbook Commercial Arbitration IV, 294; vgl. zu diesem Fall auch *van den Berg,* ICC International Court of Arbitration Bulletin 18 (2), 1, 11 f.

461 Chartered Institute of Arbitrators, Practice Guideline 15: Guidelines for Arbitrators on how to approach issues relating to Multi-Party Arbitrations, „*In most multi-party situations it makes more sense to order concurrent hearings of separate arbitrations (whether of the whole arbitration or of common issues) rather than to order a full consolidation. An order for concurrent hearings introduces as a rule less interference with the procedure agreed by the parties than does consolidation and achieves the same purpose. It requires that separate awards be issued in each arbitration but where appropriate these can incorporate a common set of reasons.*“

462 *van den Berg,* Arbitration International 2 (4), 367, 368; „*Would then an award which is the result of a judicially ordered consolidation of related arbitrations fall under the above ground (d)? The answer is, in my opinion, again in the negative. When parties agree to arbitrate in a given jurisdiction, that agreement implies that they also agree on the applicability of the arbitration law of that jurisdiction. If the arbitration law includes the possibility of judicially ordered consolidation of related arbitrations, that possibility forms part of their agreement. Depending on the arbitration law in question, the possibility of consolidation is likely to prevail over an agreed method of appointed arbitrators and conducting arbitral proceedings.*“

Entsprechendes wird auch im Rahmen der zustimmungslosen Konsolidierung auf Grundlage der gewählten institutionellen Schiedsordnung diskutiert. Zwar könnte man auch hier argumentieren, dass durch die Wahl einer Schiedsordnung automatisch deren Bestimmungen Bestandteil der Parteiabrede werden und damit auch eine auf Grundlage dieser vollzogenen Konsolidierung ohne Einverständnis der Parteien Art. V Abs. 1 lit. d) UNÜ nicht entgegensteht[463]. Dies ist jedoch im Hinblick auf die mitunter weitreichenden Folgen, welche mit der Verfahrensverbindung zusammenhängen, ebenfalls als fraglich zu beurteilen.

Im Ergebnis lässt sich in beiden Fällen nicht abschließend beurteilen, welchen der dargelegten Positionen sich ein staatliches Gericht anschließen würde. Insbesondere wird hier das Verhalten der Beteiligten im Vorfeld und während des Verfahrens sorgfältig zu betrachten und danach zu fragen sein, ob die Parteien die entsprechende Schiedsordnung beziehungsweise das geltende Verfahrensrecht in Kenntnis der Möglichkeit der zustimmungslosen Konsolidierung gewählt haben. In jedem Fall zeigt die Diskussion, dass in diesen Fällen die Gefahr der Versagung der Anerkennung und Vollstreckung eines aus einem solchen Verfahren resultierenden Schiedsspruchs nicht unterschätzt werden sollte.

7. Verstoß gegen den ordre public

Zuletzt ist zu überprüfen, ob die öffentliche Ordnung der Anerkennung und Vollstreckung eines aus einem Mehrvertragsverfahren resultierenden Schiedsspruchs entgegensteht (ordre public Vorbehalt). Dieser Versagungsgrund muss dabei nicht zwingend vom Vollstreckungsgegner vorgebracht werden, sondern ist vielmehr bereits von Amts wegen zu berücksichtigen.

Soll ein ausländischer Schiedsspruch in Deutschland anerkannt und vollstreckt werden, so kommt es auf das Verständnis der hiesig geltenden öffentlichen Ordnung an[464]. Einem Schiedsspruch ist gestützt auf Art. V Abs. 2 lit. b) UNÜ in Deutschland (nur) dann die Anerkennung und Vollstreckung zu versagen, wenn dies *„zu einem Ergebnis führt, das mit wesentlichen Grundsätzen des deutschen Rechts offensichtlich unvereinbar ist. Dies ist der Fall, wenn der Schiedsspruch eine Norm verletzt, die die Grundlagen des staatlichen oder wirtschaftlichen Lebens*

463 *Zuberbühler/Müller/Habegger*, Swiss Rules of International Arbitration, Art. 4 Rn. 38.

464 Da der deutsche ordre public, wie auch der internationale Begriff eher eng gefasst ist, kommt es auf eine solche Differenzierung nicht an, vgl. für ersten Überblick und m.w.N. MüKoZPO/*Adolphsen*, UNÜ Art. V Rn. 69; ebenso BGH, Beschluss vom 23. Februar 2006 – III ZB 50/05, NJW 2007, 774; BeckOK ZPO/*Wilske/Markert*, ZPO § 1061 Rn. 48.

regelt, oder zu deutschen Gerechtigkeitsvorstellungen in einem untragbaren Widerspruch steht"[465].

Mithin stellt nicht jeder Widerspruch einer schiedsgerichtlichen Entscheidung zu nationalen Vorschriften einen zur Aufhebung des Schiedsspruchs führenden Verstoß gegen den ordre public dar. Lediglich wenn gegen eine unabdingbare Norm, welche Ausdruck einer für die Rechtsordnung grundlegenden Wertentscheidung des Gesetzgebers ist, verstoßen wird, kommt eine Aufhebung in Betracht[466]. Daher scheitert die Berufung auf die Vorschrift, obgleich die Norm häufig herangezogen wird, um die Anerkennung und Vollstreckung von Schiedssprüchen zu verhindern, im Vergleich zu den anderen Versagungsgründen relativ häufig[467]. Dies beruht neben soeben Dargelegtem insbesondere auf der anerkennungs- und vollstreckungsfreundlichen Ausrichtung des UNÜ sowie der allgemeinen Förderung der Akzeptanz der internationalen Schiedsgerichtsbarkeit. Um den Gleichlauf von Schiedsverfahren und anschließendem Vollstreckungsverfahren nicht zu gefährden, ist es „*realistischerweise […] schwer vorstellbar, dass ein staatliches Gericht ein Ergebnis, zu dem das Schiedsgericht im Rahmen einer im angewendeten Recht vorgesehenen Abwägung gelangt*"[468] auf Grundlage von Art. V Abs. 2 lit. b) UNÜ aufheben wird.

Dennoch wird im Rahmen von Mehrvertrags-Mehrparteienverfahren nicht selten versucht, den Schiedsspruch mit der Begründung aufzuheben, die Parteien hätten nicht in gleichberechtigter Weise auf die Zusammensetzung des Schiedsgerichts einwirken können, was gleichsam einen Verstoß gegen die Gewährung rechtlichen Gehörs und damit auch gegen die öffentliche Ordnung darstelle[469], nicht zuletzt im Lichte der bekannten und bereits zitierten Dutco-Entscheidung des französischen Cour de Cassation[470]. Dieses Vorbringen ist

---

465 BGH, Beschluss vom 6. Oktober 2016 – I ZB 13/15, NZG 2017, 233; ebenso BGH, Beschluss vom 28. Januar 2014 – III ZB 40/13, NJW 2014, 1597; BGH, Beschluss vom 10. März 2016 – I ZB 99/14, NJW-RR 2016, 892.

466 BGH, Beschluss vom 30. Oktober 2008 – III ZB 17/08, NJW 2009, 1216.

467 *Kühn*, SchiedsVZ 2009, 57; *Otto/Elwan*, Recognition and Enforcement of Foreign Arbitral Awards: A Global Commentary on the New York Convention, S. 365; ähnlich *Lüer*, J Int'l Arb 7 (1), 127, 135 f.

468 MüKoZPO/*Adolphsen*, UNÜ Art. V, Rn. 71.

469 So beispielsweise in OLG Frankfurt am Main, Beschluss vom 24. November 2005 – 26 Sch 13/05, SchiedsVZ 2006, 219; *Karaha Bodas Co. (Cayman Islands) v. Perusahaan Pertambangan Minyak Dan Gas Bumi Negara (Indonesia)*, US-Court of Appeals for the Fifth Circuit – 364 F.3d 274 (5th Cir. 2004).

470 *BKMI Industrieanlagen GmbH et al. v. Dutco Construction*, Cour de Cassation, Chambre civile 1, 89-18.708 89-18.72, Revue de l'Arbitrage 1992 (3), 470.

durchaus nachvollziehbar, da in solchen Konstellationen eine Anpassung im Hinblick auf die Schiedsrichterbenennung vorzunehmen ist. Erforderlich, und von den vorgestellten schiedsinstitutionellen Ordnungen sowie nationalen Prozessordnungen vorgesehen, ist die Einigung der Mehrparteienseite auf einen (einzigen) gemeinsamen Schiedsrichter. Da die gleichberechtigte Einflussnahme der Parteien bei der Zusammensetzung des Schiedsgerichts selbst als Ausdruck des fair trial Grundsatzes und des Prinzips der Gleichberechtigung der Parteien im Verfahren einen Teil der durch Art. V Abs. 2 lit. b) UNÜ geschützten öffentlichen Ordnung darstellt[471], stellt sich die Frage, ob der von den institutionellen wie nationalen Verfahrensordnungen vorgeschlagene Weg nicht doch zu einem Ungleichgewicht in Bezug auf die Konstituierung des Schiedsgerichts führt[472].

Wie bereits an anderer Stelle ausführlich dargelegt, kann das Recht, einen eigenen Schiedsrichter zu benennen, in besonderen Situationen eingeschränkt werden, um einen Ausgleich mit anderen Interessen des Schiedsverfahrens erzielen zu können[473]. Eine solche besondere Situation liegt in Mehrvertrags-Mehrparteiensituationen vor: Dürfte jeder Beteiligte seinen eigenen Schiedsrichter benennen, so würde dies zur Gefahr von zufälligen Mehrheiten bei der Besetzung des Schiedsgerichts führen. Da ein solches Ergebnis jedoch ebenfalls mit dem auch im Schiedsverfahren geltenden Grundsatz der Gleichbehandlung nicht zu vereinbaren wäre, ist die Einschränkung des Rechts auf Benennung eines eigenen Schiedsrichters geboten. Durch die von schiedsinstitutionellen sowie nationalen Regelungen gewählte Einigungslösung wird gewährleistet, dass die Parteien auch in solchen Situationen in möglichst gleichberechtigter Weise auf die Zusammensetzung des Schiedsgerichts Einfluss nehmen können.

Kann sich die Mehrparteienseite nicht auf einen gemeinsamen Schiedsrichter einigen, sehen die Bestimmungen weiterhin vor, dass das gesamte Schiedsgericht durch eine neutrale dritte Stelle benannt wird. Hierdurch kann in solchen Fällen nicht nur ein möglichst großer Ausgleich der widerstreitenden Interessen, sondern auch die gleichberechtigte Einflussnahme aller Beteiligten auf die Konstituierung erreicht werden. Es ist schwer vorstellbar, dass ein aus einem solchen Verfahren ergangener Schiedsspruch in einem untragbaren Widerspruch zu

---

471 *Kröll*, Arbitration in Germany, § 1061, Rn. 151; *Schwab/Walter*, Schiedsgerichtsbarkeit, Kapitel 30, Rn. 23.

472 So beispielsweise vorgebracht in OLG Frankfurt am Main, Beschluss vom 24. November 2005 – 26 Sch 13/05, SchiedsVZ 2006, 219.

473 BGH, Urteil vom 29. März 1996 – II ZR 124/95 NJW 1996; *Gaillard/Savage*, Fouchard Gaillard Goldman on International Commercial Arbitration, Rn. 783, 792.

deutschen Gerechtigkeitsvorstellungen steht oder mit den wesentlichen Grundsätzen des deutschen Rechts offensichtlich unvereinbar ist. Dies insbesondere vor dem Hintergrund, dass dieser Lösungsweg bereits von deutschen Gerichten für zulässig erachtet wurde[474].

Ob dagegen die von Art. 20 Abs. 3 DIS-SchO vorgeschlagene Alternative, wonach im Falle der Nichteinigung lediglich der Schiedsrichter der Mehrparteienseite von dritter Seite benannt wird, die Gegenseite jedoch weiterhin ihren Schiedsrichter selbst benennen darf, mit dem Gleichbehandlungsgrundsatz und damit auch mit Art. V Abs. 2 lit. b) UNÜ vereinbar ist, ist demgegenüber zweifelhaft.

Die gleichberechtigte Einflussnahme auf die Besetzung des Schiedsgerichts wirft zudem bezüglich Verfahren mit verschiedenen Beteiligten[475], die erst nach Konstituierung der Schiedsgerichte verbunden wurden, Fragen auf und erscheint damit, neben den bereits erörterten Bedenken bezüglich Art. V Abs. 1 lit. b) UNÜ, auch im Hinblick auf Art. V Abs. 2 lit. b) UNÜ nicht gänzlich unproblematisch. Erfolgt die Konsolidierung in einem solchen Stadium, so bleibt in diesen Fällen grundsätzlich das Schiedsgericht des Verfahrens, auf das verbunden wird, bestehen. Daher wird den Parteien des aufgegebenen Verfahrens ihr Recht, einen eigenen Schiedsrichter zu benennen, regelmäßig genommen, wohingegen die Parteien des Verfahrens, auf das verbunden wird, dieses weiterhin genießen. Nach den meisten nationalen sowie institutionellen Bestimmungen wird diese Ungleichbehandlung auch nicht durch entsprechende Verfahrensanpassungen, wie sie im Zusammenhang mit der Durchführung anfänglicher Mehrvertrags-Mehrparteienverfahren existieren, ausgeglichen. Zwar sieht Art. 15 Abs. 8 CEPANI-SchO vor, dass der Ernennungsausschuss oder der Präsident bei der Annahme des Antrags auf Konsolidierung – vorbehaltlich Antrags der Beteiligten zur Bestätigung bereits ernannter Schiedsrichter – jedes Mitglied des Schiedsgerichts ernennt. Da die Regelung jedoch dem Ernennungsausschuss beziehungsweise dem Präsidenten keine Ermächtigung zur Kündigung von bereits erfolgten Ernennungen oder Bestätigungen einräumt, bietet auch diese Vorschrift keine befriedigende, abschließende Lösung.

---

474 OLG Frankfurt am Main, Beschluss vom 24. November 2005 – 26 Sch 13/05, SchiedsVZ 2006, 219.

475 Sind an den verbundenen Verfahren dieselben Personen beteiligt oder aber identische Schiedsrichter benannt, sollten sich keine Bedenken im Hinblick auf die ungleichberechtigte Einflussnahme der Beteiligten ergeben.

Doch kann nicht auch in solchen Situationen durch die Zustimmung der Beteiligten zur Konsolidierung die Gefahr einer auf Art. V Abs. 2 lit. b) UNÜ gestützten Aufhebung gebannt werden? Obgleich der Vollstreckungsgegner mit dem Vorbringen nach Art. V Abs. 2 lit. b) UNÜ grundsätzlich nicht präkludiert sein kann, da es sich hierbei um einen von Amts wegen zu beachtenden Versagungsgrund handelt und eine Präklusion hier ausgeschossen ist, wird das staatliche Gericht bei seiner Entscheidung wohl eine etwaig erklärte Zustimmung der Parteien nicht völlig außer Acht lassen. Denn auch im Fall der Verfahrensverbindung ist grundsätzlich davon auszugehen, dass sich die Parteien durch ihre Zustimmung hierzu auch mit den daraus resultierenden erforderlich Anpassungen einverstanden erklärt haben. Allerdings wird ein nationales Gericht eine etwaige Zustimmung im Rahmen seiner Entscheidung zu Art. V Abs. 2 lit. b) UNÜ wohl nur berücksichtigen, sofern eine solche unmittelbar vor der Verbindung der Verfahren im Schiedsverfahren selbst zum Ausdruck gebracht wurde. Denn in diesem Zeitpunkt wird für die Parteien konkret absehbar gewesen sein, dass sie nicht selbst auf die Konstituierung des Schiedsgerichts Einfluss nehmen können. Durch ihr im Verfahren erklärtes Einverständnis billigen sie gleichsam die bereits ernannten Schiedsrichter und nehmen hierdurch indirekt Einfluss auf die Besetzung des Schiedsgerichts. Wird aber alleine in der Schiedsvereinbarung selbst, beziehungsweise weit im Vorfeld der Streitigkeit eine solche Zustimmung erklärt, im Schiedsverfahren selbst jedoch unter Umständen sogar versucht, die Verfahrensverbindung zu verhindern, so ist äußerst fraglich, ob die völlige Aufgabe des Rechts, an der Konstituierung des Schiedsgerichts teilzuhaben, auch von einer im Voraus erklärten Zustimmung abgedeckt ist und von einem Gericht in dessen Abwägung bezüglich der Aufhebung des Schiedsspruchs miteinbezogen würde. Denn anders als im Rahmen von anfänglichen Mehrvertrags-Mehrparteiensituationen, in denen durch die dargelegten Anpassungen eine gleichberechtigte Einflussnahme aller auf die Konstituierung des Schiedsgerichts sichergestellt wird, stellt die Situation in solchen Fällen eine schwerwiegende Ungleichbehandlung der Parteien des aufgegebenen Verfahrens dar.

In diesem Zusammenhang ist zu beachten, dass einige Bestimmungen die Verfahrensverbindung auch ohne Zustimmung der Beteiligten erlauben. Da, wie bereits dargelegt, die betrachteten institutionellen Schieds- sowie nationalen Zivilprozessordnungen keine Bestimmungen anbieten, die dem dargestellten Ungleichgewicht bei der Benennung der Schiedsrichter in diesen Fällen entgegenwirken, erscheint es durchaus möglich, dass einem aus einem solchen Verfahren resultierenden Schiedsspruch auf Grundlage des Art. V Abs. 2 lit. b) UNÜ die Anerkennung und Vollstreckung versagt wird. Daher verwundert es nicht, dass bisher keine Verfahren ohne Zustimmung der Parteien verbunden wurden, sofern bereits Schiedsrichter in den jeweiligen Verfahren benannt wurden[476]. Zudem erkennt auch die LCIA-SchO dieses Problem. Nach deren Bestimmungen zur angeordneten Konsolidierung ist eine solche Anordnung nämlich nur möglich, sofern in den jeweiligen Verfahren noch keine Schiedsrichter benannt sind.

Daneben kann sich in Fällen der Konsolidierung von Verfahren mit verschiedenen Beteiligten in einem späteren Verfahrensstadium ein weiteres Problem ergeben. Wie bereits dargelegt, ist erforderlich, dass sämtliche Beteiligte einen einheitlichen Kenntnisstand bezüglich der für die Entscheidung maßgeblichen Tatsachen haben. Werden einem Beteiligten bestimmte Informationen, die für seine Verteidigung erforderlich sind, vorenthalten, so kann dies zu einem Verstoß gegen den von der öffentlichen Ordnung umfassten Grundsatz rechtlichen Gehörs und damit zu einem Verstoß gegen Art. V Abs. 2 lit. b) UNÜ führen[477]. Denn das Vorbringen sämtlicher Angriffs- und Verteidigungsmittel ist ebenfalls Teil des Anspruchs auf rechtliches Gehör. Dies ist aber nicht möglich, wenn einer der Beteiligten nicht über alle relevanten Informationen verfügt. Dementsprechend hat das Schiedsgericht in Mehrvertrags-Mehrparteienkonstellationen genau darauf zu achten, dass sämtliche Parteien wechselseitig über alle entscheidungsrelevanten Tatsachen informiert sind und unter Umständen Verfahrensschritte erneut vorzunehmen.

Im Ergebnis kann in gewissen Gestaltungen von Mehrvertragsverfahren zwar durchaus eine Verletzung der öffentlichen Ordnung und damit eine Aufhebung des Schiedsspruchs auf Grundlage des Art. V Abs. 2 lit. b) UNÜ drohen. Allerdings ist auch hier die schiedsfreundliche Ausrichtung des UNÜ insgesamt sowie die strengen Anforderungen des BGH an eine auf Art. V Abs. 2 lit. b) UNÜ gestützte Aufhebung des Schiedsspruchs zu beachten, wonach eine solche nur in Fällen droht, in welchen der Schiedsspruch die elementaren Grundlagen der Rechtsordnung verletzt[478].

---

476 Schütze/*Theune*, Art. 10-ICC-Schiedsgerichtsordnung, Rn. 14, mit Verweis auf *Born*, International Commercial Arbitration, Chapter 18.02 [C] [2] [a].

477 Siehe dazu die Ausführungen zu Art. V (1) (d) UNÜ; zudem *Borris/Hennecke*, New York Convention, Art. V, Rn. 539 ff., insbesondere Rn. 540, „*The right to be heard is reflected in the tribunal's duty to communicate party statements, documents and other information, as well as expert reports and evidentiary documents to the (other) parties.*“; MüKoZPO/*Adolphsen*, UNÜ Art. V Rn. 74; *Otto/Elwan*, Recognition and Enforcement of Foreign Arbitral Awards: A Global Commentary on the New York Convention, S. 388.

478 MüKoZPO/*Adolphsen*, UNÜ Art. V Rn. 74; zur Behandlung eines ordre public Verstoßes in Deutschland generell: BGH, Beschluss vom 30. Oktober 2008 – III ZB 17/08,

Ob dies bei der Durchführung eines Mehrvertragsverfahrens der Fall sein wird, lässt sich nicht pauschal beantworten, sondern ist anhand der konkreten Umstände für jeden Einzelfall gesondert zu erforschen.

II. Vollstreckung inländischer Schiedssprüche in Deutschland

Möchte die unterlegene Partei gegen einen inländischen Schiedsspruch vorgehen, so eröffnet § 1059 ZPO diese Möglichkeit.

Hiernach kann ein Schiedsspruch aufgehoben werden, sofern einer der in § 1059 Abs. 2 ZPO genannten Gründe vorliegt, welche deckungsgleich mit den Versagungsgründen nach Art. V UNÜ sind. Aus diesem Grund bestehen im Hinblick auf die Vollstreckbarerklärung inländischer Schiedssprüche grundsätzlich dieselben Bedenken, die sich auch im Rahmen der Anerkennung und Vollstreckung ausländischer Schiedssprüche nach den Regelungen des UNÜ ergeben. Daher soll an dieser Stelle auf die vorigen Ausführungen zu Art. V UNÜ verwiesen werden, um Wiederholungen zu vermeiden.

Trotz des grundsätzlichen Gleichlaufs der Aufhebungsgründe, ist die Gefahr der Aufhebung eines inländischen Schiedsspruchs unter bestimmten Gesichtspunkten geringer zu beurteilen, als die eines ausländischen. So wird bei einem Schiedsverfahren innerhalb Deutschlands regelmäßig deutsches Schiedsverfahrensrecht zur Anwendung kommen. Dementsprechend wird auch das Schiedsgericht bei der Durchführung des Verfahrens selbst deutsche Maßstäbe zugrunde legen. Dagegen wird ein Schiedsverfahren außerhalb Deutschlands regelmäßig gemäß der am jeweiligen Schiedsort geltenden lex arbitri und den dort geltenden Grundsätzen geführt. Sind diese Bestimmungen gegensätzlich zu deutschen Vorstellungen, so birgt dies eine größere Gefahr der Aufhebung des Schiedsspruchs. Betrachtet man beispielsweise die nach niederländischem Schiedsverfahrensrecht zulässige Konsolidierung ohne Zustimmung der Beteiligten, ist fraglich, ob ein deutsches Gericht einen so ergangenen Schiedsspruch nicht aufheben würde, da das deutsche Schiedsverfahrensrecht eine so vorgenommene Konsolidierung gerade nicht kennt.

Zudem ist zu beachten, dass auch im Rahmen des Aufhebungsantrags nach § 1059 ZPO der Vollstreckungsgegner mit seinem Vorbringen präkludiert sein

---

NJW 2009, 1216 (BGH zu § 1059 Abs. 2 Nr. 2 (b) ZPO); BGH, Urteil vom 20. März 1963 – VIII ZR 130/61, NJW 1963, 1200 (BGH zum ordre public bei Streitigkeit um Wirksamkeit eines nach französischem Recht wirksam entstandenen Registerpfandrechts in Deutschland).

kann. So sieht § 1059 Abs. 3 ZPO grundsätzlich eine dreimonatige Frist vor, in welcher der Antrag zu stellen ist[479]. Daneben kann der vorgebrachte Einwand auch wegen Verstoßes gegen Treu und Glauben unbeachtlich sein, sofern dieser nicht bereits im Schiedsverfahren vorgebracht wurde und sich die nun hierauf berufende Partei rügelos eingelassen hat[480]. Beides gilt jedoch nicht für die von Amts wegen zu berücksichtigenden Aufhebungsgründe des § 1059 Abs. 2 ZPO.

Da auch ein inländischer Schiedsspruch der Vollstreckbarerklärung bedarf, bevor aus ihm die Zwangsvollstreckung betrieben werden kann, können die Aufhebungsgründe des § 1059 Abs. 2 ZPO auch im Vollstreckbarerklärungsverfahren vorgebracht werden, § 1060 ZPO. Allerdings sind die nur auf Rüge hin zu berücksichtigenden Aufhebungsgründe des § 1059 Abs. 2 Nr. 1 in diesem Verfahren ausgeschlossen, sofern diese nicht im Zuge eines Aufhebungsantrags vorgebracht wurden. In diesem Fall beschränkt sich die Prüfung die Aufhebungsgründe nach § 1059 Abs. 2 Nr. 2 ZPO, sofern nicht bereits ein auf diese gestützter Aufhebungsantrag rechtskräftig abgewiesen wurde, § 1060 Abs. 2 Satz 2 ZPO, wodurch der Anwendungsbereich der Aufhebungsgründe weiter eingeschränkt wird[481].

Im Ergebnis gelten damit für die Vollstreckung inländischer Schiedssprüche aus Mehrvertragsverfahren dieselben Gefahren wie für die ausländischer, wobei diese aufgrund des rein nationalen Charakters leicht eingeschränkt sein sollten.

III. Fazit

Wie die vorstehende Analyse zeigt, birgt die Durchführung von Mehrvertragsverfahren durchaus spezifische Herausforderungen, die zur Aufhebung eines so ergangenen Schiedsspruchs führen können.

Aufgrund der durch die nationalen wie institutionellen Bestimmungen eingefügten Voraussetzungen für die Durchführung von Mehrvertragsverfahren, die vor allem an den Willen der Parteien anknüpfen, wird der Gefahr der Aufhebung solcher Schiedssprüche jedoch entgegengewirkt. Bereits die im Schiedsverfahren für die Entscheidung über die Durchführung eines Mehrvertragsverfahrens zuständige Stelle wird sich in der Regel intensiv mit der Frage über das Vorliegen einer entsprechenden Zustimmung und mit der Ermittlung des wahren Parteiwillens befasst haben.

---

479 Welche nach § 1059 Abs. 3 Satz 3 ZPO allerdings verlängert werden kann.

480 BeckOK ZPO/*Wilske/Markert*, ZPO § 1059 Rn. 38; Musielak/Voit/*Voit*, ZPO § 1059 Rn. 7.

481 BeckOK ZPO/*Wilske/Markert*, ZPO § 1060 Rn. 6.

In der Regel wird das Vollstreckungsgericht die Entscheidung des Schiedsgerichts, also auch eine Entscheidung für eine Ausdehnung des Verfahrens auf mehrere Verträge und (gegebenenfalls) mehrere Personen[482], beachten. Daher ist wahrscheinlich, dass ein nationales Gericht sich der schiedsgerichtlichen Entscheidung anschließen wird. Dies vor allem auch vor dem Hintergrund, dass Schiedsgerichte beziehungsweise die zuständigen Stellen noch immer zögerlich sind, ohne ausdrückliche Zustimmung der Parteien ein Mehrvertragsverfahren durchzuführen.

Da in der Zustimmung zur Durchführung eines Mehrvertragsverfahrens auch gleichsam das Einverständnis zu den damit verbundenen Konsequenzen erklärt wird, erscheint ein Vorbringen dieser prozessualen Anpassungen im Verfahren vor staatlichen Gerichten mit Blick auf eine mögliche Präklusion wenig erfolgreich – vor allem, sofern die Zustimmung im Schiedsverfahren selbst nochmals zum Ausdruck gebracht oder sich der Durchführung eines solchen Verfahrens sowie den nötigen Anpassungen nicht widersetzt wurde. Zudem haben gerade im Hinblick auf Mehrvertrags-Mehrparteienverfahren die Schiedsordnungen sowie auch die nationalen Verfahrensrechte Bestimmungen zur Anpassung des Prozesses aufgenommen, um auch hier ein gerechtes Verfahren zu gewährleisten. Dies zeigt sich vor allem in den Bestimmungen zur Benennung der Schiedsrichter in Mehrparteienverfahren – eine Lehre aus der Dutco-Entscheidung der Cour de Cassation.

Zuletzt ist zu beachten, dass sich die Schiedsparteien im Allgemeinen ohnehin eher selten gegen die anschließende Anerkennung und Vollstreckung wenden, sondern meist den Schiedsspruch akzeptieren[483].

Im Ergebnis sollten die Versagungsgründe des Art. V UNÜ, beziehungsweise für inländische Schiedssprüche die Aufhebungsgründe des § 1059 Abs. 2 ZPO, bei der Entscheidung über die Durchführung eines Mehrvertragsverfahrens unbedingt beachtet werden. Wurde sich aber nach ausführlicher Ermittlung des Sachverhalts für die Durchführung eines solchen Verfahrens entschieden und etwaig nötige verfahrensrechtliche Anpassungen vorgenommen, sollte gleichwohl die Sorge vor Aufhebung eines aus einem Mehrvertragsverfahren ergangenen Schiedsspruchs nicht überbetont werden und die Parteien nicht abschrecken, ein schiedsgerichtliches Mehrvertragsverfahren durchzuführen[484].

---

482 *Voser*, 50 Years of the New York Convention: ICCA International Arbitration Conference, 343, 353.

483 *Voser*, 50 Years of the New York Convention: ICCA International Arbitration Conference, 343, 353.

484 So auch *Voser*, 50 Years of the New York Convention: ICCA International Arbitration Conference, 343, bezüglich Mehrparteienverfahren.

Abschließende Bewertung

Mehrvertragsverfahren versprechen auch in komplexen Situationen die Durchführung effektiver Verfahren mit konsistenten Ergebnissen.

Die vorliegende Arbeit hat jedoch offengelegt, dass die Durchführung solcher Verfahren trotz der Entwicklungen in den nationalen Gesetzen sowie institutionellen Schiedsordnungen der letzten Jahre weiterhin einigen Herausforderungen begegnet. Dementsprechend stellt sich die Frage, ob Mehrvertragsverfahren tatsächlich das geeignete Mittel sind, um auch in komplexen Verfahrensgestaltungen effiziente Verfahren mit gerechten, allumfassenden Entscheidungen zu erzielen oder ob die mit der Durchführung solcher Verfahren verbundenen Hindernisse so hoch sind, dass sich der Nutzen dieser Regelungen in bloßen Floskeln erschöpft.

Um dies abschließend beurteilen zu können, sind die eingangs erwähnten, sich von Mehrvertragsverfahren versprochenen Vorteile nochmals kritisch vor dem Hintergrund der dargelegten Herausforderungen zu betrachten, wobei auch alternative Lösungsansätze in diese Analyse mit einzubeziehen sind.

M. Anderweitige Lösungsansätze

Existieren neben der Durchführung von Mehrvertragsverfahren alternative Vorgehensweisen, durch welche die von Mehrvertragsverfahren verfolgten Ziele ebenso effektiv verfolgt, gleichwohl die damit verbundenen Herausforderungen und Problematiken umgangen werden können? Dies soll im nachfolgenden Abeschnitt genauer betrachtet werden.

I. Parallele Verfahren mit identischen Schiedsrichtern

Eine immer wieder diskutierte Alternative ist die Durchführung paralleler Schiedsverfahren mit identischen Schiedsrichtern[485]. Hierdurch soll den Schiedsrichtern eine ganzheitliche Betrachtung über die Inhalte sämtlicher Verfahren sowie der jeweiligen Vorbringen innerhalb dieser ermöglicht werden,

---

485 *Abu Dhabi Gas Liquefaction Co Ltd v. Eastern Bechtel Corp [1982]*, [1982] EWCA Civ J0623-1; *Mustill/Boyd*, The Law and Practice of Commercial Arbitration in England, S. 144 f.; *Lew/Mistelis/Kröll*, Comparative International Commercial Arbitration, Rn. 16–79 f.; *Brekoulakis/El Far*, Guide to Construction Arbitration, 188, 200; *Platte*, Arbitration International 18 (1), 67 ff.

wodurch schlussendlich ein möglichst großer Gleichlauf bei den einzelnen Entscheidungen in den verschiedenen Verfahren erreicht werden soll. Da weiterhin separate Verfahren geführt werden, können etwaige auf der Durchführung eines Mehrvertragsverfahrens beruhende Problematiken, wie beispielsweise in Bezug auf die gleichberechtigte Einflussnahme der Besetzung des Schiedsgerichts oder aber Abberufung bereits ernannter Schiedsrichter in Fällen der Konsolidierung, vermieden werden.

Allerdings stellt sich die Frage, wie die Ernennung identischer Schiedsrichter in allen Verfahren erreicht werden kann. So ist davon auszugehen, dass meist keine Abrede, wonach in den unterschiedlichen Verfahren dieselben Schiedsrichter zu benennen sind, existieren wird[486]. Gerade in multipolaren Mehrvertrags-Mehrparteiensituationen ist es daneben wahrscheinlich, dass die Beteiligten aufgrund ihrer unterschiedlichen Interessen verschiedene Parteischiedsrichter benennen werden. Ob eine Institution oder ein staatliches Gericht die Macht haben sollte, auf die Schiedsrichterbenennung Einfluss zu nehmen, indem es selbst die Schiedsrichter der verschiedenen Verfahren ernennt oder aber die Parteien faktisch dazu zwingt, dieselben Schiedsrichter zu „wählen", ist mehr als fraglich.

Zwar darf, wie bereits erörtert, das Recht, einen eigenen Schiedsrichter zu benennen, in gewissen Situationen eingeschränkt werden. Das Vorschreiben bestimmter Schiedsrichter ist gleichwohl als kritisch zu beurteilen. So stellt die Auswahl eines eigenen Schiedsrichters, in welchen die Parteien ein besonderes Vertrauen legen, ein wesentliches Charakteristikum der Schiedsgerichtsbarkeit dar und ist Spiegel dessen privatautonomer Natur[487]. Zudem ist fraglich, ob die Schiedsrichter das im Rahmen des einen Verfahrens erlangte Wissen ohne Weiteres in das andere Verfahren übertragen dürfen. Während diese „mehrfache Erkenntnisverwertung" zwar faktisch der Fall sein wird und wohl auch nur dann die betrachtete Vorgehensweise sinnvoll und erfolgversprechend ist, dürfen Erkenntnisse eines Verfahrens ohne entsprechende Ermächtigung nicht einem anderen Verfahren zugrunde gelegt werden. Vielmehr sind die Schiedsverfahren unabhängig voneinander zu betrachten. Gerade bei Beteiligung verschiedener Schiedsparteien an den jeweiligen Verfahren würde ein anderes Verständnis unter Umständen dazu führen, dass Personen ohne weitergehende Nachforschung und Gelegenheit zur Stellungnahme an Erkenntnisse aus anderen Verfahren gebunden sind. Ein solches Vorgehen wäre aber nur schwerlich mit

486 *Thompson*, J Int'l Arb 4 (2), 111, 119.

487 *Lew/Mistelis/Kröll*, Comparative International Commercial Arbitration, Rn. 16–80.

wesentlichen Grundsätzen der deutschen Rechtsordnung vereinbar. Daneben könnten sich bei Beteiligung verschiedener Personen an den Schiedsverfahren unter Umständen auch Probleme mit Blick auf die Vertraulichkeit des Verfahrens ergeben. Denn, ausgenommen die Parteien haben anderes vereinbart, sind die Schiedsrichter streng daran gehalten, die Erkenntnisse des Schiedsverfahrens nicht an Unbeteiligte Dritte offenzulegen[488]. Gerade dies droht aber unter Umständen in den skizzierten Situationen, wenn die Schiedsrichter in einem Verfahren Erkenntnisse aus einem anderen Verfahren verwerten und damit de facto Informationen an nicht am Verfahren Beteiligte preisgeben[489].

II. Gemeinsamer Vorsitzender in sämtlichen Verfahren

Anstelle der Ernennung identischer Schiedsrichter in den parallelen Verfahren wäre eine weitere Alternative, dass die bereits parteiernannten Schiedsrichter denselben Vorsitzenden für sämtliche Verfahren ernennen. Dieser hätte dann einen Überblick über die Sach- und Rechtslage aller Verfahren und damit auch bezüglich sämtlicher streitbefangener Verträge, ohne dass die Rechte der Beteiligten, einen eigenen Schiedsrichter benennen zu dürfen, geschmälert würden.

Hier ist indes wiederum fraglich, inwieweit der Vorsitzende die Erkenntnisse aus dem jeweils anderen Verfahren verwenden darf. Daneben stellt sich die Frage, ob dieser aufgrund seiner bereits gewonnen Erkenntnisse innerhalb eines Verfahrens nicht bei Verhandlung der übrigen Streitigkeiten voreingenommen wäre und damit eine objektive Entscheidung nicht mehr gewährleistet werden könnte.

Jedenfalls kann durch solch ein Vorgehen die Gefahr widersprechender Entscheidungen im Ergebnis nicht gebannt werden, da der Vorsitzende keine Einflussnahme auf die endgültige Entscheidung der übrigen Schiedsrichter hat. Der wichtigste Vorteil der Durchführung eines Mehrvertragsverfahrens gegenüber separater Verfahren kann folglich durch diesen Ansatz nicht erreicht werden.

III. Durchführung gemeinsamer Beweisaufnahmen und Anhörungen

Eine weitere Alternative zu Mehrvertragsverfahren ist die Durchführung gemeinsamer Beweisaufnahmen beziehungsweise Anhörungen für in allen Verfahren

488 *Thompson*, J Int'l Arb 4 (2), 111, 120.
489 *Thompson*, J Int'l Arb 4 (2), 111, 119.

gleichlautende Fragen[490]. Der Oberste Gerichtshof von New South Wales hat gar in Betracht gezogen, diese Vorgehensweise anzuwenden, wenn das Schiedsverfahren parallel zu einem Verfahren vor staatlichen Gerichten stattfindet[491]. Die Möglichkeit gleichzeitiger Anhörungen in gleichgelagerten Fällen beziehungsweise der Austausch von Dokumenten aus verschiedenen Verfahren, wird auch von den Schiedsregeln der London Maritime Arbitrators Association aus Gründen der Fairness, Wahrheitsfindung und Prozessökonomie vorgesehen[492].

Zwar können durch eine gemeinsame Beweiserhebung Kosten gegenüber der separaten Beweiserhebung in Bezug auf dieselben tatsächlichen Fragen in jedem einzelnen Verfahren gespart und so erreicht werden, dass die Schiedsrichter ihrer Entscheidung im jeweiligen Verfahren einen identischen Sachverhalt zugrunde legen können. Allerdings ergeben sich in Gestaltungen, in welchen an den zugrunde liegenden Verträgen sowie den jeweiligen Schiedsverfahren verschiedene Personen beteiligt sind, Fragen in Bezug auf die Vertraulichkeit: Die Parteien dürfen sich grundsätzlich darauf verlassen, dass ihr Vorbringen aus den jeweiligen Verfahren geheim gehalten und nicht an an ihrem Verfahren Unbeteiligte weitergegeben wird[493]. Wie bereits dargelegt, kann dieses Vertrauen auch nicht per se durch Effizienzerwägungen durchbrochen werden. Durch die Durchführung mehrerer paralleler Verfahren mit gemeinsamer Anhörung beziehungsweise Beweisaufnahme sowie durch den verfahrensübergreifenden Austausch von Dokumenten bezüglich spezifischer Punkte, welche sämtliche streitbefangenen Verträge betreffen, gegenüber der Durchführung eines einzigen Verfahrens, zu welchem alle Beteiligten in vollem Umfang Zugang haben, können Vertraulichkeitsfragen zugegebenermaßen differenzierter geregelt werden[494]. Zu beachten ist gleichwohl, dass im Rahmen eines solchen Vorgehens Streitigkeiten darüber entstehen könnten, welche Beweisaufnahmen gemeinsam

490 *Lew/Mistelis/Kröll*, Comparative International Commercial Arbitration, Rn. 16–81; *Brekoulakis/El Far*, Guide to Construction Arbitration, 188, 200.

491 *Aerospatiale Holdings Australia Pty Ltd. and Eurocopter International Pacific Ltd. v. Elspan International Pty Ltd., Peter Ellen and Associates Ltd. and others*, Supreme Court of New South Wales, Common Law Division, 55053/92, Yearbook Commercial Arbitration XIX, 635, 639.

492 Vgl. Art. 16 (b) der Schiedsregeln der London Maritime Arbitrators Association.

493 Siehe bereits oben Seite 146 ff. und *Oxford Shipping Co Ltd v. Nippon Yusen Kaisha (The Eastern Saga)*, High Court of Justice, Queen's Bench Division (Commercial Court), [1984] 2 Lloyd's Rep. 374; 3 All E R 835.

494 *Hamann/Lennarz*, SchiedsVZ 2006, 289, 295.

vorgenommen und welche Dokumente ausgetauscht werden dürfen und welche Punkte demgegenüber unbedingt geheim gehalten werden müssen.

Folglich wäre wohl auch bei diesem alternativen Lösungsweg im Ergebnis die Zustimmung der Beteiligten einzuholen. Vor allem aber kann auch durch dieses Vorgehen nicht gewährleistet werden, dass die Schiedsrichter der jeweiligen Verfahren zu gleichen Bewertungen hinsichtlich der aufgeworfenen Fragen kommen und damit konsistente Entscheidungen innerhalb des Gesamtkomplexes getroffen werden.

IV. Aussetzung von Verfahren

Ein weiterer zu erwägender Ansatz ist, bis zur Entscheidung eines Verfahrens abzuwarten und andere, die Gesamttransaktion betreffende, bereits eingeleitete Verfahren auszusetzen, um die Entscheidung des ersten Verfahrens den übrigen Schiedsverfahren zugrunde zu legen[495].

Jedoch ergeben sich auch hier in Mehrvertrags-Mehrparteienfällen Bedenken im Hinblick auf die Vertraulichkeit des Verfahrens, Teil derer auch die grundsätzliche Nichtveröffentlichung der Schiedssprüche ist. Wie sollten die Schiedsgerichte der anderen Verfahren an die Entscheidungen gelangen? Zwar können die Schiedsparteien grundsätzlich der Veröffentlichung des Schiedsspruchs beziehungsweise durch Vereinbarungen der Durchbrechung des Vertraulichkeitsgrundsatzes zustimmen.

Dementsprechend bietet sich dieses Konzept an, wenn es sich um sukzessive, im Wesentlichen gleichlautende Verträge zwischen denselben Parteien handelt. Sind dagegen an den Verträgen und damit auch an den unterschiedlichen Verfahren verschiedene Personen beteiligt, ergeben sich die im Rahmen dieser Arbeit skizzierten Probleme im Hinblick auf die Vertraulichkeit des Verfahrens.

Zuletzt verzögert sich durch die Aussetzung der übrigen Verfahren die dortige Entscheidung, was ebenfalls einen Nachteil dieser alternativen Lösung darstellt[496].

---

495 *Lew/Mistelis/Kröll*, Comparative International Commercial Arbitration, Rn. 16–83, mit Verweis auf *Volt Information Sciences, Inc. v. Board of trustees of Leland Stanford Junior University*, US Supreme Court – 489 U.S. 468 (1989).

496 *Lew/Mistelis/Kröll*, Comparative International Commercial Arbitration, Rn. 16–83.

V. Stringverfahren

In schiedsgerichtlichen Mehrvertrags-Mehrparteiensituationen im Bereich des Warenhandels kommen bisweilen sogenannte Stringverfahren zur Anwendung[497]: Waren werden oft über eine Reihe von Zwischenhändlern verkauft, bis sie schließlich den Endempfänger erreichen. Entstehen Streitigkeiten über die Güte der Ware, so müssen diese nicht in zahlreichen separaten Schiedsverfahren zwischen den jeweiligen Vertragspartnern entschieden werden. Vielmehr kann der letzte Empfänger der Ware ein einziges Schiedsverfahren gegen den Erstverkäufer einleiten. Das Ergebnis dieses Verfahrens ist für alle anderen Parteien verbindlich[498].

Dadurch können in der Tat nicht nur Zeit und Kosten, sondern vor allem auch widersprüchliche Entscheidungen innerhalb der jeweiligen Lieferkette, also des jeweiligen „Strings" vermieden werden. Allerdings ist diese Lösung in ihrem Anwendungsbereich stark eingeschränkt und kann gerade nicht auf sämtliche Mehrvertragssituationen übertragen werden. Zum einen stellen sich nicht sämtliche Situationen, in welchen die Durchführung von Mehrvertragsverfahren wünschenswert erscheint, als solche Kette dar. Zum anderen würde man so in anders gelagerten Fällen unter Umständen einer Partei das Recht nehmen, gegen ihren eigenen Vertragspartner vorzugehen, was ebenfalls fragwürdig erscheint[499].

VI. Fazit

Im Ergebnis vermag keiner der betrachteten Ansätze zu überzeugen. Mit Ausnahme der letztgenannten Option, die aber nur für einen engen

497 *Lew/Mistelis/Kröll*, Comparative International Commercial Arbitration, Rn. 16–84; *Mustill/Boyd*, The Law and Practice of Commercial Arbitration in England, S. 146 ff.

498 Vgl. GAFTA Arbitration Rules No. 125, Rule 7.1: „*If a contract forms part of a string of contracts which contain materially identical terms (albeit that the price may vary under each contract), the tribunal may hold a single arbitration to determine the dispute between the first seller and the last buyer in the string as though they were parties who had contracted with each other, provided all the parties in the string of contracts agree to it in writing. Any award made in such proceedings shall, subject only to any right of appeal pursuant to Rule 10, be binding on all the parties in the string and may be enforced by an intermediate party against his immediate contracting party as though a separate award had been made pursuant to each contract.*"

499 Siehe zu weiteren kritischen Punkten auch *Mustill/Boyd*, The Law and Practice of Commercial Arbitration in England, S. 146 ff.

Anwendungsbereich Geltung erlangt, stellen die diskutierten Alternativen insbesondere nicht sicher, dass tatsächlich gleichförmige Entscheidungen ergehen. Der wesentlichste Vorteil und Hauptargument für die Durchführung eines Mehrvertragsverfahrens kann somit durch diese nicht erreicht werden.

Zudem werfen auch die vorgestellten alternativen Ansätze bisweilen selbst Problematiken auf, unter anderem im Hinblick auf die Vertraulichkeit und Unabhängigkeit der einzelnen Verfahren sowie auf die Einflussnahme der Parteien bei der Benennung der Schiedsrichter. Im Vergleich zu Mehrvertragsverfahren bestehen schlussendlich auch bei diesen nicht weniger Herausforderungen.

Es ist daher wichtig, dass die Parteien in den dargestellten komplexen Vertragsstrukturen bereits bei Verhandlung der Schiedsvereinbarungen bzw. Schiedsklauseln sich der Möglichkeit eines Mehrvertrags- und ggfs. Mehrvertrags-Mehrparteienverfahrens bewusst werden und dies bereits in diesem Stadium berücksichtigen. Zu überlegen wäre hier beispielsweise die Aufnahme einer vertragsübergreifenden Schiedsklausel, welche sämtliche Verträge erfasst und bereits die Zustimmung zur Durchführung eines Mehrvertragsverfahrens oder aber Bestimmungen zur präjudiziellen Wirkung eines vorangegangenen Schiedsspruchs für nachfolgende Schiedsverfahren im Zusammenhang mit diesem Vertragsnetz enthält[500].

N. Nutzen eines Mehrvertragsverfahrens

Wie soeben dargelegt, stellen die betrachteten Ansätze keine echten Alternativen zur Durchführung von Mehrvertragsverfahren dar, was bereits die Notwendigkeit dieser Verfahren unterstreicht.

Gleichwohl ist für eine abschließende Bewertung des Nutzens von Mehrvertragsverfahren eine ganzheitliche Betrachtung erforderlich, die vor allem überprüft, ob und inwieweit die sich von Mehrvertragsverfahren versprochenen Vorteile tatsächlich erreicht werden.

I. Konsistente Entscheidungen

Hauptziel der Durchführung von Mehrvertragsverfahren und größter Vorteil dieser ist die Vermeidung widersprüchlicher Entscheidungen. Durch Behandlung sämtlicher Verträge innerhalb eines Verfahrens ergeht ein einheitlicher, sämtliche Streitigkeiten erfassender Schiedsspruch. Hierdurch kann die Gefahr inkonsistenter Entscheidungen weitgehend minimiert beziehungsweise

---

500 Siehe dazu mit einem konkreten Formulierungsvorschlag *Wolff*, SchiedsVZ 2008, 59 ff.

vermieden werden, was nicht nur unbilligen Ergebnissen innerhalb der Gesamttransaktion vorbeugt, sondern auch das Vertrauen in das Rechtssystem der Schiedsgerichtsbarkeit stärkt.

Über das Bestehen dieses Vorteils von Mehrvertragsverfahren gegenüber der Durchführung separater Verfahren wird man nicht ernsthaft diskutieren können, insbesondere auch, da durch die betrachteten alternativen Vorgehensweisen dieses Ziel nicht effektiv erreicht werden kann[501].

II. Effizienzsteigerung

Neben der Vermeidung divergierender Entscheidungen wird auch die Steigerung der Effizienz als Vorteil und erklärtes Ziel von Mehrvertragsverfahren angeführt. Allerdings zweifeln einige Autoren, jedenfalls im Hinblick auf die Durchführung von (Mehrvertrags-)Mehrparteienverfahren daran, ob dieser Punkt in der Praxis tatsächlich stichhaltig ist[502].

Betrachtet man die vorangegangene Analyse, so wird man in der Tat nicht pauschal eine gesteigerte Effizienz annehmen können, sondern differenzieren müssen. Treten im Hinblick auf die verschiedenen Verträge dieselben beziehungsweise ähnliche tatsächliche und rechtliche Fragen auf, so werden sich auch der Parteivortrag sowie die Beweismittel weitgehend ähnlich gestalten und für jeden der betroffenen Verträge verwendet werden können. Statt in gesonderten Verfahren im Ergebnis dieselben Beweismittel und Vorträge für mehr oder weniger identische Fragestellungen vorzubringen, kann dies im Rahmen eines einzigen Mehrvertragsverfahrens für sämtliche der streitbefangenen Verträge gemeinschaftlich erfolgen. Durch die Durchführung eines einzigen Verfahrens können somit Zeit und Kosten gespart werden, welche für die mehrfache Beantwortung derselben Themen anfallen würden.

Stehen die Verträge dagegen zwar im wirtschaftlichen Kontext, gestaltet sich der Vortrag aber für jeden dieser anders, da in den einzelnen Verträgen unterschiedliche tatsächliche und/oder rechtliche Problematiken bestehen, so wird

---

501 Allg. Meinung, vgl. nur *Heard*, Navigating Maritime Arbitration: The Experts Speak, 157, 183; *Frick*, Arbitration and Complex International Contracts, S. 230; *Chiu*, J Int'l Arb 7 (2), 53, 55 f.; *Leboulanger*, J Int'l Arb 13 (4), 43, 63; *Born*, International Commercial Arbitration, Chapter 18.02 [B] [2].

502 *Frick*, Arbitration and Complex International Contracts, S. 231, „*Moreover, it remains doubtful whether multiparty arbitration is in fact faster or more efficient than the conduct of multiple arbitration proceedings.*“

die gemeinsame Behandlung nicht unbedingt zu einer Zeit- und Kostenersparnis führen; hier müssten wohl jeweils eigene Beweismittel angeführt werden.

Ähnliches wird in Bezug auf die Kosten für Anwälte gelten. Zwar werden diese im Hinblick auf den vergrößerten Umfang des Verfahrens steigen. Handelt es sich um (quasi) identische Streitigkeiten aus verschiedenen Verträgen, in denen der Vortrag für sämtliche Verträge im Wesentlichen einheitlich gehalten werden kann, wird die Einreichung eines einzigen umfassenden Schriftsatzes im Ergebnis weniger Zeit in Anspruch nehmen und daher auch die Kosten für die Anwälte senken, fördert also die Verfahrenseffizienz insgesamt[503].

Kosten für die Verwaltungsgebühren der Schiedsinstitution sowie Kosten für Schiedsrichter fallen im Rahmen von anfänglichen Mehrvertragsverfahren zwar nur einziges Mal und nicht mehrfach an. Da sich diese Kosten nach dem Streitwert richten, welcher sich infolge der Geltendmachung mehrerer Verträge in einem Verfahren erhöht, steigen diese jedoch an, sodass im Vergleich zu einem Einvertragsverfahren die Kosten des Mehrvertragsverfahrens höher sein werden. Im Verhältnis zu den addierten Kosten, die bei der Durchführung mehrer Einvertragverfahren stattfinden, wird aber die Durchführung eines einzigen Mehrvertragsverfahrens günstiger sein. So sieht beispielsweise die ICC-SchO eine Deckelung für Verwaltungskosten und Schiedsrichterhonorare ab einem Streitwert von über USD 500 Mio. vor. Wird dieser Wert durch die gemeinsame Verhandlung der Verträge in einem Verfahren überschritten, ist aufgrund der Deckelung die Durchführung eines einzigen Verfahrens günstiger. Daneben ist zu beachten, dass die Kosten für Verwaltungsgebühren und Schiedsrichterhonorare im prozentualen Verhältnis zum Streitwert „günstiger" werden, je höher dieser ist[504].

Handelt es sich um ein Mehrvertrags-Mehrparteienverfahren so erhöhen sich zwar für jede hinzutretende Partei die Kosten für Schiedsrichterhonorare und Verwaltungsgebühren. Doch auch hier ist die so entstehende Erhöhung der Kosten deutlich geringer, als die Kosten, die für die Durchführung separater Verfahren anfallen würden[505].

---

503 Aus eigener Erfahrung der Autorin werden die Anwälte, die mit solch komplexen Schiedsverfahren betraut werden, in der Regel nach Stundensätzen bezahlt.

504 Vgl. beispielsweise die ICC-Kostentabelle.

505 Vgl. z.B. Kostenordnung der DIS, Ziff. 2.4: Sind an einem Schiedsverfahren mehr als zwei Parteien beteiligt, erhöhen sich die Honorare jeweils um 10 % für jede zusätzliche Partei, jedoch höchstens insgesamt um 50 %.

Daneben können durch eine einzige, umfassendere mündliche Verhandlung statt mehrerer getrennter Verhandlungen Zeit und Kosten eingespart werden.

Ob diese Erwägungen aber auf die Konsolidierung von Verfahren zu übertragen sind, ist fraglich. Neben der Tatsache, dass hier bereits Kosten für jedes der Verfahren angefallen sind, die zwar teilweise gutgeschrieben werden können, zum Teil aber auch nicht mehr zurückverlangt werden können, ist bei der Frage der Effizienzsteigerung zu berücksichtigen, in welchem Zeitpunkt die Verfahren verbunden werden.

Werden die Verfahren in einem frühen Stadium, in welchem noch keine mündliche Verhandlung, Zeugenbefragungen, Einholen von Sachverständigengutachten oder ähnliche Handlungen stattgefunden haben, verbunden, können all diese Handlungen, entsprechend dem zu anfänglichen Mehrvertragsverfahren Gesagten, zusammengefasst und damit Zeit und Kosten kleiner gehalten werden.

Erfolgt die Konsolidierung allerdings erst zu einem Zeitpunkt, in welchem all diese Schritte bereits durchgeführt wurden, kann gar das Gegenteil eintreten. Denn müssen bestimmte Handlungen wiederholt werden, um etwaige Informationsdefizite der Beteiligten zu beseitigen, die sich nicht durch Übersendung oder Verlesen von Protokollen beseitigen lassen und mithin nur so ein faires Verfahren gewährleistet werden kann, kann es zu einer nicht unerheblichen zeitlichen Verzögerung zu kommen. Da in einem solchen Fall auch die bereits investierten Kosten für Sachverständige oder Honorare der Anwälte für die mündliche Verhandlung nicht wieder zurückverlangt werden können, kann dies auch Erhöhung der Kosten zur Folge haben.

Die Wiederholung von Verfahrensschritten wird freilich nicht bezüglich jedes Mehrvertragsverfahrens von Bedeutung sein – allerdings sollte dieses Problem insbesondere in Fällen, in welchen an den verbundenen Verfahren verschiedene Personen beteiligt sind oder aber verschiedene Schiedsrichter ernannt waren, nicht außer Acht gelassen werden.

Zuletzt ist in Bezug auf die Beurteilung der Effizienz zu berücksichtigen, wie schwierig sich die Implementierung des Mehrvertragsverfahrens als solche gestaltet. Denn entsteht bereits Streit darüber, ob das Schiedsgericht tatsächlich für alle vorgebrachten Streitigkeiten zuständig ist oder ob die Beteiligten ihre Zustimmung zur Durchführung eines solchen Verfahrens erklärt haben, kann sich das Verfahren bereits aus diesem Grund in die Länge ziehen, insbesondere, wenn die Zuständigkeitsentscheidung des Schiedsgerichts nach § 1042 ZPO angegriffen wird. So zeigt sich auch hier, wie wichtig es ist, bereits bei Verfassen der jeweiligen Schiedsvereinbarung Vorkehrungen für die Durchführung von

Mehrvertragsverfahren zu treffen, um mitunter langwierige Diskussionen über die Zulässigkeit eines solchen zu vermeiden.

Im Ergebnis hängt die oft vorgebrachte Effizienzsteigerung des Mehrvertragsverfahrens gegenüber der Durchführung mehrerer einzelner Verfahren von den konkreten Umständen des jeweiligen Einzelfalls ab. Allgemein kann man aber festhalten, dass die Durchführung von Mehrvertragsverfahren in Situationen, in welchen sich bezüglich der verschiedenen Verträge identische beziehungsweise weitgehend ähnliche tatsächliche wie rechtliche Fragen stellen, zu einer Einsparung von Zeit und Kosten führt. Dies wird sich umso mehr steigern, je größer die Anzahl der zugrunde liegenden Verträge ist.

Sind die zu beantwortenden Fragen der zwar in einem wirtschaftlichen und/oder funktionalen Zusammenhang stehenden Verträge unterschiedlich, dann wird sich die Steigerung der Effizienz dagegen in Grenzen halten. Ähnliches gilt für Fälle der Konsolidierung, die in einem fortgeschrittenen Stadium stattfindet und gar eine Wiederholung einzelner Verfahrensschritte erforderlich macht sowie in Fallgestaltungen, in welchen die Zulässigkeit des Mehrvertragsverfahrens als solches sowie die Zuständigkeit des Schiedsgerichts streitig ist.

III. Wahrheitsfindung und Gerechtigkeit

Als weiterer positiver Effekt der Durchführung von Mehrvertragsverfahren wird zudem die Förderung der Wahrheitsfindung und Gerechtigkeit angeführt. Durch die gemeinsame Betrachtung des gesamten wirtschaftlichen Vorgangs können nicht nur die wechselseitigen Beziehungen der Verträge aufeinander besser betrachtet werden. Insbesondere können so auch widersprüchliche Zeugenaussagen oder Beweismittel in Bezug auf die einzelnen Verträge, welche jedoch die Transaktion in ihrer Gesamtheit betreffen, sofort aufgedeckt werden.

Indes kann die gemeinsame Betrachtung auch dazu führen, dass in Anbetracht der Fülle der Verträge einzelne dieser vernachlässigt oder vorschnell auf ein bestimmtes Ergebnis nicht nur für einen, sondern für alle Verträge geschlossen wird. Dies ist jedoch nicht eine Gefahr, die spezifisch bei der Durchführung schiedsgerichtlicher Mehrvertragsverfahren auftritt, sondern die komplexen Streitigkeiten generell innewohnt. Dementsprechend sind in solchen Fällen die Gerichte angehalten, den Sachverhalt trotz seiner Komplexität genau zu erforschen, dabei die Wechselwirkungen der Verträge aufeinander zu beachten und gleichzeitig nicht den einzelnen Vertrag mit seinen konkreten Besonderheiten aus den Augen zu verlieren.

Im Hinblick auf das vorgebrachte Argument „Gerechtigkeit“ erscheint in Mehrvertragssituationen, in welchen mehrere Personen beteiligt sind, fraglich, ob es richtig ist, einer Partei, für welche nur ein Bruchteil des gesamten Rechtsstreits von Belang ist, mit Fragen zu konfrontieren, die zwar für die Gesamttransaktion wesentlich, für ihre konkrete Streitigkeit jedoch nicht von Bedeutung sind[506]. Kann man dieser Person die durch das Mehrvertragsverfahren entstandene Verlängerung des Verfahrens zumuten, insbesondere auch mit Blick auf eine mögliche Erhöhung von Kosten für die von ihr beauftragten Anwälte?

Da die Aufteilung von Kosten im Schiedsverfahren jedoch relativ flexibel erfolgen und daher bei der Ermessensentscheidung wohl auch ein solcher Umstand berücksichtigt werden kann, sollte zumindest der Kostenpunkt eher von untergeordneter Rolle sein. Was die Verfahrensdauer angeht, so wird man abwägen müssen, welchen Nutzen die jeweilige Partei, aber auch sämtliche Beteiligte als Gesamtheit durch die Durchführung des Mehrvertragsverfahrens erhalten, ob zum Beispiel ebenfalls langwierige und kostenintensive weitere Schiedsverfahren vermieden werden können.

Damit bewahrheitet der sich von Mehrvertragsverfahren versprochene Nutzen in Bezug auf die Wahrheitsfindung und Fairness in multidimensionalen Streitigkeiten.

IV. Fazit

Wie die vorangegangene Analyse zeigt, erschöpft sich der von Mehrvertragsverfahren versprochene Nutzen nicht in bloßen Floskeln, sondern die Durchführung schiedsgerichtlicher Mehrvertragsverfahren bietet in der Tat einen erfolgversprechenden Weg, die Schiedsgerichtsbarkeit auch für komplexe Gestaltungen und die wachsende Anzahl daraus resultierender Streitigkeiten weiter wettbewerbsfähig zu machen.

Durch die gemeinsame Betrachtung der streitbefassten Verträge können nicht nur Zeit und Kosten gespart werden, auch die Wahrheitsfindung wird hierdurch gefördert. Vor allem aber können so widersprechende Entscheidungen vermieden und einheitliche Ergebnisse für die Gesamttransaktion erlangt werden, wodurch das Vertrauen in das gesamte System der Schiedsgerichtsbarkeit gestärkt wird. Gerade dies kann durch die in obigem Abschnitt M (*Anderweitige Lösungsansätze*) betrachteten Alternativen nicht erreicht werden.

Doch trotz der dargelegten Vorteile darf nicht unter pauschaler Berufung auf diese um jeden Preis ein Mehrvertragsverfahren durchgeführt werden. Stets

---

506 *Pair*, Consolidation in International Commercial Arbitration – the ICC and Swiss Rules, 241.

sind die konkreten Umstände des Einzelfalls, vor allem der Parteiwille sowie die Folgen, welche das Verfahren für den einzelnen Beteiligten mit sich bringt, zu berücksichtigen. So vielseitig die Gestaltungen sein mögen, in denen Mehrvertragsverfahren auftreten, so vielfältig sind auch die Herausforderungen, die mit der Durchführung von Mehrvertragsverfahren einhergehen können.

Vor allem mit Blick auf die spätere Anerkennung und Vollstreckung des Schiedsspruchs ist stets darauf zu achten, dass auch in Mehrvertragsverfahren wesentliche Prinzipien des Schiedsverfahrens wie der Grundsatz des fairen Verfahrens, die privatautonome Natur der Schiedsgerichtsbarkeit sowie die gleichberechtigte Einflussnahme und Beteiligung der Parteien am Verfahren gewahrt werden, was mitunter Anpassungen des Verfahrens erforderlich macht.

Zusammenfassend hält somit die Durchführung von Mehrvertragsverfahren, was sie verspricht – das erklärte Ziel, den Parteien auch in komplexen Situationen einen effizienten und gerechten Streitbeilegungsmechanismus an die Hand zu geben, wird effektiv verfolgt und die sich von der Durchführung solcher Verfahren versprochenen Vorteile im Ergebnis erreicht. Zwar mag es im Einzelfall mitunter zu gewissen Beeinträchtigungen vor allem im Hinblick auf die Effizienzsteigerung kommen, diese sind aber im Interesse einer ganzheitlichen, gerechten Entscheidung aller Streitigkeiten hinzunehmen.

O. Zusammenfassung

Wie die Entwicklung der letzten Jahrzehnte zeigt, steigt die Anzahl komplexer, vielschichtiger Transaktionen kontinuierlich und ist aus der modernen, globalisierten Handelswelt nicht mehr hinwegzudenken. Gerade in die Schiedsgerichtsbarkeit haben Streitigkeiten, welche solche Transaktionen behandeln und mithin eine Vielzahl von Verträgen zum Gegenstand haben, Einzug gefunden.

Um in solchen Gestaltungen widersprüchliche Entscheidungen zu vermeiden und gerechte Ergebnisse in Bezug auf die Transaktion in ihrer Gesamtheit zu erzielen, ist erforderlich, dass ähnliche, beziehungsweise identische tatsächliche wie rechtliche Fragen innerhalb des betroffenen Vertragsgeflechts einheitlich beantwortet werden. In Verfahren vor staatlichen Gerichten wurden hierzu verschiedene Instrumente entwickelt, die zur Erlangung einer einheitlichen Entscheidungslinie in Bezug auf den gesamten Sachverhalt beitragen. Da diese jedoch nicht ohne Weiteres auf die Ebene der Schiedsgerichtsbarkeit übertragbar sind, musste hier eine andere Lösung zur sachgerechten Behandlung solcher Gestaltungen gefunden werden. Die Durchführung schiedsgerichtlicher Mehrvertragsverfahren stellt eine solche dar. Indem sämtliche betroffene Streitigkeiten in einem einzigen Verfahren betrachtet werden, kann eine kongruente

Entscheidungsfindung gefördert und können inkonsistente Ergebnisse innerhalb der Transaktion vermieden werden. Dies ist erklärtes Hauptziel schiedsgerichtlicher Mehrvertragsverfahren und gleichsam deren größter Vorteil gegenüber der Durchführung mehrerer separater Einvertragsverfahren.

Aber die Vorteile von Mehrvertragsverfahren beschränken sich nicht allein auf die Erlangung konsistenter Entscheidungen. Insbesondere können Mehrvertragsverfahren auch zur Steigerung der Verfahrenseffizienz beitragen. Durch Bündelung sämtlicher Streitigkeiten in einem einzigen Verfahren können Zeit und Kosten im Vergleich zur Einleitung mehrerer separater Verfahren gespart werden. Das ist nicht nur aus wirtschaftlichen Gründen zu begrüßen, sondern entspricht auch dem Wunsch vieler Praktiker, welche die mitunter lange Verfahrensdauer und die damit zusammenhängenden hohen Kosten als negativste Charakterzüge der Schiedsgerichtsbarkeit beschreiben. Auch Wahrheitsfindung und Fairness in Bezug auf die Gesamttransaktion werden durch die umfassende Behandlung aller der zugrunde liegenden Streitigkeiten gefördert – so können Widersprüche bei Erforschung der einzelnen Sachverhalte sofort aufgedeckt und diesen auf den Grund gegangen werden.

All diese, mit der Durchführung von Mehrvertragsverfahren einhergehenden Aspekte haben nicht nur positive Auswirkungen auf die Behandlung der konkreten Streitigkeiten, sondern auf das System der Schiedsgerichtsbarkeit insgesamt, indem sie das Vertrauen in dieses stärken.

Doch die Behandlung komplexer Streitigkeiten stellt weiterhin sowohl theoretisch als auch praktisch einen der anspruchsvollsten Bereiche für die Gestaltung von Schiedsverfahren dar. Dies liegt vor allem an der privatautonomen Natur der Schiedsgerichtsbarkeit. Jedes Schiedsverfahren beruht auf einem Rechtsgeschäft: Der Schiedsvereinbarung. Diese stellt einen Vertrag dar, auf welchen die allgemeinen Prinzipien der schuldrechtlichen Vertragslehre dem Grunde nach uneingeschränkt anwendbar sind, so auch das der Relativität der Schuldverhältnisse. Ein schiedsgerichtliches Verfahren ist daher seinem Wesen nach von einer bilateralen Struktur geprägt und per se auf den Gegenstand der konkreten Schiedsvereinbarung beschränkt. Eine Erstreckung auf außerhalb dieser Vereinbarung gelegene Sachverhalte und Personen führt zu einer Durchbrechung dieser klassischen Struktur und ist ohne das Einverständnis der Beteiligten grundsätzlich nicht möglich.

Jedoch bedeutet dies keineswegs, komplexe Vertragsgestaltungen könnten nicht auch innerhalb der Schiedsgerichtsbarkeit behandelt werden. Vielmehr erlaubt die vertragliche Unterwerfung unter ein privates Schiedsverfahren den Beteiligten auch, dieses nach ihren Wünschen und Bedürfnissen zu gestalten. Eine Grenze stellen alleine zwingende rechtsstaatliche Vorschriften und

Prinzipien dar. Daher werden Mehrvertragsverfahren, welche mit entsprechender Zustimmung hierzu erfolgen, nach allgemeinem Verständnis als zulässig erachtet. Dies gilt auch in Fällen, in denen an den streitbefangenen Verträgen verschiedene Personen beteiligt sind und folglich die Durchführung eines Mehrvertragsverfahrens gleichermaßen die eines Mehrparteienverfahrens darstellt.

Ungeachtet der vorherrschenden Rolle der Privatautonomie wird immer wieder versucht, dieses strenge Zustimmungserfordernis zu umgehen. So verzichten in einigen institutionellen Schiedsordnungen oder nationalen Verfahrensrechten enthaltene Bestimmungen zu Mehrvertragsverfahren, insbesondere zur Konsolidierung von Verfahren, auf ein (irgendwie) erklärtes Einverständnis der Parteien zur Durchführung solcher Verfahren. Teilweise wird hier mit Blick auf die vertragliche Grundlage der Schiedsgerichtsbarkeit argumentiert, dass allein aufgrund des Verweises auf eine solche Schiedsordnung beziehungsweise Wahl eines solchen Verfahrensstatuts die Durchführung eines Mehrvertragsverfahrens in jedem Fall der Parteivereinbarung entspräche. Einige US-Gerichte gingen in der Vergangenheit sogar noch weiter und ordneten die Konsolidierung schiedsgerichtlicher Verfahren gar ohne eine gesetzliche beziehungsweise institutionelle Grundlage an.

Mag dieser Ansatz auf den ersten Blick erstrebenswert erscheinen, da mitunter langwierige Ermittlungen des wahren Parteiwillens sowie Streitigkeiten hierüber vermieden werden können, ist dieser im Ergebnis abzulehnen. Zum einen widerspricht die angeordnete Durchführung eines Mehrvertragsverfahrens ohne (oder gar gegen) den Willen der Beteiligten der privatautonomen Natur des Schiedsverfahrens. Zum anderen sind aufgrund des Mehrvertragsverfahrens zum Teil weitreichende Anpassungen bezüglich der Durchführung des Verfahrens erforderlich, vor allem, wenn zugleich der Personenkreis erweitert wird. Diese Anpassungen können merklich von dem von den Parteien Vereinbarten sowie bekannten, klassischen schiedsgerichtlichen Verfahrensablaufs abweichen – mit erheblichen praktischen Konsquenzen: Erfolgt die Durchführung des Schiedsverfahrens nicht im Einklang mit den Bestimmungen der Parteivereinbarung, droht die Aufhebung des aus dem Verfahren resultierenden Schiedsspruchs. Ebendiese Gefahr wäre gegeben, sofern man schiedsgerichtliche Mehrvertragsverfahren ohne gesonderte Zustimmung der Beteiligten hierzu zuließe.

Dementsprechend kommt auch die vorangegangene Analyse zu dem Ergebnis, dass der durch Mehrvertragsverfahren versprochene Nutzen allein im Wege einer konsensualen Lösung im Zusammenspiel mit der Schaffung klarer und vorhersehbarer Bestimmungen bezüglich etwaig erforderlicher Verfahrensanpassungen erreicht werden kann. Nur so kann der privatautonome Charakter des Schiedsverfahrens gewahrt und die Gefahr der Aufhebung eines aus einem Mehrvertragsverfahren resultierenden Schiedsspruchs minimiert werden.

Ganz in diesem Sinne setzt auch die Mehrzahl der nationalen wie institutionellen Bestimmungen zu Mehrvertrags- und Mehrparteienverfahren das Einverständnis der Beteiligten voraus. Dabei muss die Zustimmung nicht ausdrücklich erklärt werden, dies kann auch konkludent geschehen. Neben Benennung weiterer Zulässigkeitsvoraussetzungen zur Durchführung solcher Verfahren – meist Kompatibilität der Schiedsvereinbarungen sowie wirtschaftlicher Zusammenhang der Verträge – halten die nationalen und institutionellen Verfahrensordnungen zudem Bestimmungen zu etwaig nötigen Verfahrensanpassungen bereit, insbesondere in Bezug auf die Konstituierung des Schiedsgerichts in Mehrparteiengestaltungen. Durch diese Regelungen wird schiedsgerichtlichen Mehrvertragsverfahren ein einheitlicher Rahmen gegeben, indem einerseits eindeutige Voraussetzungen für solche Verfahren benannt und andererseits Bestimmungen für etwaig erforderliche Anpassungen geschaffen werden, um ein gerechtes Verfahren zu gewährleisten.

Trotz der Entwicklungen der letzten Jahrzehnte sind gleichwohl noch nicht alle Probleme und Herausforderungen, die mit der Behandlung komplexer Schiedsverfahren einhergehen, gelöst. Dies sollte die Beteiligten jedoch nicht abschrecken, ein solches Verfahren durchzuführen; sie sollten vielmehr ermutigt werden, sich frühzeitig mit der Möglichkeit eines Mehrvertragsverfahrens auseinanderzusetzen und dies bereits bei Entwurf ihrer Schiedsvereinbarungen zu berücksichtigen. Dies insbesondere auch, da die vorgeschlagenen alternativen Lösungsansätze keine echten Alternativen zur Durchführung solcher Verfahren darstellen.

Dementsprechend ist auch die eingangs gestellte Kernfrage der vorliegenden Arbeit, nämlich ob die Durchführung eines Mehrvertragsverfahrens das zu favorisierende Mittel zur Behandlung komplexer vertraglicher Streitigkeiten auf Ebene der Schiedsgerichtsbarkeit darstellt, nach Auffassung der Verfasserin mit „Ja" zu beantworten.

Es ist daher erforderlich, die Diskussion um komplexe Schiedsverfahren nicht abbrechen zu lassen, sondern den dargestellten Herausforderungen weiter entgegenzutreten und Lösungen für diese zu finden. Wie nicht zuletzt der innovative Vorschlag des Singapore International Arbitration Centre zur „cross-institutional consolidation" zeigt, ist die Entwicklung auf diesem Gebiet keineswegs abgeschlossen und man darf gespannt sein, was die Zukunft mit sich bringt.

Printed by
CPI books GmbH, Leck

FSC
www.fsc.org
MIX
Papier | Fördert gute Waldnutzung
FSC® C083411

Kolibri 360 GmbH
Ferdinand-Jühlke-Straße 7
99095 Erfurt, Deutschland
produktsicherheit@kolibri360.de